영적 전투 배우기

FIDELIS RUPPERT
GEISTLICH KÄMPFEN LERNEN
Benediktinische Lebenskunst für den Alltag

© 2012 Vier-Türme GmbH, Verlag, D-97359 Münsterschwarzach Abtei
All rights reserved.

Translated by LEE Jong-Han
Korean translation copyright © 2017 by Benedict Press, Waegwan, Korea.

Korean translation rights arranged with Vier-Türme GmbH, Verlag.

영적 전투 배우기
내면의 평화를 위한 수도승들의 가르침

2017년 6월 8일 교회 인가
2017년 6월 22일 초판 1쇄
2018년 5월 15일 초판 2쇄

지은이	피델리스 루페르트
옮긴이	이종한
펴낸이	박현동
펴낸곳	성 베네딕도회 왜관수도원 ⓒ 분도출판사
찍은곳	분도인쇄소

등록	1962년 5월 7일 라15호
주소	04606 서울 중구 장충단로 188 분도빌딩 102호(분도출판사)
	39889 경북 칠곡군 왜관읍 관문로 61(분도인쇄소)
전화	02-2266-3605(분도출판사) · 054-970-2400(분도인쇄소)
팩스	02-2271-3605(분도출판사) · 054-971-0179(분도인쇄소)
홈페이지	www.bundobook.co.kr

ISBN 978-89-419-1709-0 03230

이 책의 한국어판 저작권은 Vier-Türme GmbH, Verlag과 독점 계약한 분도출판사에 있습니다.
저작권법에 의해 한국 내에서 보호를 받는 저작물이므로 무단 전재와 무단 복제를 금합니다.

영적 전투 배우기

피델리스 루페르트 지음 | 이종한 옮김

분도출판사

| 차례 |

머리말 7

1. '영적 전투'란 무엇인가? 15
   초기 교회에서의 영적 전투 15
   실제 전사는 누구인가? 21
   '전사 학교'인 베네딕도 수도원 30
      기꺼이 전투하는 이들 30
      전투를 거부하는 이들 36

2. 영적 전투의 목표 41
   베네딕도는 우리를 어디로 이끌어 가는가? 41
   어떻게 목표에 다다를 것인가? 50
   목표의 필요성 53
   수도원에 들어가는 것으로는 충분하지 않다 56

3. 영적 전투의 방법과 도구 65
   내적 혼란과의 전투 66
      내적 혼란의 표상들 67
      폰투스의 에바그리우스의 '여덟 가지 악한 상념' 도식 71
      '상념들'을 물리치는 무기인 성경 말씀 80
      한 말씀으로 충분하다 102
      상념들을 그리스도에게 대고 쳐서 부수기 105
      시작을 저지하라! 112

사부에게 말하라!　116
　　내적 전투　121
　　무기로서의 유머　125
영적 도구인 몸　135
　　몸의 양면성　135
　　기도하는 몸　138
　　구체적 표상들　148
스승인 규칙　172
　　정해진 일과　173
　　표준과 예외　183
　　불평에서 감사로　186
　　'불가능한 것'과 '견뎌 낼 수 없는 것'　190
영적 여정인 형제　200
　　길이요 토대인 형제 사랑　201
　　원수 사랑　207
　　노여움에서 온유함으로　216
　　서로 섬기기　227
　　여정의 열매인 완전한 사랑　234

마무리 물음: 지상에 낙원이 있을까?　247

주　255
출전과 참고문헌　275

일러두기

1. 성경 인용문은 『성경』(한국 천주교 주교회의, 2005)을, 베네딕도 성인이 지은 규칙서는 『성 베네딕도 규칙』(들숨날숨, 2011)을 따르되, 드물게 문맥에 따라 조금 다듬었습니다.
2. 『성 베네딕도 규칙』은 본문에서 『성규』로 약칭했습니다.
3. 『성 베네딕도 규칙』에 인용된 구약성경의 『시편』 구절은 원전의 라틴어 본문을 번역한 경우가 종종 있는데, 그대로 따랐습니다.

머리말

나는 전쟁 영화를 보지 않는다. 어릴 적에 공습경보가 울리면 겁에 질려 어쩔 줄 모르고 집으로 달려갔다. 지하실에 숨어 두려움에 사로잡힌 채 수많은 밤을 보냈다. 제2차 세계대전에 대한 기억이 내게는 아직도 생생하다. 완전히 폐허가 된 도시들, 폭격을 맞은 사람들과 그들의 끔찍한 사연들, 우리 마을을 가로질러 가던 피난민의 끝없는 행렬을 잊지 않고 있다. 그래서 나는 어릴 때부터 책벌레였지만 전쟁 이야기 같은 것은 한 번도 읽지 않았다.

같은 이유로 나는 『성규』에서 그리스도를 위한 전투 봉사와 영적 무장에 관해 말하는 구절들도 늘 건성으로 읽었다. 그런 표현들은 나에게 오히려 곤혹스러웠다. 또한 성경의 전쟁 이야기들과 특히 시편의 호전적 어법들도 마음에 들지 않았다. 그 구절들은 나에게 그저 신학적으로 처리되었을 뿐, 개인적으로는 전혀 의미가 없었다. 아니, 불편했다.

이런 내가 어쩌다가 영적 전투에 관한 책을 쓰게 되었을까?

이상하게도 이러한 의향이 생겨난 것은 여러 차례 페루를 여행하며 원주민 마을에 손님으로 머무르면서부터다. 낯선 문화는 언제나 내 마음을 사로잡았다. 나는 정통한 안내자인 오를란도 바스케스와 함께하며 원주민의 오랜 문화와 종교를 아주 가까이서 알게 되었다. 안데스산맥과 원시림의 매혹적인 자연과 더불어, 특히 그곳에서 살아가는 사람들의 영적 여정이 내 눈길을 끌었다. 그 밖의 흥미로운 것들은 안타깝게도 언어 장벽 탓에 체험할 수 없었지만, 그곳의 영적 스승들을 만나고 그들을 이해하면서 나는 깊은 감명을 받았고, 나 자신의 여정에도 자극을 받았다.[1]

예를 들어 그들은 영적 전투에 관해, 선하거나 악한 영들과의 끊임없는 씨름에 관해 몇 번이고 이야기했는데, 그들은 그 전투를 내적 과정으로 이해했다. 수많은 부정적 영들이 우리 안에서 작용하고 있기 때문에 선이 활짝 피어나지 못한다는 것이었다. 그들은 악한 영들을 쫓아내야 영혼이 정화될 수 있다고 했다. 내적 정화(limpieza)라는 개념이 거듭 나왔는데, 이것 없이는 영적 진보가 불가능하다고 했다. 어느 날 페루의 원시림에서 키테리오 살다나가 나에게 말했다. "그대 마음에서 악이 더 많이 쫓겨날수록 신이 그대를 그만큼 사랑으로 채우실 수 있습니다."

그들에게는 '악령 공포' 따위가 없다는 것이 신기했다. 악한 영들에 대해 많은 것을 이야기한 것은 사실이지만 그들은 자신들을 도와주는 선한 영들도 잘 알고 있었다. 이런 까닭에 영적 전투에 대한 그들의 이야기에는 그 자체로 편안하고 긍정적인 어떤 것이 늘 있었다. 그 전투는 인간 안에 빛과 사랑이 자리를 잡아 활짝 펼쳐지게 하는 전투였다. 한번은 내가 그렇다면 그 영들을 어떤 모습으로 마음에 그리는지 묻자, 그들은 영들을 어떤 구체적인 영적 존재로 떠올리지 않는다고 답했다. 오히려 영들은 무엇보다 '에너지들'(energías), 우리 안에서 움직이고 있으며 우리가 씨름해야 할 에너지들이라고 말했다. 영적 전투에 대해 긍정적인 방식으로 이야기를 듣자 나는 그 주제에 대해 점점 더 공감하게 되었고, 그곳에서 많은 사람이 그런 전투를 통해 원숙한 인격에 이른 것을 보고 특히 더 그랬다.

그러던 어느 날 홀연히 '감이 잡혔다'. 문득 많은 것이 내가 우리 고유의 전통을 통해 익히 알고 있는 말로, 곧 '영적 전투'라는 핵심적인 말로 수렴되었다. 고대 수도승들이 치른 이른바 악령들과의 전투, 4세기 이집트의 수도승 사부 폰투스의 에바그리우스가 묘사한 상념들과의 전투, 또한 사도 바오로가 특히 로마서와 에페소서에서 자세히 설명한 영적 전투와 하느님 무기로의 무장 등이 그것이다. 이론적으로야 그것들에 관해 어느 정도 알고 있었지만 실제적으로는 그때까지 나에게 의미가 없었다. 그래서 나는 영적 전투를 주제로 수도승들의 옛 문헌을 집중적으로 연구하기 시작했다.

그리하여 나는 점점 더 깊이 알게 되었고, — 원주민들이 나에게 일깨워 준 바에 힘입어 — 우리 고유의 전통 속에 담긴 지혜를 어떻게 오늘의 현실에 구체적으로 이식할 것인가에 대한 영감도 얻게 되었다. 그것은 정말로 불현듯 떠오른 영감이었다.

원주민들에게 그들이 그토록 강조하는 내적 정화에 대해 들었을 때, 나는 그리스도교 전통 또한 우리에게 내적 정화의 여정을 가르쳐 주었음을 상기했다. 이 여정을 걸으면 영적으로 그윽한 삶이 펼쳐지게 되고, 진정으로 하느님과 사랑을 위해 마음을 열게 된다. 내적 정화의 여정이 초기 수도승 전통에서는, 특히 폰투스의 에바그리우스의 저술에서는 '영혼의 악습들', '부정적 각인刻印들', '습관들'과의 투쟁이다. 이것들이 정화되어야만 덕들에 의한 새로운 각인이 가능해진다. 이는 원주민들이 '선하거나 악한 에너지들과의 씨름'이라 지칭한 것과 관련이 있다. 내적 정화라는 토대 위에서는 완전한 사랑이, 깊이 있고 관상적인 하느님 체험이 꽃필 수 있다.

흥미롭게도 오늘날 악습과 덕에 관한 논의가 활발한데, 신학자나 윤리학자들이 아니라 심리학자와 사회학자, 철학자들의 연구가 그러하다. 그들은 오늘날 우리가 어떤 식으로 온갖 '악습들', 곧 고통스러운 각인들과 예속들에 의해 곧잘 억압당하고 흔히 파멸되는지 설명하려 한다. 그래서 우리는 건설적인 힘을 방출하고 새로운 각인들로 인도하는 '덕들', 길들을 추구한다. 이것들이 우리 삶에 긍정적인 모습, 생명을 파괴하는 대신 풍요롭게 하는 모습을 부여할 것이다.

그러는 사이 나는 분명히 알게 되었다. 초기 수도승들이 전쟁 시편들을 사랑한 것은 그 시편들을 역사적으로 이해한 것이 아니라 거기에서 내면의 적들과 맞서 싸우라는 내적 전투에 대한 촉구를 발견했고, 또한 하느님이야말로 그들이 의지할 수 있는 실제적 전사임을 깨달았기 때문이다. 3세기에 오리게네스는 아마 구약성경에서 가장 피비린내 나는 책일 여호수아기에 대해 주해서를 썼다. 그는 그리스도인이 여호수아기를 읽는 것은 거기에 묘사된 전투를 자기 내면의 대결을 위한 영적 전투로 이해할 때만 의미가 있음을 상론했다. 그렇게나 호전적인 책의 이 주해서가 최근에 독일어로 번역본이 나왔는데, 뜻깊게도 평화 윤리에 관한 학술 총서의 한 권으로 나왔다. 이것은 내적 전투를 훌륭히 치르면 외적으로 사회의 평화에도 기여함을 분명 깨달았기 때문이다.[2] 이에 관해서는 이미 야고보서가 시사한 바 있다. "여러분의 싸움은 어디에서 오며 여러분의 다툼은 어디에서 옵니까? 여러분의 지체들 안에서 분쟁을 일으키는 여러 가지 욕정에서 오는 것이 아닙니까?"(야고 4,1). 싸움과 다툼은 내적 불안의 결과다. 영적 전투는 내적 평화로 귀결될 뿐 아니라, 상호 간의 평화도 촉진한다. 여기서 영적 전투에 관한 말씀은 평소에는 전쟁 이야기라면 질색인 사람들에게도 긍정적인 반향을 일으킨다.

몇 년 전에 나는 아빠스 소임에서 물러난 후, 이러한 발견과 체험을 영성 프로그램과 피정을 통해 전하기 시작했다. 요즘 사람들이 영적 전투의 기본 요소들에 순식간에 매료되는 것을 보고 나는 크게 놀랐다. 또한 '영적 전투'라는 개념도 아주 긍정적으로 받아들여지고 있는데, 그 까닭은 많은 사람이 외부와 자기 내부로부터의 온갖 공격에 맞서 싸워야 함을, 그리고 이 격렬하고 지속적인 공격에 흔히 속수무책으로 방치되어 있음을 느끼고 있기 때문이다. 그들에게는 영적 전투라는 것이 있다는 사실, 신앙에 근거한, 곧 하느님의 영과 말씀의 권능에 근거한 영적 군대와 "빛의 무기"(로마 13,12)가 있다는 사실이 하나의 복음이다. 더불어 우리에게 큰 힘이 되는 것은, 그러한 영적인 삶은 좁은 의미의 경건한 신심이나 현묘한 정신적 요소들만 아니라, 아주 구체적인 삶과 그 삶의 도전들과도 관련이 있으며, 동시에 인간을 깊이 있고 해방적인 영적 체험으로 이끌어 준다는 사실이다.

이 책에서 나는 영적 전투의 몇 가지 본질적 측면을 초기 수도승 전통에 기초하여 명시하고, 그것을 오늘날의 체험과 물음에 연관시키려 한다. 그러는 가운데 독자들이 겪는 상황과 체험에 적용하는 작업도 자연스레 이루어질 것이니, 초기 수도승들은 자신의 체험을 아주 구체적이며 삶과 밀접한 방식으로 묘사하기 때문이다.

되도록이면 삶과 밀접하려 하는 의도는 이 책의 문체에도 반영되어야 할 것이다. 그래서 본문에서 학술적 논증은 최대한 포기했다. 이 책의 주제와 더 심도 있게, 그리고 더 학술적으로 씨름하기를 바라는 독자들을 위해서는 학술적 안내와 전문적 자료가 미주와 참고 문헌에 충분히 수록되어 있다.

이 책은 우리 공동체의 뜻깊은 시점에 출간된다. 2013년 우리는 뮌스터슈바르차흐 수도원 재정주再定住 백주년을 기념한다. 이 기념행사를 준비해 온 지난 몇 해 동안 중요한 표어 중의 하나가 '원천으로'(Ad fontes)였다. 그래서 이 책을 앞으로도 함께 걸을 여정의 한 모금 샘물로서 우리 아빠스 미하엘과 모든 형제들에게 바친다.

아래에서 읽게 될 많은 내용은 문헌 독서를 통해서만 아니라, 수도 자매형제들과의 대화와 공동 실험을 통해서도 깨달은 것이다. 몇 가지 맥락은 우리가 1년 과정의 영성 프로그램인 '베네딕도처럼 살기'와 이른바 '베네딕도 피정'에서 얻은 것을 손님의 집에서 하는 여러 모임에도 전해 주기 시작했을 때 더욱 분명해졌다. 이 프로그램을 함께 이끌며 많은 영감을 주고받은 요한나 도멕 수녀(OSB)와 마레 히키 수녀(OSB)에게 감사드린다. 그들은 지난 수십 년간 나와 함께 애썼다. 또한 동료 형제들인 마인라트 신부, 파스칼 수사, 안드레아스 신부 그리고 리하르트 마리아 수사에게도 감사드린다. 그들의 도움이 없었다면 여기서 읽게 될 내용 중에서 많은 부분이 가능하지 않았을 것이다. 또한 게르하르트 리들과 수년간 이어 온 우정의 연대에 대해서도 감사의 말을 해야겠다. 그는 내가 이 모든 체험을 심리학적 측면에서도 더 깊이 이해하고 실천하도록 도와주었다. 끝으로 내게 용기를 주며 전문가로서 큰 도움을 준 편집인 마를레네 프리취와 이 책에 값진 조언과 격려를 아끼지 않은 테레사 귄터에게도 감사의 마음을 전한다.

2012년 봄 뮌스터슈바르차흐에서
피델리스 루페르트 신부 OSB

I

'영적 전투'란 무엇인가?

초기 교회에서의 영적 전투

"삶은 전투다." 이것은 너무 많은 난제에 부딪혀서 끝이 안 보일 때 흔히 내뱉게 되는 탄식이다. 일찍이 욥이 자신의 이름을 단 책에서 이 주제를 다음과 같은 말로 표현했다. "인생은 땅 위에서 고역[군역으로 번역할 수도 있다_옮긴이]이 아닌가?"(욥 7,1). 이러한 말의 의미는 전쟁이란 끊이지 않는다거나 인간이란 누군가와 쉼 없이 싸워야 한다는 것이 아니라, 좋든 싫든 우리가 씨름해야 하고 맞서 싸워야 하는 도전들이 언제나 있다는 것이다. 삶이 조금이라도 진척되려면 우리는 이 도전들에 응해야 한다. 회피만 하는 사람은 언젠가 그대로 무덤에 이를 것이다.

여기서 언뜻 당혹스러운 느낌이 들 수도 있는 '영적 전투'라는 낱말로 가는 길도 열린다. 이 표현은 특정한 종교적 입장을 위한 투쟁이나, 오늘날 과잉 공급되고 있는 영성 전통 중에서 무엇이 올바른 영성 수련 방법인지 주장하기 위한 투쟁으로 오해될 수 있다. 그리고 십자군 원정 문제나 전쟁에서 남용된 그리스도교의 성가에 대한 불편한 기억을 불러일으킬 수 있다.[3] 또한 종교적 의지가 강한 어떤 사람이 영적 여정에서 최대한 빨리 (물론 자기 능력으로 자기 명성을 위해) 전진하려고 자신의 모든 에너지를 쏟아붓는 모습을 떠올리게도 한다. 이 모든 것은 오해다. 그리고 이 책에서 '영적 전투'가 의미하는 바도 아니다.

사실 '영적 전투'라는 개념은 성경과 초기 그리스도교 전통에서 유래한다. 바오로는 그리스도인의 삶을 운동 경기에 견주었다.[4] 티모테오 2서에서 사도는 전쟁 용어를 사용하며 제자들에게 "그리스도 예수님의 훌륭한 군사"(2티모 2,3)답게 살 것을 격려한다. 다른 구절에서는 '하느님의 무기로 무장하는 것'에 관해 상술한다.[5] 여기서 바오로가 말하는 바는 결코 어떤 외적인 적과의 전투가 아니라, 영적 세계의 '권세들과 권력들'[6]과의 전투요, 그리스도인의 길을 방해하려 드는 모든 것들과, 곧 유혹, 죄악, 악령, 인간의 내적 악의와 심연과 치르는 전투다.

초기 그리스도교의 세례 훈화와 순교자들의 영성에서 그리스도인은 '그리스도의 군사'로, 그리스도인의 삶은 '그리스도를 위한 군역'(militia Christi)으로 지칭되었다. 이것이 의미하는 바는 그리스도인은 이교 세계뿐 아니라 자기 마음으로부터 자신에게 엄습하는 악의 권세들에 맞서 한결같이 믿음의 전투를 하도록 부름을 받았다는 것이다.[7] 이로부터 '그리스도를 위한 군역'이란 표상이 『성 안토니우스의 생애』와 그 밖의 초기 수도승 문헌들 속에 들어왔고, 『성규』에도 뚜렷한 자취를 남겼다.[8]

『성 안토니우스의 생애』를 저술한 알렉산드리아의 아타나시우스는 그를 순교자의 경칭인 '운동선수'(그리스어: *athletés*)로, 즉 '싸우는 자'로 지칭했다.[9] 아타나시우스는 안토니우스의 생애에 관한 이야기를 전개하며 그가 악마와 악령들의 유혹에 맞서 끊임없이 싸웠다고 거듭 보고한다. 그 전투는 안토니우스를 쇠약하게 만들지도, 낙담하게 만들지도 않는다. 운동선수가 훈련을 통해 그렇게 되듯이, 안토니우스는 유혹과의 전투를 통해 내적으로 강해진다. 악령들과 수년간 전투를 치른 끝에 "(안토니우스는) 아주 큰 힘을 획득했고, 그래서 그는 전보다 지금 더 많은 능력을 가지고 있음을 인지했다. 그 무렵 그는 대략 서른다섯 살이었다"[10]. 다음의 말도 안토니우스가 했다고 한다. "누구도 유혹을 받지 않고는 하늘나라에 들어갈 수 없다. 유혹을 빼앗아라. 그러면 구원을 찾아 얻는 사람도 없을 것이다. 그리고 사람은 마지막 숨을 거둘 때까지 유혹을 각오해야 한다."11

유혹이나 시련과의 영적 대결이 바로 그리스도인을 깨어 있게 하고 영적 성숙을 진척시킨다. 그리고 이 성숙 과정은 평생 계속되기에 영적 전투 또한 평생의 과제다.

위대한 오리게네스는 3세기에 알렉산드리아의 교리교사 학교 교장이었는데, 그의 신학이 그때 막 생성되고 있던 수도승 생활에 영향을 미쳤다. 그는 한 설교에서 '기특한 유혹'에 관해 말하며 이렇게 부연했다. "영혼이 크게 진보했는데도 불구하고 유혹이 영혼에서 제거되지 않는 것은 어찌된 일인가? 여기서 우리는 유혹이 영혼에게 이를테면 경비병과 같으며, 또 유혹으로 말미암아 방벽이 더 세워진다는 것을 미루어 알게 된다. 과연 고기가 비싸고 좋은 부위라도 소금에 절이지 않으면 부패하듯, 영혼도 끊임없는 유혹을 통해 그렇게 소금을 치지 않으면 탄력을 잃고 늘어진다."12

여기서 놀라운 점은 내적 전투가 꼭 필요하고 자연스러운 것이라고 아주 담담하게 말한다는 것이다. 내적 전투는 그리스도인과 수도승의 삶에서 자연스러운 한 부분이다. 아무도 거기에 한탄하지 않는다. 영적 전투는 자신의 고유한 정체성을 확립하는 데 필요하다.

이처럼 그리스도인과 수도승을 영적 전사나 그리스도의 군사로 이해하는 관점은 그리스도교 초기부터 근대가 시작될 때까지 꾸준히 나타난다. 예를 들어 인문주의자인 로테르담의 에라스무스는 16세기 초에 『그리스도인 전사의 편람』[13]이란 유명한 책을 저술했는데, 여기서 그는 특유의 필치로 그리스도인의 삶을 위태롭게 하는 것에 관해 서술하고, 그리스도인이 영적 전투에서 승리하여 온전한 삶에 이르는 법을 구체적으로 제시한다. 동시에 에라스무스는 초기 수도승들의 문헌을 풍부하게 인용하고, 그것을 그리스도인이 처한 상황에 폭넓게 적용한다. 이로써 그는 수도승들의 영적 체험이 수도원 밖에서도 풍요롭게 활용될 수 있으며, 또한 모든 사람의 온전한 영성에 기여할 수 있다는 것을 가르쳐 준 최초의 인물 중 하나가 되었다.[14] 그리고 에라스무스는 초기 수도승들의 강렬한 전투적 언어를 단호히 자신의 평신도 신심에도 적용하며, 나아가 앞서 인용한 욥기 7장 1절을 언급하고 부연한다. "죽음을 면치 못하는 사람들의 삶은 끊임없는 군역 이외에 다른 것이 아니다. 이를 전사 욥이 입증하는데, 그는 일찍이 그 누구보다 가혹한 시련을 겪었으나 끝내 굴복하지 않았다."[15] 하느님은 물론 인간들과 맞서 싸운 욥, 자신의 재앙으로부터 벗어나는 길을 끝내 찾아내서 자신의 하느님을 완전히 새롭고 압도적인 방식으로 만나 뵐 때까지 안식을 누리지 못한 늙은 욥, 이런 전사 욥이 여기서 모든 그리스도인에게 생생한 본보기로 제시된다.

그러나 이 같은 전투적 언어는 오늘날 영성 서적에서 찾아보기 힘들다. 이것이 이로운 일일까? 아무튼 납득이 안 가는 것은 아니다. 지난날 너무 많은 도덕적 설교가 전투적이며 요구적인 언어를, 또한 유혹 · 죄악 · 악습 · 육신 등의 낱말을 불신하게 만들었다. 이런 낱말이 이제는 듣는 사람들에게 내적 저항을 불러일으킨다. 사람들은 그러한 언어를 사용하는 암울한 도덕 탓에 건강한 인간 실존과 정당한 욕구가 억압될 것이라고 지레짐작한다.

다른 한편 제기되고 있는 것은 왜 오늘날 병적 욕망 · 온갖 중독 · 우울 · 소진消盡 등이 그야말로 '국민병'이 되었는가 하는 물음이다. 수많은 사람들이 과도한 정신적 부담에 시달리고 있는 것은 분명하다. 그들은 그것을 어찌 처리해야 할지, 무엇이 자신의 영혼 속에서 날뛰고 있는지, 외부의 어떤 것이 자신을 막다른 길로 내몰고 있는지 알지 못한다. 대개 그들에게 남은 수단이라고는 술과 마약이나, 다른 온갖 대체 대상에 빠지거나, 신체적 증상을 일으켜 문제를 회피하는 것이다.

이런 현상은 신앙이 있는 사람에게나 없는 사람에게나 마찬가지다. 그들은 자신을 괴롭히고 있는 것을 건설적으로 다루는 법,

자기 자신을 직면하고 자신의 체험을 바탕으로 성숙하는 법을 배우지 못했다. 전통적 언어로 말하자면 이렇다. "아무도 그들이 영적 전투를 배우도록 도와주지 않았다."

그러므로 그리스도교와 수도 생활의 초기 전통에서 영적 전투를, 곧 삶과 신앙의 구체적 도전들을 어떻게 겪어 냈는지, 그리고 거기서 무엇이 오늘날 우리에게도 도움과 자극이 될 수 있을지를 규명하는 일은 가슴 뛰는 탐험이 될 수 있다.

각별한 희망이 하나 있으니, 영적 전투가 그저 온 힘을 소진시키기만 하는 투신이 되는 게 아니라, 오히려 영적 원천을 찾는 법을 배우는 기회가 되기를 바란다. 이 원천에 힘입으면 온갖 도전과 위기를 맞닥뜨리더라도 삶을 새롭게 펼쳐 나갈 수 있다.

실제 전사는 누구인가?

앞서 언급했듯, 영적 전투에서 중요한 것은 아무래도 일종의 자기 구원이나 자기 실현의 영성이 아니겠냐고 사람들이 물을 수도 있다. 그렇지만 여기서는 영적 전투(pugna spiritalis), 영적 군역(militia spiritalis)에 관해 말하고 있음을 유의해야 한다. 이때 '영적'이란 낱말은 원래의 의미로 사용되고 있다. '스피리탈리스'(spiritalis), 또는

'스피리투알리스'(spiritualis)라는 낱말[이로부터 영성(Spiritualität)이란 낱말이 나왔다]은 성경에 소급되는데, 역사가 흐르며 의미가 크게 변화되었다.16 이것은 고전 라틴어에는 없는 그리스도교의 신조어다. 그리스어 낱말 '프네우마티코스'(*pneumatikós*)는 라틴어 성경에서 '스피리탈리스'(spiritalis)로 번역되었는데, 이것은 인간이 하느님의 영에 의해 추동되고 각인되어17 마침내 자신의 삶에서 '영의 열매들'을 맺는 것을 의미한다. 이런 개념, 또는 이런 유형의 인간은 '육의 행실'을 일삼는 이른바 육적(그리스어: *sarkikós*, 라틴어: carnalis) 인간과 대비된다. 바오로는 주로 악습과 죄악으로 파악되는 이런 '육의 행실'을 여럿 열거한다(갈라 5,16-26 참조). 사도에게 중요한 것은 그리스도인이 "(하느님의) 영으로 살아가는 사람"(갈라 5,25), 이 영에 힘입어 자신의 삶을 꾸려 가는 사람이 되는 것이다. 그러니 영적 전투는 하느님 영에 힘입은 내적 전투를 의미하며, 따라서 하느님 또는 그리스도가 실제적인 전사이다. 그분의 역사役事를 통해 비로소 승리가 가능해지기 때문이다.

성 베네딕도는 이것을 명확히 인식했는데 이미 그의 규칙서 머리말에 뚜렷이 드러나 있다. 이 머리말의 내용은 활력이 넘친다. 수도승은 잠에서 깨어나야 하고, '결국 일어나야' 하며, 매일 큰 소리로 외치시는 하느님의 음성에 놀라 일어서야 하고, 아직 시간이 있는 동안 달려가야 하며, 나그네나 전사처럼 허리를 동여

매고 거룩한 장막에 이르는 길을 선행을 실천하며 앞장서서 가야한다(『성규』 머리말 8-22 참조). 그러다 결국은 악마의 유혹에 담대히 맞서고, 그 유혹을 그리스도께 대고 '쳐서 부수어야' 한다(『성규』 머리말 28 참조).

그야말로 전투적인 이 촉구에 이어, 곧바로 베네딕도는 새로운 표현을 써서 영적 전투는 결코 자신의 힘이 아니라 오직 하느님의 힘으로 가능함을 상술한다. 그러면서 일련의 인용문을 덧붙인다. "주님을 두려워하는 그들은 자기 선행으로 우쭐하지 않으며, 자기 스스로는 아무런 선행도 할 수 없고 오직 하느님으로 말미암아 이루어짐을 안다. 그들은 예언자와 함께 '주님, 저희에게가 아니라, 저희에게가 아니라, 오직 당신 이름에 영광을 돌리소서'(시편 115,1)라고 말하며 그들 안에서 활동하시는 주님을 찬양한다. 마찬가지로 바오로 사도께서도 다음과 같이 말씀하시며 자기 설교에 대해 자신에게 어떠한 공로도 돌리지 않으셨다. '하느님의 은총으로 지금의 내가 되었습니다'(1코린 15,10). 그리고 다시 '자랑하려는 자는 주님 안에서 자랑해야 합니다'(2코린 10,17)라고 말씀하신다. 그래서 주님도 복음에서 말씀하신다. '나의 이 말을 듣고 실행하는 이는 모두 자기 집을 반석 위에 지은 슬기로운 사람과 같을 것이다. 비가 내려 강물이 밀려오고 바람이 불어 그 집에 들이쳤지만 무너지지 않았다. 반석 위에 세워졌기 때문이다'(마태

7,24-25)"(『성규』 머리말 29-34).

베네딕도가 말하는 바는 다음과 같다. 수도승이 더없이 사나운 폭풍을 이겨 낸다 하더라도, 그것은 어디까지나 그가 믿음이라는 반석 위에 서 있기 때문이고, 그 덕에 견뎌 내면서 담대히 앞으로 나아가게 해 주는 내적 확고함을 느끼기 때문이다. 선행이 이루어지는 것은 자신의 능력을 통해서가 아니라 주님을 통해서이니, 앞선 인용문에서 에페소서 3장 20절을 암시하며 말하듯이 '주님이 그들 안에서 활동하시기' 때문이다. 주님이 성취하시고 주님이 안으로부터 작용하신다. 똑같은 확신을 앞서 언급한 『성 안토니우스의 생애』에서도 발견할 수 있다. 점점 더 많은 악령이 그 은수자를 위협하고 사막에서 몰아내어 수도승의 길을 포기시키려고 하자, 그가 하루는 악령들에게 맞서 이렇게 외친다. "나는 너희의 공격을 두려워하지 않는다. 너희가 나를 더 악랄하게 괴롭히더라도, 결코 나를 '그리스도의 사랑에서 갈라놓을'(로마 8,35) 수 없다. 그런 다음 안토니우스는 시편을 낭송한다. '나를 거슬러 군대가 진을 친다 하여도 내 마음은 두려워하지 않으리라'(시편 27,3) … 우리를 위한 인장이 있고, 우리 주님께 대한 믿음이라는 안전한 성벽이 있기 때문이다."[18] 악령들의 온 군대가 안토니우스에게 돌격하더라도 그는 두려워하지 않을 것이다. 믿음이 안토니우스를 강건하게 하니, 바로 믿음이 그를 보호해 주는 인장이다. 그리고 이것은 세례에 대한 암시다. 세례는 수세자受洗者를 하느님의 소유로 만들고, 하느님은 당신 소유인 수세자를 지키시기에, 그 무엇도 그를 그리스도의 사랑에서 갈라놓지 못한다. 하느님이 친히 그를 보살피신다.

베네딕도에게 결정적 영향을 미친 요한 카시아누스도 자신의 저술에서 여러 표현으로 바꿔 가며 말하기를, 하느님은 언제나 악의 온갖 유혹보다 강하시다고 했다. 이런 의미에서 카시아누스는 이집트 사막의 한 수도승으로 하여금 하느님의 도우심에 관해 이렇게 말하게 했다. "그분의 도우심이 우리를 거슬러 돌격해 오는 원수의 무리보다 훨씬 강한 힘으로 우리를 위해 싸운다."[19]

수도승이 치르는 영적 전투에서 그리스도의 작용과 협력이 어떤 모습일지는, 요한 카시아누스의 대조적 비유로 알 수 있다. 그는 지나치게 열심히 일하는 어느 수도승에 대한 이야기를 들려준다. 한 수도승이 단단한 바위를 커다란 망치로 깨부수고 있었다. 애써 헛고생만 하고 있는 그 꼴을 어느 경험 많은 노老사부가 보았다. 검은 형상을 한 악령 하나가 수도승 옆에 서 있었는데, "그 형상이 수도승의 손을 자기 손과 묶고 그와 함께 망치질을 하는 듯했다. 동시에 그 형상은 불타는 횃불을 비춰 주며 수도승에게 작업을 다그치는 것 같았다."[20] 정작 수도승은 악령을 알아채지 못했다. 수도승이 결국은 지쳐서 작업을 그만두려 했으나 "그는 그 영의 부추김 때문에 어쩔 수 없이 망치를 다시 내리치며 작업을 재개했다".²¹ 악이 그를 손아귀에 넣고 헛된 행위로 몰아댔던 것이다.

이와 대조적인 긍정적 표상은 앞서 묘사한 안토니우스와 같이 태연한 인물이라 하겠다. 그는 그리스도의 사랑에서 갈라지지 않고 오히려 그 사랑으로 가득 차 있으며, 또 전투 한가운데서 그리스도의 승리의 힘을 신뢰하게끔 해 주는 믿음의 봉인을 확실히 알고 있다. 한 사람은 미친 듯 일하면서 자기 밖에 있고, 다른 한 사람은 결국 더 강한 분이자 승리자가 되실 분을 알기에 온전히 자기와 함께 머무르며 평안하다.

하느님의 무기로 무장한다는 에페소서의 전투적 표상에서도 승리를 쟁취하는 것은 인간의 전투 의지가 아니라 하느님의 권능이다. "주님 안에서 그분의 강한 힘을 받아 굳세어지십시오. 악마의 간계에 맞설 수 있도록 하느님의 무기로 완전히 무장하십시오"(에페 6,10-11). 이 무장은 바로 하느님 그분의 힘이다. 하느님의 무기로 무장한다는 것은 그러므로 전쟁에서 무장이 의미하는 바와 정반대다. 예컨대 온갖 무기를 갖춘 골리앗의 전투 장비는 가벼운 차림의 다윗에 맞서 아무것도 성취하지 못한다. 다윗은 그 거인에게 이렇게 외친다. "너는 칼과 표창과 창을 들고 나왔지만, 나는 만군의 주님 이름으로 나왔다"(1사무 17,45). 주님의 이름이,

그분 현존의 힘이 영적 전사에게 요구되는, 또한 그가 승리하게 도와주는 무장이고 보호이다.

이것은 은수자 안토니우스가 유혹과 시련을 겪고 있던 자신의 수도승들에게 해 준 위로의 말에도 부합한다. 이 말은 현존하시는 그리스도의 생명력과 전투력을 하나의 표상으로 보여 주고 있다. "그러므로 (악령들을) 두려워하지 말고, 오히려 언제나 그리스도 안에서 호흡하고 그분을 믿으시오."22 글자 그대로 번역하면 "오히려 언제나 그리스도를 호흡하고"라고 해야 할 것이다. 그분을 호흡하는 것은 그분을 끊임없이 들이마시는 것, 그분 생명의 영을 들이마시는 것이다. 다름 아닌 그리스도와 그분 영이 인간 안에 살고 계신다. 인간 안에 끊임없이 새 거처를 정하시고, 이를테면 숨 쉴 때마다 인간에게 안으로부터 새 생명력을 선사하시며, 그렇게 (『성규』 머리말에서처럼) '그들 안에서 활동하신'다.

이러한 가르침의 배경에는 세례에서 우리에게 일어난 일에 대한 깨달음이 자리 잡고 있다. 이제 그리스도께서 우리 안에 사시고(갈라 2,20 참조), 우리 몸 자체가 성령의 성전이며(1코린 6,19 참조), 우리는 그분에게서 힘을 얻어 살아가고 그분을 통해 활동할 수 있다는 깨달음이 있는 것이다.

『성규』의 주해자들은 이 머리말이, 세례 지원자들에게 세례의 신비를 밝혀 주는 초기 그리스도교의 세례 훈화에서 큰 영향을 받았다고 하나같이 지적한다.²³ 거기서는 우리 안에 살고 있는 그리스도와 그분 영이 우리에게 생명력을 선사하시며, 그분의 힘으로 우리가 ― 세례 서약에서 약속하듯 ― 악의 권세들에 맞서 싸워야 한다고 거듭 말한다.²⁴

그러나 그리스도의 각인이 매우 깊다 해도, 전투가 아직 결판난 것은 아니다. 바오로는 우리가 세례에서 새 인간이 되었다고, 우리가 이미 그리스도 또는 새 인간을 입었고 죄의 옛 인간은 벗어 버렸다고 여러 곳에서 말한다(갈라 3,27; 콜로 3,9-10 참조). 그런데 다른 구절에서는 우리가 옛 인간을 벗어 버려야 한다고, 그리스도 또는 새 인간을 입어야 한다고 말한다(에페 4,22-24; 콜로 3,8-9; 로마 13,14 참조). 성사聖事를 통해 일단 우리에게 입혀진 것을 우리는 거듭해서 새로이 입어야 하고, 성사를 통해 일단 우리에게서 벗겨져 나간 것을 우리는 날마다 새로이 벗어 버려야 한다. '새로운 삶'(로마 6장 참조)이 우리에게 이미 선사되어 있지만, 많은 점에서 아직 구원되지 못한 인간인 '옛 아담'의 실재가 아직 우리 안에서 작용하고 있다. 바로 이 '이미'와 '아직' 사이의 실존적 모순이 우리에게 영적 전투를 요구하는 데다가, 이로써 우리는 그리스도께서 더욱 깊이 우리의 온 존재와 행위에 각인되시도록 해야 한다.

이 고찰을 마무리하며, 성 체칠리아가 순교할 때 한 유명한 말에 관해 언급해야겠다. 다른 그리스도인들과 함께 순교하기 위해 끌려갈 때 그녀가 외쳤다. "보시오, 그대들 그리스도의 기사들(milites Christi)이여, 이제 그대들은 어둠의 행실을 벗어 버리고 빛의 갑옷을 입으시오."25 여기서 동료 순교자들은 그리스도의 기사나 군사로 지칭되고 있다. 체칠리아가 말하는 '빛의 갑옷'은 바오로가 '하느님 무기로 무장하는 것'에 관해 설명하는 로마서 13장 12절을 일깨운다. 로마서에서도 '어둠의 행실'에 맞서 '빛의 갑옷'을 내세운다. 이 믿음과 하느님 생명의 빛으로 체칠리아는 두려움 없이 순교했고, 또 이에 힘입어 일종의 전투 구호로 동료들을 격려했다. 그들이 외적인 전투를 치르는 것이 아니라, 잔혹한 죽음을 견뎌 내며 믿음의 전투에서 승리해야 하기 때문이다.

체칠리아의 예에서 또 한 가지 중요한 측면이 드러나니, 영적 전투는 그냥 행동이 아니라 경우에 따라서는 견뎌 냄이기도 하다는 것, 온 생명을 주님에게 바치려는 때로는 힘겨운 싸움이기도 하다는 것이다. 그런 까닭에 여기서 먼저 던져야 할 물음은 어떻게 하면 내가 더 훌륭히 싸우는 법을 배울 수 있을까 하는 것이 아니라, 어떻게 하면 그리스도께서 내 안에서 더 많은 활동 영역을 얻으시고 나를 안으로부터 점점 더 가득 채우실 수 있을까 하는 것이다. 그러면 거기서 필요한 행동을 위한 모든 힘과 삶에 대한 태연한 태도도 자라난다. 이러한 관점은 영적 전투의 도구들을 다루는 다음 장에서 중요한 역할을 할 것이다.

'전사 학교'인 베네딕도 수도원

영적 전투에 관한 몇 가지 구체적 언급은 『성규』 1장에서부터 나온다. 베네딕도는 당시 수도승을 크게 네 부류로 설명한다. 여기에서 두 부류는 베네딕도의 인정을 받으니, 이들은 영적 전투의 도전들에 분명히 응하기 때문이다. 우리는 베네딕도를 따르는 이 수도승들을 '기꺼이 전투하는 이들'이라 지칭할 수 있다. 나머지 두 부류는 베네딕도가 고약하다고 여기니, 이들은 수도승의 길에서 받는 도전들을 회피하기 때문이다. 이 부류의 수도승들은 '전투를 거부하는 이들'이라 지칭할 수 있다. 회會수도승이라 불리며 한 수도원 공동체에서 살아가는 수도승 실존에 관해, 곧 자신의 수도승 실존에 관해서는 베네딕도의 언급이 그리 많지 않다. 그는 자기 공동체의 삶의 방식에 관해 서술하기에 앞서, 먼저 다른 부류의 수도승을 대조적으로 언급한다.

**기꺼이
전투하는 이들**

방금 말했듯이 베네딕도는 네 부류의 수도승에 관해 언급한다. 첫째 부류를 그는 회수도승들이라 부르는데, 공동체 안에서 함께 살아가는 수도승들을 가리킨다.[26] 둘째 부류는 독

獨수도승들(은수자들)이다. 베네딕도는 이 독수도승들에 관해 말할 때, 수도원 공동체 안에서의 생활에 관해서도 간접적으로 얼마간 이야기한다. 베네딕도는 다른 문제에 대해서도 여러모로 의지하는 요한 카시아누스를 따라, 독수도승은 고독 속으로 은둔하기 전에 먼저 상당 기간을 한 수도원에서 생활해야 한다는 견해를 가지고 있다. 이런 맥락에서 독수도승이 수도원에서 지내는 기간에 특히 배워야 할 것을 서술한다. "둘째 부류는 독수도승 혹은 은수자들이다. 그들은 수도승 생활 초심자의 열정을 통해서가 아니라, 수도원 안에서의 오랜 시험과 많은 형제의 도움을 통해 이미 악마를 거슬러 싸우는 법을 터득한 이들이다. 사막에서 홀로 싸우기 위해 형제들의 진지에서 잘 훈련된 그들은 이제 하느님의 도우심 때문에 다른 사람의 도움 없이도 오직 자기 손과 팔만으로 육체와 생각의 죄들을 거슬러 믿음직스럽게 싸울 수 있다"(『성규』1,3-5).[27]

이 본문은 더 자세히 고찰할 필요가 있다. '초심자의 열정'만으로는 영적 전투를 하는 데 충분하지 않다. 처음의 열정은 길을 나서게 하고 씩씩한 첫걸음을 내딛게 하지만 나날의 시험과 검증이 필요하니, 그로써 내적 견실성이 계발될 수 있기 때문이다. 여기에는 다른 사람들이 필요하다. 이 일은 혼자서는 잘되지 않는다. 훈련은 공동체 안에서, 공동체를 통해서 이루어진다. '형제들의 진지'는 초심자가 악마와 그의 부추김에 맞서 싸우는 것을 배우는 현장이다. 이 단락에서 베네딕도는 훈련의 역동성을 강조하기 위해 다분히 의도적으로 전투적 표현을 선택하고 있다. 이 집중적 훈련은 중요하니, 수도승을 사막에서 홀로 싸울 수 있도록 준비시켜야 하기 때문이다. 사막에서 그는 자기만을 의지하여 '오직 자기 손과 팔만으로' 싸워야 한다.

그런데 도대체 누구와 싸운다는 것인가? 베네딕도는 우선 수도승이 악마를 거슬러 싸워야 한다고 말한다. 그런 다음 '육체와 생각의 죄들'을 거슬러 싸워야 한다고 말하며, 이 전투를 더 명료히 설명한다. 그런데 이 말은 게오르크 홀츠헤르처럼[28] '육체와 생각의 악습들'(vitia carnis vel cogitationum)이라고 번역하는 편이 더 낫다고 여겨진다(한국어 번역본에는 '악습들'로 되어 있다_옮긴이).

이 책 2부('영적 전투의 목표')에서 상세히 설명할 테지만, 'vitium (vitia)'이라는 개념은 폰투스의 에바그리우스와 요한 카시아누스가 사용하는 바처럼 '악습(들)'을 의미하며 영혼의 부정적 각인을 가리킨다. 이것(들)은 육체와 생각에서 드러나며 수도승을 죄로 미혹한다. 다시 말해 수도승이 그의 내적 여정에 충실하지 못하게끔 만들고자 한다.

그러므로 여기서 약술한 훈련 과정에서 중요한 문제는 무엇보다 수도승이 자신의 '악습들'(현대 심리학에서는 내면의 각인들과 행동 양식들이라고 말할 것이다)을 자각하고 이해하여 적절한 방식으로 다루는 것이다. 그리고 이로써 죄와 속된 행태들에 쉬이 빠지지 않고, 오히려 목표를 지향하며, 내적 여정에서 쉼 없이 앞으로 나아가는 것이다.

내적 정화라는 이 과정을 위해 폰투스의 에바그리우스와 요한 카시아누스는 일종의 영적 심리학을 발전시켰는데, 이에 관해서는 이 책의 아래 몇 장에서 꽤 자주 언급할 것이다. 놀라운 것은 현대 심리학자들도 사막 교부들의 지혜를 재발견하여, 초기 수도승들의 체험이 현대인들과 그들의 문제에도 많은 도움과 영감을 줄 수 있다고 확언한 것이다.[29]

베네딕도는 수도원을 포괄적인 학습의 장으로 묘사한다. 수도원은 미래의 은수자가 (물론 평생 수도원에 머무를 수도승도) 영적 전투를 배우는 장소다. 『성규』의 머리말 말미에서 수도원은 '주님을 섬기는 학교'(『성규』 머리말 45)로 지칭된다. 요컨대 수도원은 배움의, 평생에 걸친 배움의 현장이다.

베네딕도는 4장에서 '영적 기술의 도구들'에 관해 말하며 보충적 표상 하나를 들여온다(『성규』 4,75.78 참조). 수도원 전체를 그 모든 도구를 부지런히 사용해야 할 작업장으로 지칭한다. 이 작업장이란 표상도 도구 하나하나를 다루는 법을 배우고 익혀야 하기 때문에 숙련됨의 습득이 중요하다는 인상을 받게 한다. '작업장으로서의 수도원'과 '영적 도구들'이란 이 수공업적 표상은 상당히 호전적으로 들리는, 영적 전투에 관한 언설과 똑같은 것을 말해 준다고 하겠다. 또한 영적 기술에 관한 언급은 '특수한 일에서의 세심한 작업'이란 표상을 통해 아주 딱딱하게 들리는 영적 전투에 관한 언설을 보충해 준다. 수도원에서의 수행을 영적 기술로 지칭하는 것은, 수도승의 영적 목표에 합당하게 삶을 규정하는 과정이 중요하다는 점을 일깨워 준다. 이것은 창의성과 성숙 과정에 주의를 기울이게 하는 표상이다.

이제 다음으로 던져야 할 물음은 영적 전투를 위한 이 훈련이 형제들의 공동체 안에서 어떻게 이루어져야 하는가 하는 것이다. 이것은 우선 (수도원에서 당연히 전제되는) 아빠스와 그 밖의 영적 장로들의 소임이다(『성규』 46,5 참조). 그런데 1장에서는 '형제들의 진지'도 훈련 장소로 언급된다. 형제들은 무엇보다 함께 사는 삶을 통해 서로 배워야 한다. 이 공주共住 생활은 함께 일하고 서로 섬기며 또는 서로 다투고 다시 화해하는 가운데, 부침과 기복, 기쁨과 고통으로 특징지어진다. 이것을 알려면 4장에서 언급하는 74가지 '영적 기술의 도구들'에 대한 일별로 충분하다. 이것들은 형제들이 공주 생활을 할 때 벌어지는 다양한 상황들을 시사하는데, 이 상황들은 번번이 갈등의 소지를 제공하고 부정적 감정과 행동 방식을 유발할 수 있으나, 사랑과 기도 안에서 성숙하는 기회이기도 하다. 이 갈등들은 올바로 다루기만 하면 내적 정화를 일으킬 수도 있다.[30] 여기서는 몇 가지만 언급하더라도 내적 정화 여정에서 형제들에게 공주 생활이 얼마나 중요한지 충분히 알 수 있다고 하겠다. 더 상세한 내용은 3부의 '영적 여정인 형제'에 관한 장에서 다룰 것이다.

또 다른 측면도 많은 것을 시사해 줄 수 있다. 영적 기술의 도구들을 꼼꼼히 살펴보면 많은 도구가 가리키고 있는 것이 행위가 아니라 '그만두는 것'이란 점이 눈에 띈다. 수도승들에게는 마땅히 실행해야 하는 일들이 있는 한편, 또한 그들은 이런저런 일은 그만두라는 지시도 받는다. '자신의 뜻을 관철하려 해서는 안 된다', '미워해서는 안 된다', '자신의 노여움을 아무도 알아채게 해서는 안 된다', '괴로움과 부당함을 참아 낼 수 있어야 한다', '시기하거나 교만해서는 안 된다', '침묵할 줄 알아야 한다' 등등의 지시가 그렇다. 이런 일들이 분명히 가르쳐 주는 것인즉, 수도원이라는 학교와 작업장에서 배우는 영적 전투를 영적 '제작자들'을 양성하는 일종의 '행업 신심'과 혼동해서는 안 된다는 것, 무엇보다 관건은 내적 대결과 안으로부터의 정화라는 것이다. 영적 전투에서는 해로운 것, 나쁜 것, 죄스러운 것을 그만두거나 끊어 버리는 일이 중요하다. 이 측면은 앞으로 여러 대목에서 더 분명히 설명될 것이다.

끝으로 앞서 인용한 수도원에서의 훈련에 관한 텍스트에서 마지막 문장(『성규』1,5)에 유의해야 한다. 육체와 생각의 악습들과 벌이는 전투는 오직 '하느님의 도우심으로' 가능하다는 것이다. 하느님의 도우심이 없으면 이 전투는 패배할 것이다. 다분히 노골적인 전투 용어를 사용하는 이 텍스트에서도 핵심적인 것은 인간의 행위 안에서 일어나는 하느님의 역사役事다.

**전투를
거부하는 이들**

베네딕도가 배척하는 나머지 두 부류의 수도승에 관한 일별도 많은 것을 시사해 준다. 먼저 베네딕도는 이른바 '사라바이타'[31]에 관해 말한다. 이들은 공동체 안에서 살지 않고 둘이나 셋씩 작은 무리를 이루어 살면서 아무 규칙도 지키지 않고 자기네 기분과 욕구를 좇아 사는 수도승들이다. 베네딕도는 특유의 견해를 밝힌다. "그들은 용광로 속의 금처럼 어떤 규칙이나 경험의 가르침으로 단련되지 않고, 납처럼 무르다"(『성규』1,6).

수도회 규칙과 공동체 안에서의 경험은 더 나은 수도승 생활을 위한 필수 전제라 하겠다. 그들은 '경험의 가르침', 경험의 과정을 마땅히 거쳤어야 했으니, 이 과정이 그들을 참된 수도승으로 만들어 주었을 것이다. 그리고 이 과정과 관련하여 베네딕도는 명료한 표상을 사용하는데, 바로 섭씨 1000도 이상에서야 광물 찌꺼기로부터 정련되는 금의 용해 과정이다.32

끝으로 베네딕도는 '떠돌이 방탕 수도승들'인 이른바 '기로바구스'33에 관해 말한다. 이 생활양식은 원래 일종의 긍정적 삶의 방식, 곧 영적인 무소속의 삶을 가리켰다. 다시 말해 인간이 어느 곳에도 정착하지 않은 채, 내일 일은 모르지만 전적으로 하느님을 신뢰하며 언제나 앞으로 나아가는 것을 의미했다.34 이 생활양식이 베네딕도 시대에 변질되었다. 그는 탄식한다. "그들은 일생 동안 이곳저곳 떠돌아다니며 여러 수도원에서 삼사 일씩 손님으로 머문다. 늘 정처 없이 떠돌아다니는 그들은 한 번도 정주하지 않고 자기 뜻과 탐식에 빠진 자들이다"(『성규』1,10-11). 그들은 내적 해방과 전진 대신 자신의 욕구와 향락적인 삶에 집착한다. 그리고 어디에도 머물러 있지 않기 때문에 자신이 원하는 것을 다 할 수 있으며, 자신을 변화시킬 필요도 전혀 없다. 이들의 삶은 영적 전투를 거부하며, 그런 까닭에 성숙하지 못한다.

이 두 부류의 부정적 수도승과 견주어 보면 수도원 공동체가 영적 전투를 얼마나 크게 뒷받침하는지 새삼 분명해진다. 이 학교에서 수도승은 이미 모든 것을 다 할 줄 알아야 하는 것이 아니다. 중요한 것은 평생 계속될 배움의 과정이다. 그런 까닭에 이 책의 제목도 이 영적 과정의 끊임없는 내적 역동성을 표현하고자

'영적 전투 배우기'로 정했다.

그렇지만 이런 체험들은 수도원 특유의 것이 아니다. 다른 형태의 공동체에서도 비슷한 일이 일어난다. 공동체에서 (어릴 때라도) 한번 살아 본 사람은 그것이 언제나 쉬운 일만은 아니며, 때로는 진짜 전투이기도 하다는 것을 알고 있다. 누구나 자기 자리를 차지하고 자기 권리를 확보하려 하기 때문이다. 그러나 그 사람은 또한 자신이 세상에 혼자 있지 않다는 것도 분명히 안다. 다시 말해 공동체 안에서는 구성원 하나하나가 책임을 져야 하며, 그래야 공동체가 (자기 자신만 아니라 다른 이들을 위해서도) 제대로 기능한다. 구성원들은 수도원 공동체든, 가정이나 부부 사이든, 친구 사이든 정해진 규칙들을 지켜야 한다. 그러므로 두 부류의 '고약한' 수도승은 세속적인 생활 공동체를 표상한다고 할 수도 있다. '기로바구스' 수도승은 끊임없이 대인 관계를 바꾸지만, 번번이 그저 피상적인 것에 그친다. 책임을 져야 하는 문제가 생기면 그 즉시 변질된 의미로 '자기 지팡이를 잡고' 다른 곳으로 떠나 버린다. 그런 인간은 자신을 바꿀 필요가 없으니, 다른 사람들이 자신을 힘들게 하면 대인 관계를 바꾸고 친구를 교체한다. '사라바이타'의 경우도 비슷하다. 이 낱말도 의미가 변질되어, 그저 함께 놀고 즐기는 것만 일삼는 친구 집단 정도를 가리킨다. 그러나 거기서 그들은 상대를 진정으로 알지는 못하며, 상대의 삶과 갈망, 인격에 진지하게 관심을 기울이지도 않는다. 그들에게는 깊은 우정이 가능하지 않으며, 서로를 이어 주는 것은 그저 함께 즐기기만 하는 체험뿐이다. 이것이 참된 성숙의 길을 닦아 주지는 못한다.

2

영적 전투의 목표

베네딕도는 우리를 어디로 이끌어 가는가?

도대체 왜 수도승은 전투를 해야 하는가? 수도승의 길과 그의 모든 노력은 어디로 귀결되어야 하는가? 이 목표는 대개 매우 낮게 설정된다.

    여기서 우리는 베네딕도 자신을 증인으로 내세울 수 있다. 그는 『성규』 마지막 장에서 전체 내용을 돌아보며, 자기 수도승들이 최소한의 영적인 삶을 시작할 수 있도록 초보자를 위해 규칙서를 썼다고 말한다. 그리고 수도승의 영적 여정의 실제적 정점에 관해서는 다른 위대한 교부들에게 가르침을 얻을 수 있다고 한다(『성규』 73장 참조). 또한 흔히 말하기를, 베네딕도는 결코 과도함이 없게 하는 것(『성규』 64,12 참조)과 이행 불가능한 요구를 하여 약한 형제들이 겁을 먹고 물러나지 않게 하는 것(『성규』 64,19 참조)을 중시했다고 하는데, 이것 역시 옳은 말이다. 베네딕도는 아빠스가 자기 수도승들의 연약함을 고려하는 것(『성규』 34,2 참조)과 각자의 필요에 맞추어 대하는 것(『성규』 2,31-32 참조)을 중요히 여겼다.

베네딕도부터가 『성규』 머리말에서 '거칠고 힘든 것'은 제정하려 하지 않는다고 말한다(『성규』 머리말 46 참조). 그때까지 수도승 생활 전통에서는 엄금했음에도 포도주를 (물론 절제 있게) 마시는 것조차 허락한다(『성규』 40장 참조). 우리는 우리 수도회의 창립자가 여러모로 이처럼 현명하고 인간적이며 공감적인 것에 감사한다.

그렇다면 혹시 베네딕도는 당장은 아무도 고통스럽게 하지 않는 수도승 생활, 최소한의 '평범한 시작'만 하면 충분한 그런 '편안한' 수도승 생활을 조직하고 싶어 하는 것인가? 그렇다고 믿는다면 베네딕도를 완전히 오해한 것이다. 베네딕도가 마치 엄격한 생활과 금욕적 고행에서 큰 성취를 이루는 것이 가장 중요한 일인 양, 힘든 일을 우악스레 요구하지 않는 것은 분명하다. 그러나 그는 목표를, 그것도 달성하기 쉽지 않은 목표를 가지고 있다. 베네딕도는 수도승이 모든 것을 투입하여 이 여정에서 전진하기를 기대한다. 그런 까닭에 머리말에서부터 이렇게 말한다. "그러므로 우리는 이제 '여러분이 잠에서 깨어날 시간이 이미 되었습니다'(로마 13,11)라며 우리를 일깨우는 성경의 말씀에 따라 일어나도록 하자. 하느님 빛을 향해 눈을 뜨고, 매일 다음과 같이 외치시며 우리를 권고하시는 하느님의 목소리를 주의 깊게 경청하도록 하자. '오늘 그분의 목소리를 듣게 되면, 너희는 마음을 완고하게 하지 마라'(시편 95,7-8)"(『성규』 머리말 8-10). 베네딕도는 열정적이고 단호하게 이 여정을 계속해서 나아가며, 목표를 눈에서 놓치지 말라고 유례없이 촉구한다. 『성규』 7장에서 서술하는 겸손의 열두 단계를 진지하게 받아들이고 4장에서 묘사하는 영적 기술의 74가지 도구를 사용하여 자신의 삶을 영위하고자 하는 사람은, 베네딕도가 단지 최초의 시작이나 진부한 시작 이상의 것을 기대한다는 사실을 즉시 알아챌 것이다.

베네딕도는 자기 수도승들에 대해 조금도 피상적이지 않은, 더없이 명확한 목표를 가지고 있다. 그런데 정확히 말하자면 그는 한 가지가 아니라 두 가지 목표에 관해 이야기한다. 『성규』 머리말부터 마지막 장까지 그는 내세의 목표, 곧 우리가 하느님을 직접 뵐 수 있는 하늘나라를 거듭 언급한다. 우리가 장차 하느님 곁에 살게 될 그분의 장막과 그분의 거룩한 산에 관해, 우리가 상속하게 될 나라(『성규』 머리말 21-23.50 참조)에 관해, 우리의 '천상 본향'(『성규』 73,8)에 관해 말한다. 그때 그곳에서 '눈으로 본 적이 없고 귀로 들은 적이 없는 것들'(이사 64,3; 1코린 2,9)이 우리에게 선사될 것이다(『성규』 4,76-77 참조).

하느님 곁에서의 영원한 삶이라는 이 엄청난 약속과 더불어 베네딕도는 머리말 말미에서 또 하나의 목표를 표명하는데, 이것이 우리의 주제에 각별한 의미가 있다. 그는 수도승의 길은 처음에는 언제나 '좁으며' 온갖 어려움을 거치게 된다고 말한다. 그러나 그것에 놀라 물러서는 대신, 씩씩하게 계속 나아가는 사람은 "말할 수 없는 사랑의 감미로움으로 마음이 넓어져 하느님 계명의 길을 달려가게 될 것이다"(『성규』 머리말 49). 이것을 성취하는 사람은 영적인 삶의 한 정점에 이른 것이다. 그는 마음이 넓어진다. 그때까지 그와 그의 삶을 답답하고 불안하게 만들어 온 모든 것이 크나큰 자유로 넓어지며 그의 내면에서 사랑이 꽃피는데, 이 사랑이 그에게 말할 수 없는 감미로움을 선사한다.

여기서 베네딕도가 말한 마음의 넓어짐과 말할 수 없는 사랑의 감미로움은 그가 영적 체험의 위대한 전통 안에 있음을 알려 준다. 마음을 좁고 답답하게 만드는 어둠의 권세들과 부정적 행동 양식들에서 해방되고 내적 평화에 다다르면, 그때는 마음이 넓어진다. 그런 다음 하느님이 정화된 마음속에 더욱 깊이 들어와서

인간의 내면을 가득 채우실수록, 이 마음은 사랑과 하느님 직관을 위해 그만큼 더 넓어진다.35

대교황 그레고리우스는 자신이 저술한 『성 베네딕도의 생애』의 중심 대목에서 마음의 넓어짐에 관해 이야기한다. 그레고리우스는 만년의 베네딕도에게 초월의 환시가 선사되었는데, 환시 중에 온 세상이 베네딕도에게 아주 작게 느껴졌다고 보고하며 이렇게 설명한다. "창조주를 직관하는 영혼에게는 온 세상이 작아진다. 창조주의 빛을 조금만 보았을 뿐인데도, 창조된 모든 것이 영혼에게 작아진다. 과연 내적 직관의 빛 안에서 마음의 바탕이 열리고 하느님 안에서 넓어지며 세상을 초월하게 된다. … 하느님의 빛 안에서 자신 위로 이끌려 올라갈 때 영혼은 내적으로 아주 넓어진다."36

요컨대 베네딕도는 『성규』 머리말 말미에서 마음의 넓어짐에 관해 말함으로써, 영적 발전의 한 정점과 목표를 일깨우는 것이다. 수도승들은 바로 이것을 지향하며, 다시 말해 이미 현세의 삶 안에서 완전한 하느님 사랑의 발현과 하느님 직관을 지향하며 전투를 하고 있다. '말할 수 없는 사랑의 감미로움(또는 게오르크 홀츠헤르의 번역으로는 기쁨37)'도 이것의 일부다.

일찍이 폰투스의 에바그리우스도 '말할 수 없는 기쁨'에 관해 거듭 이야기했고, 같은 맥락에서 영혼의 안식과 순정純正한 기도를 언급했다.38 에바그리우스 역시 이 표현을 통해 신비적 체험의 상태를 묘사했던 것이다. 그러므로 베네딕도의 이른바 초보자를 위한 규칙은 영적인 삶의 정점과 수도승을 고무하는 목표(이것들을 현세의 삶에서부터 성취하는 것이 중요하다)를 잘 알고 있다고 하겠다.39

7장 말미에서 베네딕도는 다시금 이 현세 삶에서 이루어야 할 목표를 다른 말로 명확히 표현한다. 거기서 설명하는 겸손의 열두 단계는 내적 정화와 내적 발전의 도정을 나타낸다.40 이 길을 끝까지 간 사람은 마침내 "두려움을 몰아내는 하느님에 대한 그 완전한 사랑에 도달하게 될 것이다. 이 사랑에 힘입어 그가 전에는 어느 정도 두려움을 가지고 지키던 모든 것을 이제는 전혀 힘들지 않게, 이를테면 자연스러운 습관인 듯 지키게 될 것이다. 더 이상 지옥에 대한 두려움에서가 아니라 그리스도께 대한 사랑과 좋은 습관과 덕행의 즐거움에서 하게 될 것이다"(『성규』7,67-69). 그때 그는 더는 두려움을 모르는, 완전한 하느님 사랑에 도달하게 된다.

"사랑에는 두려움이 없습니다. 완전한 사랑은 두려움을 쫓아냅니다"(1요한 4,18)라고 사도 요한은 그의 첫째 편지에서 말한다. 이제는 수도승 안에서 사랑이 활짝 꽃펴서, 이 사랑이 더는 묶이거나 막혀 있지 않으며 오히려 저절로인 듯, 일종의 덕인 듯, 좋은 습관인 듯 일거일동에서 발산된다.

여기서 베네딕도는 덕에 관해 이야기하고 있다. 그 배경에는 고전적인 덕 개념이 분명 자리 잡고 있다. 이 개념에 따르면 덕의 특징은 선이 아예 본성적 태도가 되어, 선이 힘들지 않게 행해지는 것이다.[41] 요컨대 선을 행하거나 친절을 베풀기 위해 애를 써야만 한다면 그것은 덕이 아니다. 그것이 꽤 훌륭하기는 하지만 아직 덕은 아니다. 다시 말해 자신의 본성에 속해 있는 것, 그래서 자명하게 수행되는 것은 아니다. 그런 까닭에 베네딕도는 앞서 인용한 텍스트에서 만일 완전한 사랑이 발현되면 선은 좋은 습관으로, 덕에 대한 즐거움으로 자연스럽게 행해진다고 말한다.[42] 이때 사람은 선을 행할 뿐 아니라, 그 사람 자신이 선하게 되어서 바로 그에 따라 행동하는 것이다. 우리도 나이 지긋한 사람들에 관해 종종 비슷한 말을 한다. "그분이 전에는 꽤 까다로웠는데 나이가 들어 가면서 — 분명 여러 곤경과 난관을 헤쳐 오면서 — 선하고 평온한 사람이 되었어. 그분은 이제 아예 그런 사람이 되었어. 사람 자체가 바뀌고 달라진 것이지."

『성규』의 이 겸손 장章에 관해 중요한 주석들 중 하나를 쓴 오스트레일리아 트라피스트회 수도승 마이클 케이시는 이 대목에서 '통합'과 '변화'를 이야기한다. 갖가지 내적 혼란으로 흐트러지고 분열된 수도승의 실존이 이제는 내적 통합과 평화를 발견하고 지속적 변화를 겪는다는 것이다. 지금껏 어둡게 가려져 왔던 하

2. 영적 전투의 목표   47

느님상像이 이 과정 속에서 수도승 안에서 회복되고 빛을 발하게 된다. 그리고 이런 내적 변화는 그 수도승의 주변 사람들에게도 그에 상응하는 영향을 끼친다.[43]

요컨대 베네딕도는 천상 본향이라는 내세의 목표와 더불어 현세의 삶을 위한 또 하나의 목표도 인식하고 있으니, 곧 '넓은 마음'이다. 이 마음은 수도승의 오랜 여정에서 넓어졌고 하느님 직관과 완전한 하느님 사랑에 도달했으며, 여기서 수도승은 말할 수 없는 기쁨과 감미로움을 발견한다. 수도승은 살아가며 자명한 듯, 좋은 습관인 듯 이 사랑으로 행동하니, 그 자신이 선하게 되었기 때문이다. 사랑을 행하는 사람이 되었기 때문이다.[44]

현세의 삶에서 이루어야 할 영적 목표에 관한 이 서술은 수도승에게만 흥미로운 게 아니다. 이것은 수도원 담 밖의 사람들에게도 매혹적일 수 있다. 영혼의 궁지와 혼란에서 벗어나서, 자신의 삶 전체에 영향을 미치며 주변에 빛을 비추어 줄 넓디넓은 사랑을 찾아 얻고 싶지 않은 사람이 그 어디에 있겠는가?

영성 프로그램을 진행할 때면 나는 『성규』에 따른 이런 삶의 목표에 관해 곧잘 설명하는데, 이런 정화 여정이 자신의 삶에서 무엇을 의미할 수 있는지 참여자들은 아주 빨리 이해한다. 많은 참여자가 지금까지 자신에게는 무엇인가 추구할 만한 영적 목표가 없었다는 것을 문득 깨닫는다. 특히 나이가 지긋한 사람들은 넓은 마음을 지향하는 이 정화 여정이 자기 여생의 결정적 과제가 될 수 있으리라 예감한다. 그래서 활발하고 고무적인 대화가 집단에서 곧잘 이루어진다. 그런데 여기서 관건은 사람이 실제로 얼마나 멀리 나아갈 수 있는가 하는 점이 아니다. 그럼에도 다만 몇 걸음이라도 내딛으며, 초보적이지만 사랑을 행하는 사람이 될 수 있다고 희망하면, 지금 이 순간 마음이 열리고 앞으로 나아가게 된다.

이것 역시 노년의 사람들에게만 해당되는 게 아니다. 뒤를 돌아보면 자신의 꿈들을 포기한 중년들이나 언제부터인가 자신의 원래 바람이 아닌 그저 되는대로 살고 있음을 깨달은 중년들도 마찬가지다. 마음의 넓어짐이라는 목표를 지향함으로써, 그들에게 새로운 추동력과 생명력을 선사하는 영적 지평이 열릴 수 있다. 그러면 그들은 그리로 향하는 여정에서 지금까지 완강하게 집착해 온 많은 과업을 놓아 버리고 새로운 자유와 사랑에 뿌리내리는 것이 얼마나 크나큰 해방일지 거듭 깨달을 수 있다.[45]

과거에는 사람들이 내세에 집착하며 장차 천국에 들어가기 위해 바르게 살려고 했다면, 오늘날 초기 수도승 전통에 대한 고찰은 내세의 목표와 더불어, 넓은 마음과 완전한 사랑으로의 성숙이라는 현세적 목표도 추구하라고 우리를 격려한다. 지금은 대부분이 한 세기 전 사람들보다 훨씬 오래 살며, 직업적으로 활발히 일하는 시기 후에도 몇십 년을 더 사는데, 이것은 여태껏 알지 못했던 기회, 노년에 조금 더 힘차게 이 영적 목표를 추구할 수 있는 기회다. 나아가 많은 노인이 이런 여정에 동참한다면, 이것은 우리 고령화 사회를 영적·정신적으로 풍요롭게 만드는 일이라 하겠다.

어떻게 목표에 다다를 것인가?

수도승이 ― 그리고 이 여정에 있는 누구라도 ― 실제로 영적 전투의 목표에 이를 수 있으려면 이 여정은 어떠해야 하는가? 여기서는 겸손을 주제로 삼은 『성규』 7장에서 덕에 관한 텍스트로 다시 한번 돌아가자. 그런데 베네딕도는 정반대의 것, 즉 악습에 관해서도 거론한다. 그러나 대부분의 번역서에는 이 점이 제대로 드러나 있지 않다. 7장의 마지막 문장은 보통 다음과 같이 번역되어 있다. "주님은 이제 잘못(한국어 번역본에는 '악습'으로 되어 있다_옮긴이)과 죄악에서 정화된 당신 일꾼 안에서 이 모든 것을 성령을 통하여 기꺼이 드러내실 것이다"(『성규』 7,70). 여기서 베네딕도가 우선 말하고자 하는 바는 완전한 하느님 사랑의 발현은 성령의 작용이라는 것이다. 그런 다음 그는 그 전제 조건도 언급한다. 수도승은 잘못과 죄악에서 정화되어야 한다는 것이다. 완전한 하느님 사랑이 분출되기 전에, 수도승이 죄악으로부터 정화되어야 한다는 것은 당연하게 여겨진다. 그런데 우리의 주제에 핵심적인 낱말은 다른 낱말, 즉 '잘못'이다.

이 낱말은 라틴어 원문에 'vitium'으로 되어 있다. 이 낱말은 '잘못'으로 번역할 수도 있지만, '악습'이 더 적확한 번역이라고 하겠다. 요컨대 여기서 의미하는 바는 사람이 종종 저지르는 잘못이 아니라 가지고 있는 잘못, 습관적으로 거듭 저지르는, 또 거기서 쉽게 벗어나지 못하는 잘못이다. 악습은 일종의 잘못된 태도이니, 끊임없이 이에 상응하는 잘못된 행동으로 귀결된다. 그래서 '악덕'이라 말할 수도 있다.

6세기 팔레스티나 수도승들의 사부인 가자의 도로테우스는 이 악덕과 악습들을 '영혼의 고질병'이라 지칭하고, 이것이 치유되어야만 영혼의 자연스러운 건강 상태인 덕이 인간 안에서 피어날 수 있다고 했다. "우리는 이제 우리가 선을 행하는 만큼 덕을 태도로 만든다고 말했다. 다시 말해 우리는 … 사람이 눈병을 앓은 다음 시력을 되찾거나 여타 이런저런 병을 앓고 나서 원래의 자연스러운 건강을 되찾듯, 우리 본연의 건강 상태로 돌아온다."[46]

요컨대 여기서 관건은 현대 심리학이 각인(특질)이나 행동 양식이라 지칭하는 것이다. 이 각인과 행동 양식은 우리의 선한 의향과 결심보다 훨씬 크게 우리의 행동에 영향을 미친다. 이것들은 영혼 안에 엄청난 혼란을 일으키며, 그러면 우리는 적합한 판단을 전혀 내릴 수 없고 바른길을 평생 찾지 못한다. 그래서 심리학자들은 흔히는 무의식적인 이 행동 양식들을 사람들이 통찰하고 — 적어도 부분적으로라도 — 해체하도록 돕고자 한다. 이것이 이루어지는 만큼 사람들은 새로운 내적 자유로 나아간다.

베네딕도 성인의 수도승들과 이집트 사막의 은수자들도 이 문제를 잘 알고 있었다. 그래서 초기 수도승들의 문헌에서는 이 '악습들'과의 대결, 부정적인 근본 각인 · 욕심 · 불안과의 대결이 중요한 주제다. 왜냐하면 이러한 악습들을 처리하지 않으면 온전한 영성 생활을 펼칠 수 없으니, 수도승이 — 의향은 선한데도 — 끊임없이 자신의 각인과 악습들에 의해 그릇된 방향으로 떠밀려 가고, 그래서 내적 자유에도 마음의 안식에도 이르지 못하기 때문이다.

그러므로 'vitium' 또는 복수형인 'vitia'는 고대 수도승 생활에서, 특히 요한 카시아누스에게서 핵심 개념의 하나였다. 그의 저작을 베네딕도는 읽어야 할 책으로, 나아가 날마다 저녁 식사를 마치고 낭독해야 할 책으로 거듭 권장한다(『성규』 42장; 73장 참조). 그래서 베네딕도는 자기 수도승들이 이 개념을 수도원 규칙에서 접하게 될 때 쉽게 이해하리라고 기대할 수 있었다.

또한 이 개념은 『성규』 머리말 말미에서 마음의 넓어짐에 관해 말할 때도 나타난다. 여기서 수도승이 헤쳐 나가야만 하는 본원적 곤경의 본질은 그가 사랑을 위해 자신의 악습들(vitia)에서 정화되어야 한다는 데 있다(『성규』 머리말 47 참조). 이로써 그는 앞으로의 여정에서 점차 넓은 마음과 말할 수 없는 사랑의 기쁨에 이를 수 있다. 요컨대 수도승은 자기 삶의 현세적 목표에 도달하기 위해 내적 정화의 길을 걸어야 하며 넓은 마음, 완전한 사랑, 그리고 관상에 이르는 것을 방해하는 모든 것을 제거해야 한다. 그는 자신을 목표에서 빗나가게 하거나 전진을 방해할 수 있는 모든 것과 대결해야 한다. 그러므로 수도승의 길은 우선적으로, 그리고 무엇보다도 정화의 여정이니 모든 진지한 여정, 영적인 여정이 먼저 내적 정화의 여정이어야 하는 것과 마찬가지다.

정화의 다양한 측면을 다루기 전에, 이 목표를 이해하는 데 중요한 두 가지 점을 더 고찰해야겠다.

목표의 필요성

길고 힘겨운 정화 여정은 사람을 지치게 만들 수 있다. 수도승을 빗나가게 할 수 있는 것은 많다. 그런 까닭에 수도승은 목표를 명확히 지향하고 이 목표를 거듭 상기할 때만 내적 각성과 필수적인 '마음의 탄력'⁴⁷을 보존할 수 있다. 이 주제에 관해, 그리고 여정 중에 계속 깨어 있을 수 있는 전제 조건들에 관해 요한 카시아누스는 『사부들과의 담화』의 스물네 편 가운데 첫째 담화에서 자신의 견해를 상세히 밝힌다. 목표를 명확히 유념할 때만 사람은 여정 중에 똑바로 전진할 수 있다. 이를 설명하기 위해 카시아누스는 다양한 표상과 비유를 사용한다. 생계를 유지하기 위해 풍작을 바라는 농부에게는 힘들어서 못할 일이 아무것도 없다. 더위도 추위도 그가 땅을 일구고 가시와 잡초를 뽑아내는 것을 포기하게 만들지 못하니, 그가 언제나 풍작이라는 목표를 염두에 두고 있기 때문이다. 그는 심지어 작년에 저장해 둔 것의 일부를 떼어 내어 새로운 파종에 사용한다. 농부는 풍작을 기대하여 저장물이 축나는 것도 근심하지 않기 때문에, 그 일을 '기꺼이' 한다고 카시아누스는 말한다. 분명히 이 이야기는 이런저런 것의 포기는, 그 포기가 내적 진보에 도움이 될 수 있기에 가치가 있다는 사실을 시사한다.⁴⁸

또 하나의 표상은 '희망에 고무되어' 큰 이익을 기대하게 되면 어떠한 수고도, 폭풍이 몰아치는 위험한 바다도 두려워하지 않는 상인이다. 큰 성공을 애써 추구하는 사람에게는 과도한 노고, 너무 힘든 투쟁이란 것이 없다. 그는 목표를 달성하기 위해 모든 에

너지를 쏟아부을 것이다."⁴⁹

그러니까 카시아누스는 일반적인 삶의 체험에 관해 이야기하고 있다. 명확한 목표를 유념하고 있는 사람은 그것에 고무되어 어떠한 노고나 위험에도 낙담하지 않는다. 아니, 목표를 지향하기에 온갖 노고를 기꺼이 감수한다.

이제 카시아누스는 다시 수도승의 여정을 다룬다. "요컨대 우리의 소명 역시 고유한 첫 목표이자 지고한 마지막 목표를 가지고 있는데, 그 때문에 우리는 온갖 수고에 지치지 않을뿐더러 오히려 그것을 기꺼이 감수하고, 그 때문에 단식의 배고픔을 힘들어하지 않으며, 밤에 깨어 있는 동안의 피로를 기뻐한다."⁵⁰ 끝으로 카시아누스는 사도 바오로의 본보기를 지적하며 필리피서 구절을 인용한다. "나는 내 뒤에 있는 것을 잊어버리고 앞에 있는 것을 향하여 내달리고 있습니다. 하느님께서 그리스도 예수님 안에서 우리를 하늘로 부르시어 주시는 상을 얻으려고, 그 목표를 향하여 달려가고 있는 것입니다"(필리 3,13-14). 바오로에게는 너무 지나친 것이나 너무 힘겨운 것이란 아무것도 없으니, 자신을 매혹하는 목표를 주시하고 있기 때문이다. 요컨대 어떤 목표에 고무된 사람은 이 궤도에서 언제나 빗나가지 않을 것이다. 그러나 목표가 희미해지거나 아예 사라지면 그 즉시 여정의 노고가 힘겨워지고, 그 사람은 어떻게든 손해를 보지 않으려 한다. 카시아누스는 광야의 궁핍 속에서 약속의 땅이라는 목표를 잃어버리자 다시금 '이집트 땅의 고기 냄비'와 마늘과 수박을 그리워한 이스라엘 사람들을 상기시킨다(민수 11,5.18; 탈출 16,3 참조).[51] 수도승이 시야에서 목표를 잃고 내적 열정을 상실하면 발생하는 일에 관해 카시아누스는 자신이 겪은 사람들을 두고 설명한다. 부유하고 권세가 있었지만 마침내 수도승의 길에 고무되어 모든 것을 버린 사람들, 그러나 얼마 후 주머니칼·책·작은 바구니·필기구 따위의 사소한 것에 다시 집착하게 되어서, 누군가 그것을 가져가려 하면 화를 내는 사람들을 카시아누스는 비판한다.[52] 갑자기 부차적인 것들을 다시금 과도하게 중시하게 된다. 이것은 삶의 모든 영역에서 겪을 수 있는 경험이다. 누군가 열정적이고 자발적으로 어려운 과업에 도전하다가도, 머지않아 다시 피상적인 것들, 특히 직위와 특권에 집착하게 된다. 이 주제를 카시아누스는 '두 번째 세속 포기'라는 표어 아래에서도 다루는데, 이에 관해서는 아래 단락에서 더 이야기해야겠다.

수도원에 들어가는 것으로는 충분하지 않다

카시아누스는 수도승의 길과 관련하여 '세 번의 세속 포기'에 관해 이야기한다.[53] 우리에게는 첫 번째와 두 번째 포기만 관심의 대상이니, 이 둘은 수도원 담 밖의 사람들에게도 성찰을 촉구하기 때문이다. 카시아누스가 말하는 첫 번째 포기는, 수도승이 되기 위해 모든 것을 버리기로 결심하는 것이다. 여기서 카시아누스는 세속 재물은 나쁜 것이 결코 아니며 오히려 '가운데에 자리 잡고 있다'[54]는 사실을 분명히 지적한다. 다시 말해 세속 재물은 선하지도 악하지도 않다. 다만 중요한 문제는 그것을 선하게 사용하는지 악하게 사용하는지 하는 것이다. 한 사람이 수도승이 될 때는 그의 재산을 포기하는데, 이것은 재산 자체가 나쁘기 때문이 아니라, 그가 수도승의 길에서 목표를 향해 나아가는 것을 방해하기 때문이다.

그러나 재산 포기만으로는 아직 충분하지 않다. 수도원 입회를 결심하고, 또 실제로 감행했다 하더라도, 그것으로 제 할 바를 '다 했다'고 생각하면 큰 착각이다. 둘째 단계인 이른바 두 번째 세속 포기가 더 필요하다. 이것은 한 사람이 수도승의 생활 방식에 적응하고 목표에 실제로 더 다가가기 위해, 지금까지의 행동 양식이나 각인, 습관을 버려야 함을 의미한다. 노년에 이르러 또다시 자신의 땅과 자신에게 익숙한 모든 것을 떠나야 했던 아브라함(창세 12,1 참조)을 두고 카시아누스는 이렇게 말한다. 우리는 "우리의 처신과 예전의 습관과 악습들을 떠나야 한다. 이것들은 가족이나 혈연처럼 태어날 때부터 우리와 얽혀 있음을 우리는 잘 알고 있다."55

이런 행동 양식들은 우리와 유착되어 있음을, 대개는 평생을 따라다니며 영향을 미치기 때문에 흡사 우리 본성의 일부인 듯함을 카시아누스는 통찰하고 있었다. 이것들은 우리에게 바짝 달라붙어 있는 무슨 소유물 같다. 그래서 이 양식과 습관들을 버리는 일은 매우 어렵다. 이것은 초기 수도승들만의 문제가 아니다. 현대 심리학과 신경생물학에서도 어떻게 하면 자신과 유착되어 있는 고유의 행동 양식들을 이해하고 더 잘 다룰 수 있을까 하는 문제를 파고들고 있다.56 그러는 가운데 연구자들은 영적 전투에 큰 도움이 되고, 때로 초기 수도승들의 체험과 비슷하거나 그것을 보충해 주는 통찰들도 얻었다.

두 번째 포기라는 이 필수적 단계에서 관건은 우리 영혼 안에 여전히 똬리를 틀고 있는 '해로운 소유물들'57 내지 '누적된 악습들',58 우리의 부정적 습관과 집착들을 버리는 것이다. 이를 통해 수도승은 완전한 사랑과 하느님 직관을 향한 여정에서 새로운 삶의 방식을 따를 준비를 갖추게 된다. 카시아누스는 수도승들로 하여금 이 주제를 의식하게 하려면 이에 관해 명확히 설명해 주어야 한다고 생각한다. 그리고 자신의 상론 말미에서, 수도승들에게 두 번째 포기에 관한 가르침을 전혀 전해 주지 않는 수도원

들이 있다고 개탄한다.[59]

요즘은 독일어 판으로도 구해 볼 수 있는 토마스 키팅의 저작에서도, 우리 안에 깊이 자리 잡고 있는 행동 양식들에 대한 문제를 상론하고 있다. 여기서 키팅은 발달심리학과 신경생물학의 관점뿐 아니라 그에 따른 영적 맥락도 살펴보는데, 이 현대적 관점을 특히 초기 수도승이나 신비주의 체험과 관련짓는다.[60] 이 상론은 영적 전투에 관한 초기 수도승의 텍스트를 더 깊이 이해하는 데, 또한 자신의 내적 갈등을 더 명확히 인식하고 건설적으로 다루는 데 도움이 된다.

그러면 방금 언급한 두 번째 세속 포기에 관해 『성규』에서는 무엇을 발견할 수 있는지 이제 알아보자. 사실 베네딕도는 두 번째 포기에 관해 명시적으로 말하지 않지만, 실천적으로는 그 포기가 의미하는 바와 그 포기가 언제 거부되는지 잘 알고 있다. 수도승의 소유물 혹은 '사유 재산'이란 주제는 특히 민감한 사안들 가운데 하나였던 것이 분명하며 지금도 마찬가지다. 수도승은 수도서원을 할 때 엄숙하게 문서상으로 모든 재산을 포기한다(『성규』 58,24-26 참조). 요컨대 첫 번째 세속 포기를 실행하는 것이다. 그런데도 베네딕도는 수도승이 — 이런 경우가 잦았음이 분명하다 — 이런저런 물건을 자기 소유물인 양 모으거나 몰래 가지는 짓을 다시 시작하면 안 된다고 강력히 경고한다. 이런 이유로 재산의 항구적 포기에 관한 장들에서도 어조가 유달리 엄격한 것 같다(『성규』 33장; 55장 참조). 베네딕도는 모든 수도승이 저마다 필요한 것을 받도록, 그리고 아무도 무의미한 결핍으로 고통받지 않도록 힘써 배려한다. 그러나 재산 포기가 다시 은밀히 철회되는 일, 그 때문에 수도승의 길이 빗나가는 일이 없도록 하는 것도 그의 중대 관심사다.

베네딕도는 자신의 규칙서 1장에서부터 두 번째 세속 포기라는 주제에 관해 간접적으로 언급한다. 거기서 그는 "삭발로써 하느님을 속이며 행실로는 여전히 세속에 충성을 다하는 이들"(『성규』 1,7), 곧 '사라바이타'라고 하는 '혐오스러운 부류'에 관해 말한다. 그들은 수도승이 되었고 수도복을 입었으며 정수리 삭발을 하고 있으나, 그들의 수도승 실존은 순전히 피상적이다. 말하자면 그들은 단지 첫 번째 포기만 실행한 것이니, 실은 수도승이 되기 전과 마찬가지로 살아가고 있다. "(그들은) 주님의 양 떼가 아니라 자신들의 양 무리에 갇혀 살며 … 그들이 믿거나 선호하는 것은 무엇이나 다 거룩하다고 말하고, 원하지 않는 것은 부당하다고 여긴다"(『성규』 1,8-9). 이것은 그들이 자신들의 행태를 경건한 구실로 정당화하고 있음을 의미한다.

또 다른 '혐오스러운 부류'인 '기로바구스'에 관해 베네딕도는 아직도 그들은 감정과 욕구의 노예일 따름이라고 말한다(『성규』

1,11 참조). 그들은 자신들의 미성숙한 습관과 행동 양식들에 완전히 붙잡혀 있다. 그들이 내적 자유의 길을 가고자 한다면, 과거에 예속된 상태에서 벗어나야 한다. 이처럼 사라바이타와 기로바구스는 첫 번째 포기만 했을 뿐 두 번째 포기는 거부하기 때문에 수도승 실존의 본질적 요구들에 부응하지 못하는 수도승들의 실례實例다.

베네딕도가 수도승들을 좋은 부류와 나쁜 부류로 나눈 것은[61] 이른바 '좋은' 수도승들은 모든 게 '좋기만' 하다는 그릇된 추론으로 오도될 수도 있다. 게오르크 홀츠헤르는 이 대목에 관한 주해에서, 베네딕도가 두 부류의 나쁜 수도승에 관해 그렇게 상세히 설명한 것은 자기 수도승들에게 그와 같은 그릇된 행태를 경고하기 위한 뜻이라고 지적한다.[62] 베네딕도는 그런 행태가 모든 수도승에게 나타날 수 있음을 잘 알고 있다. 그리고 방금 언급한 『성규』의 실례들은 그런 위험성이 수도원에서 현실적 문제였음을 알려 준다.[63]

우리가 수련자일 때 들었던 말을 나는 아직도 기억하고 있다. 어떤 수도원이든 수도승 생활의 두 가지 그릇된 형태가 — 적어도 단초적으로 — 존재하며, 우리 중 누구라도 이런저런 부분에서 사라바이타나 기로바구스처럼 행동하거나 그런 경향으로 빠질 수 있다는 경고였다. 당시 우리 수련장은 20세기 초에 쓰인

『성규』에 관한 한 주해서의 텍스트를 유념하라고 권했는데, 거기서는 친절하고 낭만적인 문체로, 그렇지만 매우 현실적인 모습으로 수도원의 그런 행태를 서술하고 있었다.[64] 12세기에 클레르보의 베르나르 역시 부정적인 두 부류의 수도승을 상기시키는 행태가 자기 수도원들에서 어떻게 번져 나가는지 서술했다. "그저 몸만 수도원 담 안에 갇혀 있지, 마음과 혀는 온 세상을 싸돌아다니는 육적 기로바구스들이 있다."[65] 당시 수도승이 공상 속에서나 시도했던 정신적인 세계 여행을 오늘날에는, 제 마음의 봉쇄 구역을 지키지 않으면, 수도원 봉쇄 구역에서도 스마트폰과 인터넷으로 손쉽게 할 수 있다. 요컨대 수도원에 들어온 사람이라도 참으로 그곳에 존재하지 않을 수 있다. 베르나르는 자기 수도원의 사라바이타들에 관해서도 그들은 "자기네 이익을 추구하며, 두셋이나 넷씩 뭉쳐 수도원의 공동 규칙을 어기고 자신들을 위해 생경하고 특이한 규정들을 만들어 낸다"라고 말한다.[66]

최근 마이클 케이시는 요한 카시아누스와 관련지어 두 번째 포기의 필요성에 관해 언급했다.[67] 그는 수도원에서 살아가는 대안적 삶이 꼭 필요하다고 말한다. 이것은 현대 사회의 행동 방식들을 그냥 되는대로 따르지 않고 오히려 통속적이며 일시적인 행동 방식들과 욕구들을 의식적으로 놓아 버리는 삶이다. 그리고 수도승은 이 삶을 통해 꿋꿋하게 정화의 길을 걷고, 자신의 고유한 목표에 점점 더 가까이 다가간다. 요컨대 용기 있는 필생의 결단을 내리는 것만으로는 충분하지 못하니, 나아가 단호히 그 결단에 따라 살아가야 하는 것이다.[68]

여기서 수도승의 두 번째 세속 포기에 관해 말한 내용은 어떤 측면에서 다른 인생 설계나 결단에도 해당될 수 있다. 예를 들어 결혼하여 자녀를 둔 사람이 혼자 살았을 때의 습관을 포기하려 하지 않으면, 결혼 생활이나 가정의 공동생활이 위태로워진다. 또는 가령 어느 날 특별한 영적 체험을 해서 전보다 의식적으로 영적 여정을 걷기로 결심한 사람이 있다면, 내적 진보에 방해가 될 수 있는 지금까지의 생활 방식을 많은 부분 포기해야만 실제로 앞으로 나아갈 수 있다. C. S. 루이스의 『줄개 악마를 위한 복무 지침』에서 두목 악마는, 만일 누가 회심하여 하느님께 귀의한다 하더라도 자신은 원통해할 까닭이 없다고 확신한다. 과연 많은 사람이 곧 다시 돌아오니, "환자(악마는 자신이 들러붙어 있는 사람들을 이렇게 부른다)의 모든 정신적·육체적 습관들이 여전히 우리를 변호하기 때문이다".[69] 강렬한 회심 체험 이후에도, 새로운 길을 다시 포기시킬 수 있는 예전의 심리적 기제들은 여전히 그대로 남아 있다.

필생의 결단 이후에도 새로 배워야 할 것은 많다. 그러나 특히 (수도원 안이든 밖이든) 영적 여정에서는 새것을 배우는 일뿐 아니라 옛것을 버리는 일도 절실하다고 하겠다.

 몇 해 전 나는 페루 고산지대에서 전통을 지키며 살아가지만 그리스도교의 중요 요소를 공동체에 받아들인 한 원주민 부족을 방문했다. 그들은 영적 여정에 관해 나와 환담하며, 자신들이 영성 생활에서 중시하는 개념은 '놓아 버림'(desapego)이라고 했다. 그들 역시 완전한 사랑에 뿌리를 내리는 것을 목표로 삼고 있었고, 중요한 것은 온전히 사랑으로 가득 채워지는 것이라고 말했다. 그런데 이를 위해서는 거듭 놓아 버리고 무엇에도 집착하지 않는 것이 꼭 필요하다고 했다. 오직 이런 내적 자유 안에서만 완전한 사랑으로 가는 길이 펼쳐질 수 있다는 말이었다. 이것은 언제나 쉬운 일이 아니지만 반드시 필요하다. 이에 관해 다음 장에서 더 상세히 이야기하자.

3

영적 전투의 방법과 도구

여기서 영적 전투를 위한 도구들을 전부 설명하는 것은 가능하지 않다. 베네딕도는 『성규』 4장에서만 74가지나 되는 도구 또는 수단을 열거한다. 그러므로 아래서는 이런 영적 노력의 영역과 도구 중에서 몇 가지만 제시할 것인데, 이것들은 기본이 되는 것들이며 독자들의 영적 탐색에도 계속해서 영감을 줄 것이다. 여기서 선택한 주제들은 주관적이며, 특히 일반 문헌에서는 강조되지 않는 측면들을 주로 다루고자 한다. 그러면 수도승도 보통 인간이며, 그들의 체험이 지금 수도원 안에서 살고 있든 아니든 모든 인간이 겪는 문제나 체험과 비슷하다는 사실이 분명히 드러날 것이다.

도구라는 개념과 관련해서 유념해야 할 점이 있다. 모든 사람에게, 또는 모든 상황에 적합한 도구 같은 것은 없다는 점이다. 이것은 어떤 연장도 모든 작업에 유용하지는 못하고, 어떤 약제도 모든 질병에 효과가 있지는 않은 것과 마찬가지다. 그러므로 도구와 약제가 쓸모와 효과를 발휘하되 해가 되지 않으려면 언제나 현명하고 신중하게 사용되어야 한다. 이런 이유로 베네딕도도 신중하고 전문적인 인도를 받으며 습득해야 하는 영적 '기술'(『성규』 4,75)에 관해 말한다고 하겠다.

그런데 여기서 관건은 '무엇'이 어떻게 이루어지는지를 아는 지식이 아니라 오직 성령의 능력 안에서, 오직 하느님과 인간의 협력 안에서 발휘되는 '영적' 기술이다.[70]

내적 혼란과의 전투

고독 속으로 들어가는 사람은 처음에는 고요나 하느님을 만나는 게 아니라, 자기 자신과 내적 소음을 만나는 경우가 많다. "그가 혼자가 되었을 때, 유혹자도 거기 있었다"[71]라고 대교황 그레고리우스는 자신이 저술한 『성 베네딕도의 생애』에서 간명하고도 당연하다는 듯이 말한다. 베네딕도는 하느님과 함께 있으려고, 세속의 소음을 피해 홀로 고독 속으로 들어갔다. 그러나 이 독거의 동반자는 하느님이 아니라 돌연히 유혹자 곧 악마였으니, 그자는 고독 속에서 그를 기다리고 있던 것 같았다. 이것을 우리 시대와 연관시킨다면 많은 사람이 고요를 회피하는 현상을 지적할 수 있다. 회피하는 까닭은, 우리가 고요 속에서 내적 혼란(악령들이라고 말할 수도 있을 것이다)과 자기 삶의 해결되지 못한 여러 문제에 속수무책으로 방치되는 느낌을 받기 때문이다. 그러나 고대 수도승들은 바로 이 대결을 추구했으니, 치유는 회피가 아니라 대결에 있음을 인식했기 때문이다.[72]

내적 혼란의 표상들

내적 혼란과 내적 대결의 혹독함을 초기 남녀 수도승들은 인상 깊은 표상들로 묘사했다. 먼저 이집트에서 일어난 초기 수도승 운동의 걸출한 여성들 중 한 사람인 신클레티카를 주목하자. 그녀는 말하기를, 영혼은 거친 바다 위에 떠 있는 한 척 배와 같다고 했다. 높은 파도에 휩쓸리고 바닥의 틈새로 위태롭게 물이 새어 들어오면 배가 가라앉으려 하듯이, 사람도 안팎으로 온갖 상념과 악령으로부터 끊임없이 위협을 받는다는 것이다. 그래서 오직 항구한 깨어 있음만이 생명의 배를 구할 수 있다고 그녀는 말했다.[73]

사도 바오로는 내적 혼란(그 자신의 것이자 우리 것이기도 하다)을 묘사하기 위해 이와 다른 표상을 하나 든다. "나는 내가 하는 것을 이해하지 못합니다. 나는 내가 바라는 것을 하지 않고 오히려 내가 싫어하는 것을 합니다. … 나에게 원의가 있기는 하지만, 그 좋은 것을 하지는 못합니다. 선을 바라면서도 하지 못하고, 악을 바라지 않으면서도 그것을 하고 맙니다. … 여기에서 나는 법칙을 발견합니다. 내가 좋은 것을 하기를 바라는데도 악이 바로 내 곁에 있다는 것입니다. … 나는 과연 비참한 인간입니다"(로마 7,15-24). 바오로는 자기 내면에서 그 자신도 이해할 수 없는 혼란을, 선을 향한 원의가 정말 무력하다는 것을 절감하는 혼란을 겪는다. 이것은 우리가 내적 혼란에 사로잡힐 때도 익히 겪는 일이다.

『성 안토니우스의 생애』도 악마가 '그의 마음속에 상념들의 폭풍'[74]을 일으켰을 때, 비슷한 현상이 일어났다고 기록하고 있다. 악마가 안토니우스에게 현세의 온갖 즐거움에 대한 기억을 불러일으키고, 또 앞으로 수도승의 길에서 맞닥뜨릴 온갖 고난에 대한 두려움에 사로잡히게 한다. 이것은 과거에 대한 기억과 관련된 유혹, 그리고 미래와 관련된 불안이다. 그러니 여기서 '상념들'

이라 지칭된 것은 기억과 감정이, 갈망과 불안이 뒤섞인 것인데, 이 상념들의 압박이 이를테면 영혼 속의 폭풍이 되어, 가련한 안토니우스를 사막의 고독 속에서 휘몰아 댄다.[75]

이 내면의 폭풍은 종종 밖으로 투사되며, 그러면 내면의 악령들이 사나운 짐승들의 모습으로 나타난다. 이와 관련하여 마티아스 그뤼네발트는 독일 이센하임 성당의 제단에 인상적인 그림을 그렸는데, 이 영혼 그림에는 내적 혼란이 부각되어 있다. 이「안토니우스의 유혹」은 수세기를 넘어 오늘까지도 조형 예술에 영감을 주고 있다. 예를 들어 어느 현대미술 전시회에서는 한 공간 전체가「안토니우스의 유혹」에 헌정되었는데, 거기에는 여러 화가가 초현실주의풍으로 현대인이 겪는 영혼의 불안과 억압을 묘사한 작품들이 전시되었다.[76] 그래서「안토니우스의 유혹」은 수도승의 길과는 전혀 별개로, 인간 영혼에 닥친 폭풍의 전형이 되었다고 하겠다.[77]

영혼의 폭풍과 내면의 어지러운 목소리들이라는 인간 특유의 현상은 — 예나 지금이나 — 익히 알려진 것이다. 그래서 한 심리학자도『저 높은 곳에서 쉬어라!』라는 제목의 책을 낸 것인데, 이 책은 상념과 감정들의 내적 혼란을 다루면서, 그 극복 방법을 제시한다. 이 책 제목은『저 안에서 쉬어라!』로 붙일 수도 있었을 텐데, 내적 혼란은 머리만 아니라 마음과 몸 안에도 똬리를 틀고 있기 때문이다. 『성 안토니우스의 생애』에 있는 상념들의 폭풍에 관한 묘사와 비슷하게, 이 저자도 우리를 휘몰아 대고 어지럽히는 것들의 대부분이 현재와 큰 관계가 없고 오히려 과거나 미래와 관련되어 있다고 설명한다.[78]

상념과 감정들의 혼란에 관한 표상들과 더불어, 개별적 감정이나 상념들에 관한 강렬한 표상들도 있다. 예컨대 폰투스의 에바그리우스는 마치 불화살[79]처럼 영혼을 불태우거나 독전갈[80]처럼 마음속에 똬리를 틀고 있는 상념들이 있다고 말한다. 요컨대 영혼 속에는 — 그리고 흔히는 몸속에도 — 우리를 꽉 물고는 그 독으로 생명을 실로 위태롭게 만드는 상념과 감정들이 있다. 불화살 표상에 상응하여, 다른 대목에서 에바그리우스는 악령들이 — 걷잡을 수 없는 상념과 감정들을 풀어 놓으며 — 우리를 거슬러 벌이는 전쟁의 표상에 관해 말한다.[81]

두려움을 일으키는 이런 표상들은 사람을 낙담시킬 수도 있다. 그러나 여기서 의도하는 바는 사실 정반대다. 다시 말해 수도승에게 그가 이 전투에서 혼자 있는 게 아니라, 그의 편에 강한 협력자가 있음을 확신시키는 것이다.[82] 방금 언급한 '악령들이 우리를 거슬러 벌이는 전쟁에 관한 표상'은 에바그리우스의 『안티레티코스』 머리말에서 나온 것인데, 이 책에는 하느님께 대한 깊은 신뢰에 근거하여 영적 전투를 치르기 위한 무기들이 명시되어 있다. 여기서 에바그리우스는 "우리는 우리 승리의 왕 예수 그리스도의 용감한 전사이자 투사로서 전투"[83]를 하고 있다고 말함으로써, 수도승들에게 용기를 불어넣는다. 요한 카시아누스는 그러한 전투 장면을 다음과 같이 묘사한다. "우리를 거슬러 싸우는 (적들의) 병력이 우리에게 두려움과 공포를 불러일으키면, 우리 측에서는 하느님의 보호와 도움을 내세워야만 하니, 이에 관해 이렇게 기록되어 있다. '여러분 안에 계시는 그분께서 세상에 있는 그 자보다 더 위대하시기 때문입니다'(1요한 4,4). 적들의 무리가 우리를 거슬러 돌격해 올 때, 그분의 도움은 훨씬 큰 힘으로 우리를 위해 싸워 주신다."[84] 요컨대 그는 매우 위험한, 그러나 동시에 신뢰를 고취하는 영적 전투의 시나리오를 보여 주고 있다. 이를 배경으로 삼아 이제 이어지는 단락에서는 이 전투가 우리 측에서 어떻게 수행될 수 있는지 조금 더 말해야겠다.

폰투스의 에바그리우스의 '여덟 가지 악한 상념' 도식

『성규』 머리말 말미와 7장 말미에서 거론하는[85] 상념들의 광란 내지 내면의 각인과 악습들을 베네딕도가 어떻게 다루는지를 알고자 한다면, 요한 카시아누스를 참조하는 것이 도움이 된다. 베네딕도가 발견한 이 주제에 대한 가장 상세한 설명은 카시아누스의 펜에서, 특히 『사부들과의 담화』와 『공주 수도원 규정집』에서 유래한다. 이 저작들을 카시아누스는 프랑스 남부에 있는 자기 수도원들을 위해 썼으나, 정작 이 수도승 생활의 지혜를 수집한 것은 자신이 여러 해 동안 함께 살았던 이집트 수도승들로부터였다.[86] 그는 여덟 가지 '상념' 혹은 악습에 관한 교설을 처음으로 펼친 폰투스의 에바그리우스도 이집트에서 만났던 것 같다. 그래서 우리는 아래에서 카시아누스의 발자국을 따라가지 않고 직접 에바그리우스의 저작에 의지할 것이다. 수준 높은 철학과 신학 교육을 받은 수도승인 에바그리우스는 초기 수도승들의 영적 체험을 체계적으로 파악하고 기록한 최초의 인물이다.[87] 그는 수도승의 목표가 관상적인 삶에, 하느님 직관 내지 거룩한 삼위일체 직관에 있다고 보았다. 그런데 이 관상적인 삶은, 자신을 내적으로 교란하고 하느님에게서 떼어 놓으려는 모든 것으로부터 마음이 정화될 때만 영혼 안에서 펼쳐질 수 있다.

이 상태를 에바그리우스는 무정념(apatheia)이라 지칭한다. 이것은 우리가 흔히 사용하는 낱말인 무감각이나, 활력과 감정의 결여와는 아무 관계가 없으며, 오히려 영혼의 모든 힘들이 건강하고 활발하게 작동·반응하고 서로 조화를 이루어 무질서하게 엉클어지지 않은 상태를 의미한다.[88] 그런 까닭에 에바그리우스는 무정념을 '영혼의 건강'[89]이라고도 지칭하는데, 이럴 때 영혼의 힘들이 건강하게 발휘되고 협력할 수 있으며, 그리하여 사랑이 활짝 피어나고 하느님 직관의 토대를 마련할 수 있기 때문이다.[90] 한편 요한 카시아누스는 무정념이란 개념을 피하고, 이 상태를 성경의 표현을 사용하여 '깨끗한 마음'(마태 5,8)이라고 지칭한다.[91] 요컨대 관건은 마음을 우선 내적 불안으로부터, 그리고 악습들이 야기하는 내적 혼란으로부터 정화하여 인간이 사랑과 하느님 체험에 이르게 하는 것이다.

에바그리우스는 인간을 내적으로 휘몰아 대는 것을 '악한 상념들'이라고, 때로는 '악습들' 또는 그냥 '상념들'이라고 지칭한다. 이 개념이 가리켜 말하는 것은 우리의 정상적·논리적 사유가 아니라, 에너지가 실려 있는 생각들이다. 감정이나 갈망, 불안과 결합되어 있는 생각들이라고 말할 수도 있겠다. 요컨대 우리를 내적으로 휘몰아 대고, 치근대며, 괴롭히고, 옭아매는 모든 것이다.

그 밖에도 에바그리우스는 '악령들'에 관해서도 자주 말하는데, 그 의미는 '상념들'이나 '악습들'과 동일하니, 사실 그의 철학과 심리학에 따르면 좋은 상념들은 천사들이, 나쁜 상념들은 악령들이 불어넣어 준다. 그래서 에바그리우스는 노여움의 상념에 관해 말하기도 하고, 노여움의 악령에 관해 말하기도 한다. 어떤 때는 다만 영혼의 내적 과정이 언급되고, 또 어떤 때는 상념이나 감정의 내적 과정이 객체화 혹은 인격화가 된다. 이것은 사람이 자신을 상념이나 감정과 내적으로 동일시하지 않고, 그것을 자기 밖으로 끄집어내어, 그것과 대결할 수 있다는 장점이 있다. 현대 심리학자들은 이런 맥락에서 상상 기법에 관해 말한다.[92]

여기서 우선 이 주제를 간략히 개괄하는 에바그리우스의 텍스트 하나를 살펴보자. "모든 상념을 포함하는 발생학적 상념들은 여덟 가지이다. 그 첫째는 탐식의 상념이다. 그다음은 음욕의 상념이다. 셋째는 탐욕의 상념, 넷째는 슬픔(근심)의 상념, 다섯째는 노여움의 상념, 여섯째는 나태(akédia)의 상념, 일곱째는 허영의 상념, 그리고 마지막은 교만의 상념이다. 이 모든 상념이 영혼을 괴롭히는지 아닌지는 우리에게 달려 있지 않다. 그러나 이것들이 (우리 안에) 머무르는지 아닌지, 격정을 부추기는지 아닌지는 우리에게 달려 있다."[93]

여기서 에바그리우스는 단순히 '상념들'에 관해서만 말하지 않고, 여덟 가지 '발생학적 상념들', 즉 근본적 범주의 상념들을 열거한다. 그의 견해에 따르면 우리를 괴롭히고 힘들게 하는 온갖 부정적인 상념과 감정들은 모든 인간의 영혼 안에 마치 자연적인 기질처럼 존재하고 있는 이 여덟 가지 근본 유형으로 소급·환원될 수 있다. 예를 들어 살인이나 도둑질이나 거짓말은 근본적 범주가 아니라, 노여움과 탐욕과 교만의 결과다. 요컨대 근본 태도의, '발생학적 상념들'의 결과다. 이제 이 도식을 우리 자신의 행태에 적용해 보자. 만일 내가 습관적으로 거짓말을 하거나 남들을 속인다면, 이 행태 이면에 무엇이 숨어 있는지, 그리고 어떤 근본 유형이 그 원인인지 자문해야 한다(분명 탐욕이나 교만일 것이다). 그런 다음 이 근본 유형에, 이 악습에 집중적으로 대처하여 다시 거짓말을 하거나 남들을 속이지 않게 되어야 한다.

그러므로 관건은 이런저런 문제나 죄에서 벗어나는 게 아니라, 우리의 그릇된 행태가 생겨나는 우리 행동 양식의 뿌리를, 우리 갈망과 불안의 뿌리를 확인하는 것이다. 그럴 때만 이 뿌리에서부터 ― '근치'根治를 통해 ― 치유가 점차 이루어질 수 있으며, 그리하여 삶의 여정에서 '깨끗한 마음'이나 완전한 사랑이란 목표에 점점 더 가까이 다가가게 된다. 그렇지 않으면 정화나 개선을 위한 모든 노력은 피상적인 것에 그치며, 지속적 치유와 '영혼의 건강함'에 이르지 못한다.

이 여덟 가지 '발생학적 상념들'은 특히 오늘날의 독자들을 위해 설명이 더 필요하다. 그리고 그런 설명은 이미 에바그리우스와 카시아누스가 충분히 해 놓았다. 여기서 오늘날 구해 볼 수 있는 문헌을 몇 가지 들어 보자. 에바그리우스는 앞서 보았듯이 '발생학적 상념들'을 열거한 후, 곧이어 하나하나 서술하며, 이 악습들의 치유를 위한 조언도 덧붙인다.[94] 그의 다른 저작들에서도 개별적 악습들과 발생학적 상념들의 치유에 관해 많은 도움말을 찾아볼 수 있다. 게다가 그의 저작 가운데 몇 가지는 여덟 가지 발생학적 상념들에 따라 구성되어 있으니, 논문 「여덟 상념」95과 「덕행과 상반된 악습」96 등이 그것이다. 끝으로 여러 번 언급한 『안티레티코스』도 여덟 가지 발생학적 상념들에 따라 구성되어 있는데, 이 책에 관해서는 아래에서 자주 이야기하게 될 것이다.

요한 카시아누스 역시 자기 저작의 상당 부분을 여덟 가지 악습에 할애한다. 『사부들과의 담화』에서는 24편 가운데 한 편97만 명시적으로 여덟 가지 악습을 다루지만, 『공주 수도승 규정집』에서는 12권 가운데 8권98이 여덟 가지 악습과 그 치유에 관한 상론에 할애되었으니, 특히 수도승의 영적인 삶에서 '상념들'과의 전투를 그가 얼마나 중요시했는지 짐작할 수 있다. 카시아누스의 언어와 사유 과정에는 시대적 제약성이 있기는 하지만, 이 상론은 오늘날의 독자들에게도 종교심리학의 보고다.99

한편으로 반가운 것은 이 교설을 이해하고 실천에 옮기는 방법들을 제시해 주는 현대의 해석자들도 있다는 사실이다. 예를 들어 안셀름 그륀은 현대인을 위해 여덟 가지 '상념들' 내지 악습들을 다루는 방법들을 명시한다.100 가브리엘 붕게는 이 악습들 가운데 분노101와 영적 나태(*akédia*)102에 관한, 그리고 최근에는 '탐식'103에 관한 면밀한 연구서를 출간했다. 몇 년 전에는 미국 베네딕도회 수녀 메리 마거릿 펑크가 여덟 가지 악습에 관해 상세히 서술하고, 카시아누스의 상론과 현대 심리학의 대화, 오늘날의 체험과의 대화를 시도했다.[104] 이 주제와 관련하여 아직 더 많은 것들이 있는데, 건강한 영성 생활에 큰 도움이 될 수 있다.

상념들을 다루는 방법들을 더 상세히 논하기 전에 먼저 앞서 인용한 에바그리우스의 텍스트의 둘째 부분을 잠깐 살펴보기로 하자. "이 모든 상념이 영혼을 괴롭히는지 아닌지는 우리에게 달려 있지 않다. 그러나 이것들이 (우리 안에) 머무르는지 아닌지, 격정을 부추기는지 아닌지는 우리에게 달려 있다."[105] 요컨대 에바그리우스에 따르면 우리가 이런 상념과 감정들을 가지고 있는지 아닌지는 전혀 우리의 뜻에 달려 있지 않으니, 이것은 당연하고 자명한 일이다. 일찍이 그리스철학에서 그랬듯이 수도승들도 우리의 정신이 상념과 감정들을 끊임없이 만들어 낸다는 것을 잘 알고 있었다.[106] 그러나 이 상념들이 우리를 지배할지 아니면 우리가 그것들을 올바로 다루는 법을 배울지 하는 문제는 우리 자신에게 달려 있다.

에바그리우스는 영혼의 이런 '상념들'과 대결할 수 있는 인간의 본성과 능력에 대해 크게 신뢰한다. 그래서 이렇게 말한 것이다. "이것들이 (우리 안에) 격정을 부추기는지 아닌지는 우리에게 달려 있다." 그는 한 사람에게 용기를 전하는 편지를 보내기도 한다. "그러므로 서로 반대하는 목소리들을 통찰하시오, 그리고

승리를 사랑하시오!"¹⁰⁷

　에바그리우스가 위의 텍스트에서 단지 '상념들'에 관해서만 말하고, '죄들'에 관해서는 말하지 않는 것도 주목할 필요가 있다. 그는 조야한 악습과 나쁜 행동 양식을 열거하며, 이것들이 영혼 속에 잠재해 있고 우리를 위태롭게 할 수 있음을 인식한다. 이것들은 인간이 타고난 것, 곧 인간 본성의 일부다. 이 '상념들'은 '죄들'이 될 수 있다. 그러나 꼭 그래야 하는 것은 아니다. 베네딕도와 동시대인인 가자의 도로테우스는 이 상황을 다음과 같이 표현했다. "격정(악습)은 죄와 다른 것이다. 격정은 노여움, 명예욕, 향락욕, 미움, 악한 욕구 따위다. 이와 달리 죄는 사람이 이 격정을 행위로 옮기는 것, 격정이 부추기는 일을 자기 몸을 도구 삼아 행하는 것이다. 요컨대 격정의 구현이 죄다. 사람은 물론 격정을 가지고 있지만, 그것이 행위가 되지 않게 할 수 있다."¹⁰⁸ 에바그리우스는 위험한 상념과 행동 양식들에 대해 경고하고, 어떻게 사람이 이것들을 올바로 다룰 수 있는지 안내하려 한다. 요컨대 교육에 관심이 있다.

　이 여덟 가지 상념의 교육적 도식이 7세기에 이르러 대교황 그레고리우스에 의해 죄 목록, 즉 칠죄종七罪宗 도식이 되어 버린 것은 유감스러운 일이다. 심지어 사람들은 종종 일곱 가지 '죽을죄'에 관해 말하기도 했다.¹⁰⁹ 이 목록에서는 여덟 가지 악습이 일곱 가지로 줄었고, 역사가 흐르며 내용도 변했다. 변한 내용에 대해 여기서는 더 관심을 기울일 필요는 없겠다. 아무튼 에바그리우스의 도식이 죄 목록이 되어 버린 것은 상당히 염려스러운 일이다. 에바그리우스에게 중요했던 것은 도덕적 교화 따위가 아니라 심리적이고 영성적인 도움이었던 반면, 이제 사람들은 그 죄들에 대해 경고했다. 인간은 위험한 '상념들'과 행동 양식들을 올바로 다루는 법을 배워야 한다. 에바그리우스의 목표는 인간이 그저 죄를 면피하는 것이 아니라, 자신의 부정적이며 죄스러운 행동 양식들의 본원적 뿌리들을 통찰하고 그것들을 정화함으로써, '영혼의 건강함'으로 가는 여정에서 끊임없이 전진하는 것이었다.

사람들은 이 악습 목록이 현대 사회에서 죄의식이 '증발되는' 과정에서 결정적으로 망각되었을 것이라고 생각할 수도 있다. 그러나 사실은 그 반대다. 이 칠죄종 혹은 일곱 가지 악습 도식이 최근에는 신학자보다 주로 심리학자나 사회학자, 철학자, 언론인의 의식에 다시금 파고든 것이 주목할 만한데, 그 까닭은 이 도식으로 현대인이 보이는 행태의 주요 양상들을 거론·해석할 수 있기 때문이다. 이 저자들은 오늘날 우리 사회의 상처들을 명확히 지적하고, 그 치유를 위한 조언들을 제공하며, 그 모든 것을 악습들(심지어는 죽을죄들)이라는 개념을 통해 확증하는 일도 꺼리지 않는다[110](물론 신학적 죄 개념은 대체로 아무런 역할을 하지 못한다). 여기서 중요한 것은 무엇보다도 문화·사회 비판적 분석과 교육이다. 최근에 열린 한 대규모 미술 전시회도 이 주제를 수용하여, 일곱 가지 죽을 죄에 관한 지난 5백 년간의 작품들을 모아 전시했다.¹¹¹

고대 수도승 영성의 한 주요 관심사가 우리 시대에는 뜻밖의 방면에서 다시 현실적 주제가 되어서 우리 사회 가운데로 들어온 것으로 보인다. 초기 수도승들의 체험은 이 문제들의 해결에도, 적어도 영적 여정을 떠나기로 마음먹은 사람들에게는 큰 기여를 할 수 있다.

아래서는 이 여덟 가지 상념 도식을 전부 다 다루지는 않을 것이다. 그 대신 오늘날 우리에게도 도움이 될 수 있는 몇 가지 방법, 우리의 '상념들'과 내면의 악령들을 잘 다루는 법을 배울 수 있는 중요한 방법에 관심을 기울일 것이다. 그런데 에바그리우스의 저작에서 '상념들'(*logismoi*)은 여덟 가지 근본적 범주만 아니라, 인간의 감정·생각·갈망 등을 괴롭히고 힘들게 하는 모든 것을 지칭한다는 사실을 유념하는 것이 중요하다. 이제부터는 이런 의미로 이 낱말을 사용할 것이다.

**'상념들'을 물리치는 무기인
성경 말씀**

에바그리우스는 오직 상념들을 다루는 문제에 대

해서만 상론한 독특한 책, 『안티레티코스』를 저술했다. 이 책은 『위대한 반박』이라 불리기도 하는데, '상념' 하나하나에 맞서 성경 말씀을 반박으로 내세우기 때문이다. 사람들은 이런 유형의 대응을 반박적 방법이라고 부른다. 이 방법은 에바그리우스에게 중요한 도구인데, 물론 내적 정화에 필요한 여러 도구 가운데 하나일 뿐이다.

한 편지에서 에바그리우스는 중요한 원칙 하나를 표명했다. "그대 마음의 문지기가 되어, 어떠한 상념도 심문하지 않고는 들여보내지 마라. 하나하나의 상념을 심문하고 그것에게 이렇게 말하라. '너는 우리 편이냐, 적의 편이냐?'(여호 5,13). 그 상념이 우리 편에 속한다면 그것이 너를 평화로 가득 채울 것이다. 그러나 적의 편이라면 너를 노여움으로 어지럽히거나 욕망으로 흥분시킬 것이다."112 우리가 들여보내는 상념 또한 — 의식하든 못하든 — 우리 안에서 작용한다. 그것은 뿌리를 박고 우리를 점차 선善 안에서 형성하거나, 아니면 우리 안에서 부정적인 근본 양식·결점·기질을 만나 그에 상응하는 갈망·격정·불안을 일으킨다. 우리가 활동의 여지를 주는 상념들은 우리의 영적 진보를 촉진하거나 방해한다. 그러므로 무엇을 우리 안에 들여보낼지는 상당 부분 우리 책임이다.

카시아누스는 긴 상론에서 이 문제를 파고든 끝에 이렇게 언명한다. "요컨대 우리 마음 안에 상승, 즉 줄곧 하느님께로 뚫고 나아가는 상념을 준비하거나 하강, 즉 육에 의해 규정된 세속적 상념을 준비하는 것은 우리 힘으로 할 수 있음을 그대들은 보고 있다. 상승이나 하강이 우리의 힘 안에 있지 않다면 주님께서도 바리사이들을 그렇게 혹독하게 질책하시지 않았을 것이다. '너희는 어찌하여 마음속에 악한 생각을 품느냐?'(마태 9,4)"113

문지기라는 표상은 우리의 주의를 두 방향으로 이끈다. 우리를 긍정적으로 형성하고 내적 진보를 촉진할 수 있는 선을 최대한 많이 우리 안으로 들여보내는 것이 중요하다. 또한 해로운 것은 밖으로 내보내어 그것이 우리의 향후 여정에 부정적으로 작용하지 않도록 하는 것도 마찬가지로 중요하다. 선이 우리 안에서 많이 발현될수록, 악은 우리 안에 똬리를 틀 기회가 그만큼 적어진다. 이것이 영성 생활의 이중 양상인데, 이제 아래에서 이것을 집중적으로 다루기로 하자.

너무 많은 말과 이미지가 영혼을 힘겹게 하고 괴롭히는 위험성은 이미 초기 사막 수도승들에게도 분명 존재했다. 이것은 오늘날에 존재하는 말과 이미지와 정보의 어마어마한 홍수를 고려하건대, 우리에게 더 해당된다고 하겠다. '영혼의 쓰레기장화化'와 '내적 세계의 오염'이 곳곳에서 영성 생활도 차단한다. 우리에게 엄습하는, 또는 벌써 우리 안에 똬리를 틀고 있으면서 우리에 영향을 미치고 습관적으로 괴롭혀 온 온갖 유형의 '상념들'을 과연 어떻게 다루어야 하는가? 여기서 초기 수도승들의 체험은 오늘 우리에게도 큰 도움이 될 수 있다.

그 가운데 하나가 바로 반박이다. 이 방법을 에바그리우스는 노사부들에게 넘겨받은 것이 분명한데,[114] 스스로도 체계적으로 확충하여 사람들에게 전해 주었다. 『안티레티코스』에서 그는 예수를 본보기로 내세운다. "그분은 당신의 다른 모든 가르침과 함께, 사탄에게 유혹을 받으셨을 때 당신 친히 하셨던 일(마태 4,1-11 참조)도 우리에게 넘겨주셨으니, 악령들이 우리를 거슬러 전투를 벌이고 자기네 '불화살'(에페 6,16)을 우리에게 쏘아 댈 때, 우리가 그것에 성경 말씀으로 응수하게 하시어, 더러운 상념들이 우리 안에 머무르지 못하도록, 또 행위로 구체화되는 죄에 영혼이 굴복하지 않도록 하시려는 것이었다."[115]

여기서 에바그리우스는 전쟁 용어를 선택한다. 악령들이 전쟁을 일으키고 우리에게 화살을 쏘아 댄다. 그래서 사람들은 수도승들이 치르는 '악령들과의 전투'에 관해 말한다. 유의해야 할 것은 에바그리우스가 이 방법의 근거로 예수와 예수 그분이 유혹을 받았을 때의 행동을 내세운다는 점이다. 그러면 예수는 과연 어떻게 했던가?

예수는 악마와의 논쟁에 끌려 들어가지 않고 그의 은밀한 부추김에 맞서 그저 성경 말씀으로 반박했다. 그런 까닭에 에바그리우스도 '반박'에 관해 말한다. 유혹자가 광야에서 — 이미 40일이나 단식을 한 — 예수에게 주변에 널려 있는 돌을 빵으로 만들어 보라고 부추겼을 때 예수는 단지 이렇게 말한다. "사람은 빵만으로 살지 않고, 하느님의 입에서 나오는 모든 말씀으로 산다"(마태 4,4). 요컨대 예수는 빵보다 더 중요한 양식을 시사한 것인데, 이 양식에 관해 요한 복음서는 이렇게 말한다. "나에게는 너희가 모르는 먹을 양식이 있다. … 내 양식은 나를 보내신 분의 뜻을 실천하고, 그분의 일을 완수하는 것이다"(요한 4,32-34).

여기서 예수는 무슨 논리적 반론(이에 대해서는 상대가 재반론을 제기할 수 있을 것이다)을 펼치지 않고, 굶주림보다 더 강력한 내적 실재, 즉 아버지와 자신의 긴밀한 결속을 일깨운다. 이로써 그 유혹은 예수를 침범할 수 없게 되고, 악마는 입을 다문다. 그러나 악마는 두 번 더 시도하고, 그때마다 예수는 다시 성경 말씀으로 응수하는데, 이것은 자신이 본질적으로 아버지에게 근거하고 있기에 그 악마에게는 전혀 가망이 없다는 것을 알려 주려는 뜻이다.

이와 대비되는 것이 낙원에서 이루어진 하와와 뱀의 대화다(창세 3,1-7 참조). 하와는 뱀과의 논쟁에 끌려 들어가고, 뱀은 하와를 그녀 자신의 논증 속에 옭아 넣는다. 그러므로 '반박'이란 불쾌하고 간교한 의도와 논쟁을 해야 함을 의미하는 게 아니라, 악령의 은밀한 부추김에 맞서 그저 중요한 어떤 것을 내세움을 의미한다. 인간에게 더 중요하고 더 결정적인 반대 관점을 자기 자신과 악령에게 상기시키는 것이다. 관건은 '악마의 말에 맞서 하느님의 말씀을' 내세우고, 그로써 악마의 '입을 막는' 것이다.116

에바그리우스는 이제 사람은 예수처럼 불쾌하고 유혹적인 온갖 은밀한 부추김에 맞서 성경에서 말씀을 취하여, 끈질기게 치근대는 상념들에 영적으로 응수해야 한다고 말한다. 『안티레티코스』에서 에바그리우스는 상정할 수 있는 온갖 은밀한 부추김을 물리치는 무기 또는 처방으로 500개에 가까운 성경 말씀을 '여덟 가지 상념' 도식에 따라 편성해 놓았다. 아래에서는 이 반박 방법을 분명히 인식하고 실천하기 위해 몇 가지 예를 살펴보기로 하자.

한 가지 예: 슬픔 다루기

에바그리우스가 이해하는 바에 따르면 슬픔(근심)은 구체적인 사건들 때문에 자꾸만 우리에게 엄습하는 '통상적' 슬픔이 아니며, 이런저런 형태의 병적 우울도 아니다. 그가 의미하는 슬픔은 오히려 일종의 낙담과 상심의 감정 상태다. 너무 많은 문제가 힘에 부치거나 절망적으로 보이고 게다가 하느님에 대한 신뢰도 손상되었거나 아예 상실되었기 때문에, 그런 상태가 영혼 안에 뿌리를 내려 버린 것이다.

이런 상태에 대해 에바그리우스가 『안티레티코스』에서 권하는 방법을 몇 가지 살펴보자. "내 젊은 시절의 죄들을 비난하는 악령에 맞서 (나는 이렇게 말한다). '누구든지 그리스도 안에 있으면 그는 새로운 피조물입니다. 옛것은 지나갔습니다. 보십시오, 새것이 되었습니다'(2코린 5,17)."117

예수의 유혹에서처럼, 에바그리우스가 권하는 이 반박 말씀은 내적 실재, 즉 세례의 실재를 시사하는데, 우리 안에 언제까지나 생생히 살아 있는 이 실재를 통해 우리는 새로운 피조물이 되었고 또 — 그리스도 안에서 — 끊임없이 새로워질 수 있다. 바오로는 같은 편지에서 우리가 외적으로 끊임없이 환난에 시달리고 마모될지라도 내적으로는 '나날이 새로워질' 수 있다고 확언한다(2코린 4,16 참조). 새 창조에 관한 이 말씀은 과거의 죄에만 해당되는 것이 아니다. 에바그리우스가 말하듯이 과거로부터 우리를 괴롭히면서, 우리가 안심하고 자유로이 하느님의 길을 계속 나아가는 것을 방해하는 모든 것과 관련될 수 있다.

우리는, 지나간 일에 끊임없이 골몰하게 하고 거듭 낙담하게 하는 '옛 인간'에게 달라붙어 있으면 안 된다. 과거의 해묵은 억압보다 우리 안에 존재하는 새 창조의 실재에 대한 기쁨이 강해져야 한다. 영적 여정의 성공 여부는 여기에 크게 좌우된다.

우리는 이런 말씀을 한 번만 말하는 것으로 충분하지 않다. 요컨대 의기소침해질 때마다 이에 맞서 확신과 치유의 말씀으로 반박하여, 이 말씀이 점점 더 살과 피가 되고, 내적 태도에 각인됨으로써, 부정적 '상념'이 영혼 안에 더 깊이 파고들지 못하도록 해야 한다. 영성 프로그램에서 이 시점에 이르면 참여자들은 흔히 '아하!' 하는 통찰 체험을 하게 된다. 참여자들은 상념과 감정들의 끝없는 폐쇄 회로에 갇혀 얼마나 많은 시간과 정력을 헛되이 낭비했는지 문득 깨닫는다. 언젠가 한 참여자가 둘러앉은 사람들에게 큰 소리로 말했다. "이제부터 나는 더 이상 악령과 논쟁하지 않을 겁니다!" 성경 말씀은 헛되이 폐쇄 회로를 뱅뱅 도는 짓을 중단시키고 영혼을 치유의 길로 이끌어 간다.

많은 문제가 악령들처럼 인간을 덮쳐 그를 낙담시키려는 상황에 대해 에바그리우스는 시편 27편 3절의 말씀을 권한다. "나를 거슬러 군대가 진을 친다 하여도, 내 마음은 두려워하지 않으리라. 나를 거슬러 전쟁이 일어난다 하여도, 그럴지라도 나는 안심하리라."[118] 은수자 안토니우스도 이 말씀으로 악령들의 공격에 맞서 용기를 냈다.[119] 이런 맥락에서 전쟁과 전투 시편의 인용문들은 대체로 중요한 역할을 한다. 수도승들은 이 시편들을 ― 전쟁이나 전투에 관한 그 밖의 구약성경 텍스트들과 마찬가지로 ― 역사적 사건으로 이해하지 않고, 인간 내면에서 벌어지는 영적 전투의 표현으로 이해했다. 이런 의미에서 일찍이 오리게네스는 여호수아기의 잔혹한 전투에 관한 주해에서 이렇게 말했다. "그대 자신 말고 밖에서 전장을 찾아서는 안 된다. 그대가 치러야 하는 전투는 … 그대 안에 있다. 그대의 적은 그대 마음에서 나온다."[120] 에바그리우스는『안티레티코스』머리말 말미에서 이런 유형의 영적 전투를 시편들에서 배우라고 단호히 충고한다.[121] 일반적으로 이 시편들은 기도자가 적을 무찌른다고 말하지 않고, 이 전투는 하느님의 권능 안에서 행해진다고, 또는 하느님께서 친히 적을 무찌르신다고 말한다.

전쟁 시편들의 잔혹한 언어는 수도승들에게 하느님 신뢰와 결부된 문제에서, 나날의 내적 전투에서 하나의 교재가 된다. 그런 까닭에 에바그리우스는 "우리는 우리 승리의 왕 예수 그리스도의 용감한 전사이자 투사로서 전투"[122]하고 있고, 그분은 "뱀과 전갈을 밟고 원수의 모든 힘을 억누르는"[123] 능력을 우리에게 주셨다고 지적하면서, 이 전투에 대해 큰 확신과 용기를 내보인다. 그런데 승리를 쟁취하는 것은 '반박'의 말씀 때문이 아니라, 이 말씀을 통해 수도승 안에 살아 계신 그리스도를 믿기 때문이다.

또 다른 예에서 에바그리우스는 시편 23편의 말씀을 권한다. "혹독한 가난 속의 생활 때문에 나를 비참하게 만드는 상념에 맞서 (나는 이렇게 말한다). '주님은 나의 목자, 나는 아쉬울 것 없어라'(시편 23,1)."¹²⁴ 여기서 에바그리우스는 혹독한 가난으로 고통을 겪은 사막 은수자들의 체험에 근거하여 말하고 있다. 그런데 이 텍스트는 의지할 데 없이 가여운 상황에 처하거나, 삶에서 어떤 본질적인 것이 결여되어 있다고 느낄 때도 입에 올릴 수 있다.

내가 아주 놀란 것은 바로 이 시편 말씀으로 삶의 고비를 극복한 사람들이 상당히 많다는 사실이다. 그렇다고 이 말씀이 무슨 주문처럼 모든 문제를 해결해 주는 것은 아니다. 이 말씀은 이를테면 '어둠의 골짜기'(시편 23,4)를 지나가야 하는 사람과 동행한다. 그래서 그는 절망하지 않고 기가 꺾이지 않는다. 이것은 하느님께 대한 신뢰를 무너뜨리려 드는 슬픔을 물리치는 말씀이다. 이 말씀은 험한 길의 등불 같은 작용을 하며(시편 119,105 참조), 문제가 해결되거나 거기서 벗어날 때까지 우리로 하여금 계속 의연하게 나아가게 한다.

한스-요제프 오르트하일의 자전적 소설 『삶의 발명』에 바로 이 주제에 대한 상황이 묘사되어 있다. 한집에서 벌써 네 번째로 아기가 세상을 떠났다. 장례식에는 숨 막힐 듯한 분위기가 감돌았고, 사제마저 울기 시작해서 예식이 더는 진행될 수 없었다. 사람들을 마비시킨 정적 속에서 돌연 아기 아버지가 무덤으로 다가갔고, 목을 몇 차례 가다듬고는 이렇게 말했다. "주님은 나의 목자, 나에게 아쉬운 것 없노라." 아버지는 의연한 목소리로 그 시편을 끝까지 외웠다.[125] 분명히 그 남자는 이 시편을 암송할 수 있었을 뿐 아니라, 마치 배경음악처럼 자기 삶에서 늘 함께해 온 듯했다. 다른 모든 사람이 거의 넋이 나간 그 순간에도 그가 이 시편에서 견디고 버텨 낼 힘을 찾아냈던 것이다. 나중에 밝혀졌는데, 그 남자는 ― 역시 이 시편에 힘입어 ― 끈질긴 인내와 공감 능력으로 자신의 가족을 어둠의 골짜기에서 점차 생명으로 다시 이끌었다. 아마도 우리는 조금 더 정확히 이렇게 말해야 할 것이다. 그 남자에게 힘을 준 것은 이 시편이 아니었다. 시편에서 말하고 있는 사실, 그가 오랜 세월 묵상해 온 그 목자와 구원자께서 자신 안에 현존하고 계시다는 사실에 대한 깨달음이었다.

에바그리우스는 슬픔에 빠진 사람들을 위한 말씀을 하나 더 마련해 놓고 있다. "슬픔 앞에 쓰러지고 그래서 한밤 꿈속의 환시에 소스라치게 놀라는 영혼에게 (말하라). '깨어나라, 드보라야. 깨어나라, 깨어나라, 노래를 불러라'(판관 5,12)."[126] 여기서 에바그리우스는 구약성경의 승전가 중 하나인 '드보라의 노래'를 인용한다. 이 노래에 대한 기억, 그리고 막강한 적을 무찌른 승리에 대한 기억은 사람들에게 용기를 불어넣어 준다. 그러나 또 그들은 ― 비애 한가운데서 그리고 악몽에도 불구하고 ― 스스로 노래하는 법을 배워야 한다.

에바그리우스를 비롯한 수도승 사부들은 슬픔에 맞서 시편을 노래하라고 거듭 권하는데, 내용 자체가 하느님에 대한 확고한 신뢰를 증언하고 있으며, 또 그로써 슬퍼하는 사람들이 위로를 받을 수 있기 때문이다. 노래 자체도 영적 전투의 도구들 중 하나이다. 기꺼이 노래를 부르기 시작하는 사람은 점차 슬픔의 나락에서 빠져나온다. 노래에는 일종의 치유력이 있다. 에바그리우스는 여기서 플라톤에게까지 소급되는 전통에 근거하여 이야기한다. 그렇게 에바그리우스를 비롯한 수도승들에게 노래는 영혼을 다시금 평정에 이르게 해 주는 수단이다.[127] 이런 인식과 실천은 마르틴 루터에게서도 발견된다. 루터는 한 친구에게 보낸 위로 편지에 이렇게 썼다. "그러므로 그대가 슬프면 또 슬픔이 심해지려 하면 이렇게 말하게. '그만! 나는 풍금을 치며 우리 주 그리스도께 노래를 불러 드려야 한다. … 과연 그분은 즐거운 노래와 현악기 연주를 즐겨 들으신다고 성경이 나에게 가르친다.' … 악마가 다시 와서 그대에게 근심이나 음울한 상념을 불어넣으면, 씩씩하게 버티면서 이렇게 말하게. '가거라, 악마야. 나는 지금 우리 주 그리스도께 노래와 연주를 해 드려야 한다.'"[128]

노래는 영혼에 생기를 주고 영혼의 활력을 깨워 일으킨다. 우리가 열정을 가지고 실행하는 모든 것이 우리의 행태를 지속적으로 규정하고 강화한다는, 신경생물학의 한 중요한 발견도 여기에 부합한다고 하겠다.[129] 노래, 시편 가창은 신앙의 힘을 깨워 일으키고 지속적으로 강화해 주는 그런 열정적 행위다.

『성 안토니우스의 생애』는 안토니우스가 시편 가창으로 악마의 환영을 쫓아 버리고, 그를 해치려는 악령들의 힘을 빼앗자, 그것들이 울기 시작했다고 전해 준다.[130] 노래 안에는 호흡 안에처럼 하느님의 영이 분명 생동한다. 『성 안토니우스의 생애』도 비슷한 맥락에서 안토니우스가 악령에 맞서 예수 그리스도의 이름으로 숨을 내쉬어, 그것이 해를 끼치지 못하게 만들었다고 말한다.[131] 호흡 안에는 그리스도의 힘과 영이 현존하는데, 이것을 안토니우스는 다른 대목에서 자기 수도승들에게, 유혹을 당하거나 영적 전투를 할 때는 '그리스도를 호흡'[132]하고 그분을 믿으라는 말로써 증언한다. 바로 그리스도 그분이 마치 숨결처럼 그들 안에 머무르시며, 그분은 노래와 기도 안에서도 생동하고 역사하신다. 가브리엘 붕게는 안토니우스의 이 말을 주해하면서 "기도는 이를테면 영혼의 영적 호흡이며, 영혼의 참되고 본원적인 생명이다"라고 표현한다.[133] 붕게는 시편 150편의 마지막 구절에 대한 에바그리우스의 말도 인용한다. "'숨 쉬는 것 모두 주님을 찬양하여라'(시편 150,6). 솔로몬에 따르면 주님의 빛은 인간의 숨결이니, 이 빛을 호흡하는 모든 분별 있는 천지만물은 주님을 찬양해야 한다."[134] 인간 내면에서 약동하는 그리스도의 권능이 영적 전투에서의 본원적 '무기'다. 그리고 영적 노래는 그것의 각별히 매력적인 한 변형태다.

말씀을 지속적으로 반복하기

에바그리우스는 반박 말씀을 한 번만 발설하면 이로써 문제가 해결될 것이라고 생각하지 않는다. 예수님께서 유혹을 받으셨을 때는 한 말씀이면 충분했고, 우리도 때로는 그럴 수 있지만, 분명 이것은 일반적인 일이 아니다. 에바그리우스는 — 초기 수도승들이 전반적으로 그랬듯이 — 사람이 이런 말씀을 지니고 다니며 수시로 반복하는 것을 전제하고 있다. 이것을 고대 수도승 생활에서는 '반추하기'라고 지칭했다. 성경의 어떤 말씀이 살과 피가 되고 그리하여 안으로부터 사람의 행동에 각인될 때까지, 그 말씀을 지속적으로 반복하는 것이다.[135] 여기에는 어느 사막 교부의 잠언으로 전해 오는, 돌에 구멍을 낼 수 있는 물방울의 표상이 부합한다. "물의 성질은 부드럽고 돌의 성질은 단단하다. 그러나 돌 위에 매달려 있는 용기容器가 물을 한 방울 한 방울 떨어뜨려 돌에 구멍을 뚫는다. 그렇게 하느님 말씀은 부드럽고, 우리 마음은 딱딱하다. 그러나 이제는 사람이 하느님 말씀을 자주 들으면, 그의 마음이 하느님 경외를 위해 열린다."[136] 부드러운 물은 충분히 오랫동안 물방울을 떨어뜨릴 때만 단단한 돌에 구멍을 낼 수 있다. 그렇게 하느님의 말씀도 마음의 완고함과 인간 영혼 안에 있는 온갖 딱딱함을 부드럽게 만들고 풀어 줄 수 있다.

베네딕도가 반추라는 방법에 관해 명시적으로 말하지는 않지만, 수도승은 자신을 미혹하는 상념을 '끊임없이' 경계하고 특정한 성경 말씀을 마음속으로 '계속해서' 반복해야 한다고 말할 때, 분명 이 방법을 전제하고 있다(『성규』 7,18,65 참조).[137] 은수자 안토니우스에 관해 전해 오는 바에 따르면, 그의 생사를 확인하려고 종종 찾아오던 지인들은 그가 악령들에 맞서 스스로 용기를 내고자 시편을 노래하는 것을 '거듭 되풀이하여' 들었다고 한다.[138]

요컨대 여기서 관건은 반복이란 원칙인데, 이것은 심리적 영역뿐 아니라 영적 영역에서도 중요한 역할을 한다.[139] 우리의 크고 작은 악습들, 부정적 행동 양식들은 대부분 잦은 반복에서 형성된다. 다시 말해 부모나 우리 스스로가 자신에게 거듭 주입시킨 것이나 우리가 지속적으로 반복한 것을 통해 생겨난다. 이 각인들을 용해하려면 이제는 거꾸로 우리의 영혼에 거듭 되풀이하여 긍정적 말씀을 보내는 것이 필요하다.[140] 이것의 목적은 싸구려 자기최면을 하거나, 애써 '긍정적으로' 생각하는 게 아니라, 성경 말씀을 반복함으로써 우리 영혼과 생명 안에 있는 하느님의 현존을 상기하는 것이다. 이를 통해 우리 삶에 부정적으로 주입된 것에 맞서 긍정적 균형이 이루어진다. 이런 의미에서 베네딕도는 자기 수도승들에게 '그들 안에서 활동하시는 주님'(『성규』 머리말 30)을 상기시키는 것이고, 이로써 그들은 끊임없이 자신 안에서 활동하시는 그분을 신뢰할 수 있다.141 은수자 안토니우스의 말이 이에 부합한다. "사람이 선에 대한 원의가 있고 자신의 온 힘을 거기에 쏟는다 하더라도, 하느님께서 그 사람 안에 사시지 않으면, 그는 선해질 수 없다."142 수도승이 하느님의 이런 내적 머묾을 거듭 상기하면, 이것은 영적 전투에서 힘의 한 원천이 된다.

가브리엘 붕게는 이런 반박 말씀의 빈번한 반복 또는 지속적 반복이 끊임없는 기도라는 방법과, 그리고 항구한 기도의 삶을 영위하려는 노력과 긴밀히 결부되어 있다고 지적한다.143 이 방법은 사막 교부들의 시대에 이미 훈련·실행되었는데, 역시 여기서도 짧은 기도 말씀이 사용되었다.144 이로써 지속적으로 반복하는 반박 말씀은 유혹에 대한 방어라는 소극적 기능만 하는 게 아니라, 수도승들이 행하는 끊임없는 기도의 한 부분이 되었다. 거꾸로 이렇게 말할 수도 있다. 수도승이 내적 기도 안에서 생동적일수록, 반박 말씀의 기도 역시 영적 전투의 시간에 그만큼 더 효과적일 수 있다. 일찍이 에바그리우스는 환난을 당해서만 하느님을 기억하는 것은 옳지 않으니 모든 상황에서, 곧 형편이 좋을 때도 경외하는 마음으로 주님께 기도해야 한다고 말했다.145 요컨대 반박이란 방법은 이 기도 여정의 한 부분이다.

유혹이 오래 계속될 때

지금까지 말한 바로부터 분명해지는 것은, 반박 말씀은 문제를 속성으로 해결해 주는 무슨 마법 주문 같은 게 아니라는 사실이다. 반박이란 방법은 오히려 일종의 '장기 치료'이니, 말씀과 함께 하는 인내의 여정, 지금 이 길이 치유의 길이라는 믿음으로 걷는 여정이다. 심지어 유혹이나 '상념들'의 내적 공격이 금방 끝나지 않고 오래 지속되는 편이 좋다고 생각하는 사람들도 적지 않다. 유혹이 더 오래 지속될수록, 따라서 수도승이 더 자주 더 집중해서 말씀 속으로 '뚫고 들어가야만' 할수록 그 말씀을 통해 수도승의 내적 능력이 그만큼 더 크게 펼쳐질 수 있다.

이와 관련하여 『성 안토니우스의 생애』는 조금은 얄미운 느낌이 드는, 그리스도와 안토니우스의 대화를 전해 준다. 악령들에게 오랫동안 호된 공격을 받고 나서 안토니우스가 하늘을 올려다보니 어떤 빛이 자신에게 내려왔다. 안토니우스는 거기서 주님의 현존을 알아보고 말했다. "어디에 계셨습니까? 왜 저의 고통을 끝장내기 위해 처음부터 오시지 않았습니까?" 그러자 한 목소리가 그에게 대답했다. "안토니우스, 나는 여기에 있었다. 그러나 너의 전투를 보려고 기다렸다."[146] 주님은 거기 계셨고, 또 도우셨으나, 이것이 주님이 안토니우스에게 전투를 면해 주심을 의미하지는 않는다. 하느님이 함께 싸워 주시는 모습은 보이지 않으며, 오직 믿음으로만 인지할 수 있다. 이 일화는 다음과 같은 말로 끝맺는다. "안토니우스는 이 말씀을 듣고서 일어나 기도했다. 그는 아주 많은 힘을 얻었고, 그래서 전보다 강해졌음을 알아챘다." 전투는 끝났으나 안토니우스는 계속 기도한다. 기도는 전투에서 힘의 원천일 뿐 아니라, 그의 마음에서 본원적인 길이다. 아무튼 안토니우스는 — 분명 스스로도 놀랐을 것이다 — 전투가 자신을 약하게 만들지 않았으며, 자신이 이제는 더 큰 힘을 지니고 있음을 깨닫는다. 전투 과정에서 영적인 힘이 증대하니, 영혼이 끊임없이 자신을 하느님과 결합하고 결속하려 애를 쓰기 때문이다. 이 일화의 마지막 문장은 아마도 오늘날의 중년 독자들에게 용기를 줄 것이다. "그 무렵 안토니우스는 대략 서른다섯 살이었다."

훗날 사막의 걸출한 영적 사부가 된 강도 모세도 비슷한 체험을 했다고 이야기가 전해 온다. 그는 여러 해 동안 음욕의 악령과 맞서 싸워야 했으나, 그것을 통해 원숙해졌다고 한다. 이야기의 마지막은 이렇다. "그는 악령들을 물리치는 큰 능력을 지니고 있다고 인정을 받았는데, 그와 비교하면 우리가 파리를 두려워하는 것이 그가 악령들을 두려워했던 것보다 크다고 하겠다."[147] 과장된 표현이 들어가 있기는 하지만 이 이야기는, 오랜 전투는 그에 상응하는 열매를 맺는다는 사막 교부들의 체험을 분명히 알려 준다. 이에 대한 아주 실제적인 사례를 하나 들자. 삶의 위기에 관한 우리의 프로그램에서 한 참여자가 자신도 모르게 말했다. "위기가 없으면 그것도 나쁠 것 같아요!" 이 말은 모든 참여자를 위로하는 유행어가 되었다.

물론 수도승 사부 모세는 그 오랜 전투 동안 자신이 정말로 유혹을 이겨 낼 수 있을지 때로는 확신할 수 없었다. 그러나 특히 그의 영적 아버지 이시도루스의 효과적 동반이 모세에게 계속해서 싸워 나갈 용기를 북돋아 주었다.[148] 우리는 이런 전투를 자기 자신이 가진 (신앙의) 힘으로 이겨 내려 해서는 안 된다. 영적 사부, 그의 충고와 인도가 이 전투에서 중요한 역할을 하며,[149] 수도원 밖에서도 영적 여정은 — 특히 위기의 시기에 — 경험 많은 사람이나 조력 집단의 동반이 있을 때만 가능하다.

오랜 기간 음욕의 상념에 시달린 수도승에 관한 이야기가 하나 더 있다. 영적 사부가 그에게 유혹이 떨어져 나가도록 하느님께 간구해야 하지 않겠냐고 물었다. 그러자 그 젊은 수도승이 말했다. "사부님, 저는 제가 무진 애를 쓰고 있다는 걸 압니다. 하지만 이 애씀에서 저를 위한 열매가 맺힌다는 것도 압니다. 그래서 저에게 견뎌 낼 수 있는 끈기를 주십사 하느님께 간구합니다."[150] 그는 고통을 겪으면서도 그 전투가 자신 안에 새로운 힘을 발산함을 감지했다. 물론 이 체험은 자명한 것이 아니었다. 아무튼 영적 사부는 경탄하여 젊은 수도승에게 말했다. "오늘 나는 그대가 진보했고 나를 넘어섰다는 걸 깨달았다네." 이것은 이를테면 사부가 되기 위한 시험이었다. 젊은 수도승은 그의 사부조차 놀라게 만든 체험, 그가 사부 자신보다 뛰어나다고 여기게 만든 체험을 한 것이 분명했다. 그는 그 체험을 통해 스스로 사부가 되었다.

같은 내용을 다른 사부는 나무의 표상으로 표현한다. "나무가 바람에 흔들리지 않으면 자라지 못하고 뿌리를 내리지도 못한다. 수도승도 마찬가지다. 버텨 내야 할 유혹을 받지 않으면 의연해지지 않는다."[151] 나무가 깊이 뿌리를 내리고 하늘로 힘차게 자랄 때까지는 오랜 시간이 걸린다. 이것이 의미하는 바는 악령들이 야기하는 삶의 교란들을 끈질기게 견뎌 냈을 때만 수도승이 영적인 원숙함에 이른다는 사실이다.

또한 에바그리우스는 유혹이 그저 잠시 지속되다가 이내 격퇴되면, 이것은 좋지 않은 징후일 수 있다는 견해를 보인다. 그는 때로 악령들이 금방 물러남으로써 수도승으로 하여금 자신이 전투를 훌륭히 치렀다고, 제힘으로 원수를 무찔렀고 원수는 자신에 대한 두려움 때문에 물러났다고 믿게끔 만드는 체험을 전해 준다.[152] 에바그리우스는 이 체험을 더 설명하지 않지만, 그가 말하고자 하는 바는 분명하다. 수도승이 이런 승리를 자신의 공적으로 여긴다면, 그는 교만해지고 그로써 또다시 유혹에 떨어지기 십상이니, 교만과 자만은 마음의 깨어 있음을 약화하기 때문이다. 그는 오직 주님만이 자신에게 승리를 매개하실 수 있음을 잊어버린다. 수도승은 전투 중에 자기 자신의 방법이 아니라 하느님을 신뢰해야 한다.

다른 한편 이런저런 영적 방법도 소용이 없고 온갖 금욕적 노력을 해 봐도 수도승이 그저 자신의 박약함과 무능함에 직면하는 경우도 있다는 사실을 알려 주는 체험 이야기도 여럿 있다. 남은 방법은 자신을 온전히 하느님의 자비에 맡기고 모든 것을 그분의 은총으로부터 기대하는 것뿐이다. 아무튼 박약함과 무능함으로 끝나서는 안 된다. 오히려 그런 상태가 내적 여정에서 수도승을 완전히 새로운 발걸음으로 인도할 수 있다.[153]

이 방법의 한계

수도승 생활 초기에는 이런 반박 방법에 대한 비판도 있었다. 예를 들어 이 문제를 주제로 삼은, 한 수도승과 그의 영적 사부가 나눈 대화를 보면 알 수 있다.[154] 반박은 중요하고 비상한 방법이지만 위험도 따르니, 누구에게나 권해서는 안 된다고 사부가 말한다. 더 자세히 말하자면 이렇다. 한 사람이 자신을 괴롭히는 어떤 '상념'을 반박 말씀을 가지고 싸워 몰아낼 수 있을 것이다. 그러나 이미 다음 '상념'이 문 앞에서 기다리고 있어서, 다시금 전투가 벌어진다. 그 사람은 상념들을 하나하나 차례대로 몰아내는

데 끝없이 골몰하느라, 도무지 안식과 내적 기도의 여정에 이르지 못할 위험이 있다. 중요한 것은 상념들에 골몰하지 않고, '하느님께로 피해 가는 것'이다. 즉 영혼에 대한 공격이 힘을 잃을 때까지 기도에 몰두하고 하느님의 현존 안에 머무르는 것이다.[155] 여기서 사부는 반박 방법의 그릇된 사용에 관해 설명하며 참으로 중요한 것이 무엇인지 다시 한번 간접적으로 알려 준다. 반박의 목적은 모든 상념의 뒤꽁무니를 쫓아다니는 것이 아니다. 지금까지 설명하며 거듭 지적한 바는, 성경 말씀은 유혹을 당하는 사람으로 하여금 하느님과 그분 도우심의 현존에 주목하게 해야 하며, 그로써 그 사람이 '상념들'에 매여 있지 않고 오히려 그것들과 거리를 두게 해야 한다는 것이다. 반박 말씀에 대한 지속적 묵상은 사람을 하느님의 도우심이 현존한다는 인식과 끊임없는 기도로 점점 더 깊이 이끌어 가야 한다.

끝으로 이렇게 말해야겠다. 반박은 상념들과 악습들로 인한 내적 혼란에서 벗어나서 내적 평온과 깨끗한 마음을 찾아 얻도록 거듭하여, 그리고 점차적으로 우리를 도와줄 수 있는 방법이다. 그럼에도 혼란의 원인이 된 구체적 문제들은 아직 해결되지 못한 채 그대로인 경우가 흔하다. 그러나 하느님의 항구한 현존에 대한 믿음에 근거한 내적 확고함은, 부정적 충동과 격렬한 감정에 쉽사리 '빠져들거나' 문제로부터 도망가지 않고, 오히려 평온히

거리를 두고 당면한 문제를 용기와 하느님께 대한 신뢰를 가지고 움켜잡도록 도와줄 수 있다.[156] 언젠가 나는 한 사람과 이에 대해 대화를 나누다가 이런 표현을 들었다. "문제는 사실 문제가 아니고, 포장이 문제다." 이로써 그가 말하고자 한 바는 아무리 큰 문제라도 우리를 당혹스럽게 만드는 이런저런 작은 문제들(실은 언급할 가치도 없이 작은 것들이다)만큼 우리를 괴롭히지는 않는다는 사실이다. 한 문제에 대한 감정적 '포장'이 풀리면, 이미 그 문제는 한결 쉽게 처리될 수 있다.

그 밖에도 여기서 다시금 지적해야 할 것은, 반박이라는 방법은 다면적인 영적 여정에서 하나의 요소일 따름이라는 사실이다. 어떤 문제를 조금 더 잘 다루기 위해서는 대개 여러 요소가, 여러 영적 도구가 함께 작용되어야 한다. 수도승들의 정화 여정에서는 단식 · 밤에 깨어 있기 · 시편 가창 · 겸손 · 이웃 사랑도 마찬가지로 중요하며,[157] 또한 조망하기 어려운 영적 여정의 지형을 잘 알고 도움을 줄 수 있는 영적 사부의 동반도 물론 중요하다.

**한 말씀으로
충분하다**

앞 단락에서 설명한, 반박 방법 때문에 생겨날 수 있는 어려운 문제들은 에바그리우스가 제시하는 많은 반박 말쏨이 '단순한 심성의 사람들'에게, 특히 충실한 영적 인도가 없을 때, 혼란을 야기했다는 사실과도 관련될 수 있다. 여느 문제에서는 에바그리우스로부터 많은 것을 넘겨받은 카시아누스가 상념들을 다루는 문제에서는 그와 다른 방법을 강력히 제시하는 이유도 아마 거기에 있다고 하겠다. 카시아누스는 많은 반박 말씀 대신 단 한 가지 말씀(이것을 그는 '작은 공식'이라 지칭한다), 즉 시편 70편 2절의 말씀을 권한다. "하느님, 어서 저를 구하소서. 주님, 어서 저를 도우소서."158 카시아누스는 이 방법을 이사악 아빠스를 통해 설명한다. 여기서 우선 중요한 것은 상념들을 다루는 일이 아니다. 오히려 이사악은 청중에게 끊임없는 기도라는 아주 단순하지만 매우 집중적인 방법을 제시하는데, 이것이 그들을 마침내 관상적인 삶의 정점으로 이끌어 갈 것이다. 그는 이 시편 구절을 끊임없이,159 밤이나 낮이나 마음속으로 되뇌라고 권한다.

과연 이 기도가 끊임없이 마음속에서 생동하면, 안팎에서 우리를 괴롭히는 온갖 것과의 전투에서 이 기도가 마치 저절로인 듯 효과적 도구로 사용된다. 카시아누스 자신도 이 시편 말씀의 다면성을 명확히 설명한다. "이 작은 구절이 성경의 전체 무기 중에서 선택된 것은 까닭 없는 일이 아니다. 이 구절은 인간 본성에 부과될 수 있는 모든 격정을 수용하며, 모든 계기와 우리를 거슬러 돌격해 오는 모든 것에 아주 탁월하게 대응한다. 이 구절은 경외하며 하느님을 겸손하게 찬양함과 모든 위험에서 하느님께 간청함, 그리고 근심과 지속적 두려움을 경계함을 그 자체로 내포하고 있다. 자신의 박약함에 대한 통찰, 하느님에 의해 인도되리라는 확신, 자신에게는 언제나 보호와 도움이 주어진다는 신뢰를 내포하고 있다. 요컨대 자신의 보호자에게 끊임없이 간청하는 사람은 그분이 언제나 현존하심을 확신하고 있는 것이다."[160] 마지막 문장이 텍스트 전체의 열쇠다. 기도하는 사람은 현존하시는 하느님이 어떤 상황에서나, 곧 즐거우나 괴로우나 자신과 긴밀히 결합되어 있음을 알고 있는데, 이것을 카시아누스는 대변자 이사악으로 하여금 더 분명히 부연하게 한다. "이 작은 구절은 요컨대 우리 중 누구에게나, 어떤 상황에서도, 꼭 필요하고 또 유익하다. 과연 언제나 그리고 모든 일에서 도움을 갈망하는 사람은 자신이 불행하고 참담한 상황에 있을 때만 아니라 행복하고 즐거울 때도 하느님의 도움이 필요함을 표명하는 데다가, 이는 하느님이 그를 불행에서 건져 내시고 또 행복 안에 머무르게 하시기 위함이다. 그는 자신의 인간적 허약함은 두 경우 모두 하느님의 도움이 없으면 견뎌 낼 수 없음을 잘 알고 있다."[161] 카시아누스는 이 기도를 매번 '작은 구절'(라틴어: versiculus)이라 부른다. 이 작은 구절이 인간이 상정할 수 있는 모든 상황에 적합하고 또 그 안에 이를테면 기도의 지혜가 전부 포괄되어 있는 듯이 여겨지는 것에 카시아누스 자신이 매혹된 듯하다.

카시아누스는 자신의 보증인 이사악으로 하여금 이 작은 구절을 가지고 하는 기도 방법은 오랜 전통에, 최초의 사막 교부들에게까지 소급된다는 사실도 분명히 알려 주게 한다.162 에바그리우스도 자신의 반박 방법의 근거로 최초 교부들의 전통을 내세웠다.163 카시아누스는 이어서 여러 쪽에 걸쳐 이 기도 말씀이 삶의 어떤 상황에 각별히 적합한지를 밝힌다. 그런 상황을 열거하며 카시아누스는 에바그리우스의 '여덟 가지 상념' 도식, 즉 '악습 목록'을 따른다. 그는 이 '작은 구절'이 여덟 가지 '상념' 또는 '악습'의 어느 것에도 유용한 치유 수단임을 설명한다. 카시아누스는, 영적 여정에서 전진하기 위해 필요한 것은 에바그리우스의 500개에 가까운 성경 말씀 모음집은 아니며, 가장 오랜 전통에서 유래하는 자신의 '작은 구절'이면 실로 충분하다고 말하고 싶어 하는 듯하다. 카시아누스는 에바그리우스의 교설을 단 하나의 공식으로 압축했다고 말할 수 있는데, 그 공식 안에서 '상념들'과의 전투와 끊임없는 기도가 서로 합쳐진다.164

상념들을 그리스도에게 대고 쳐서 부수기

베네딕도는 『성규』에서 한 가지 텍스트와, 초기 수

도승 생활에서 자주 언급되는 '상념들'을 다루는 한 가지 방법에 관해 두 차례 이야기한다. 『성규』 머리말에서 그는 말한다. 뚜렷한 목표를 향해 여정 중에 있는 수도승은 "사악한 악마로부터 어떤 유혹을 받으면 그 유혹과 함께 악마를 자기 마음의 눈에서 멀리 몰아내어 그를 무력화하고, 악마의 사소한 유혹조차도 붙들어 그리스도께 쳐 바수는 사람이다"(『성규』머리말 28). 마음속으로 파고드는 악마의 유혹은 격퇴해야 하며, 그리스도에게 대고 쳐서 부수어야 한다. 다시 말해 그리스도와 그분의 현존을 유념하며 분쇄해야 한다. 카시아누스도 비슷한 과정을 서술하며, 수도승이 "악마의 유혹을 … 멀리 몰아내고 자신이 소망하는 상태와 형편 안에 머무르기 위해 어디서 쉬면서 힘을 얻어야 하는지"[165] 수년간의 실천을 통해 배워야 한다고 말한다. 내적 기도 안에서 온전히 자기 자신과 함께 있는 법을 배운 수도승은 이로써 악마의 공격을 물리칠 수 있다.

"악마의 사소한 유혹(독일어 번역본에는 '상념'으로 되어 있다_옮긴이)조차도 붙들어 그리스도께 쳐 바순다"라는 표현에는 설명이 필요하다. 이 배경에는 유배 중에 예루살렘의 파괴를 탄식하는 시편 137편 ─ "바빌론 강기슭 거기에 앉아 시온을 생각하며 우네"(『성규』머리말 1) ─ 이 있다. 이 시편은 끔찍한 저주로 끝난다. "바빌론아, 너 파괴자야! … 행복하여라, 네 어린것들을 붙잡아 바위에다

쳐 바수는 이!"(『성규』머리말 8-9). 전쟁 시편들의 경우처럼 이 저주에 대해서도 영적 해석이 시도되었는데, 이는 분명 오리게네스에게서 유래하여 에바그리우스와 카시아누스를 거쳐 베네딕도에게 이르렀다.[166] '바빌론'이란 낱말에서 오리게네스는 이스라엘 백성이 유배된 바빌론뿐 아니라, 하느님이 인간의 언어를 뒤섞으신 원인이 된 바벨탑 건축도 염두에 두고 있다.[167] 그에게 바빌론은 하느님께 대적하는 존재, 영혼 속에 혼란을 불러일으키는 악마다. 그렇다면 악마의 어린것들이 악한 상념들이라 하겠다. 그리고 오리게네스는 덧붙이기를, 이 상념들을 거기에 대고 쳐서 부수어야 하는 바위가 바로 그리스도라고 한다. 이 해석은 광야의 물이 솟는 바위(그리스도의 상징으로 해석된다)에 관해 말한 코린토 1서 10장 4절에 기대고 있다.[168]

그러면 이것을 어떻게 실천해야 하는가? 여기서 분명한 전제는 그리스도께서 현존하신다는 것, 그리고 그분이 현존하시면 악에게는 가망이 없다는 것이다. 우리는 에바그리우스에게서 이 과정을 설명해 주는 몇 가지 상징적 표현을 발견할 수 있다. 그의 저작『수도승들을 위한 권고』에 있는 두 금언은 각기 '바위'와 '그리스도 바위'에 관해 말하는데, 이것들은『성규』의 텍스트에 대한 주석으로 이용될 수 있다.[169] 금언 45는 시편 137편을 암시한다. "나쁜 상념들을 자기 마음에서 제거하는 사람은 그자들의 어

3. 영적 전투의 방법과 도구   107

린 것들을 바위에다 쳐 바수는 이를 닮았다." 그리고 조금 후에 에바그리우스는 이 바위가 무엇을 위해 있는지 설명한다. "이 영적 바위로부터 물이 흘러나오고, 능동적인 영혼이 거기서 마시게 될 것이다."[170] '능동적인' 영혼은 '실천적인' 삶의 단계, 즉 영적 전투와 내적 정화의 단계에 있는 사람을 의미한다.[171] 이 전투에서 그는 영적 바위로부터 흘러나오는 물을 마심으로써 힘을 얻는다. 또는 그는 이 물로 자신의 마음속에 타오른 유혹의 불을 끈다.[172]

여기서 관건은 그리스도를 우리 마음속의 바위와 샘으로 인식하는 내적 과정이다. 악한 상념이 파고드는 곳, 유혹이 마음속에서 타올라 인간을 위태롭게 하는 곳에서는 또한 그리스도 바위로부터 물이 흘러나온다. 우리를 해치는 것과 치유하는 것은 마음속에서 서로 아주 가까운 데 있다. 샘은 전장 한가운데서 솟아난다. 여기서 에바그리우스는 내적으로 지니고 다니며 묵상할 수 있는 치유의 표상을 제시하는데, 이 표상을 통해 우리는 전투의 시간에 힘과 신뢰를 얻는다.

카시아누스는 비슷한 맥락에서, 우리에게 일어나는 모든 일 안에는 우리의 약함과 위험뿐 아니라 하느님의 도우심도 동시에 현존함을 인식하는 법을 배워야 한다고 말한다. 그러면 우리는 날마다 시편 기자와 함께 이렇게 외칠 수 있다. "(그들이) 나를 쓰러뜨리려 그렇게 밀쳤어도 주님께서는 나를 도우셨네. 주님은 나의 힘, 나의 굳셈, 나에게 구원이 되어 주셨네"(시편 118,13-14).¹⁷³ 우리는 끊임없이 유혹을 받고 있지만, 또한 끊임없이 도우심의 현존을 체험할 수 있다. 이 구원 체험은 다음의 찬가로 귀결될 수 있다. "주님은 나의 힘, 나의 굳셈, 나에게 구원이 되어 주셨네." 그리스도-바위라는 내적 표상이 사람 안에 불러일으키는 확신과 관련하여 아우구스티누스는 시편 137편에 대한 주해에서 이렇게 말한다. "바위가 승리할 것이다. 그대들이 큰물이나 폭풍이나 폭우에 휩쓸려 가기를 원치 않는다면, 바위 위에 그대들이 세워져 있어야 한다"(마태 7,27 참조).¹⁷⁴ 인간이 아니라 바위가 승리할 것이다. 아우구스티누스는 그리스도께서 인간의 내적 중심이며, 거기로부터 영적 전투가 힘을 얻는다는 것을 재차 언명한다. 이 내적 표상을 오래 묵상할수록, 그 효능을 체험할수록 내적 기도 안에서 그분의 현존에 대한 체험도 그만큼 더 깊어진다.

  이에 관한 사부들의 금언이 또 하나 있다. "우리는 그러므로 (그리스도를) 우리 안에 모셔야 하는데, 그분을 무시하면 안 되고 언제나 유념해야 하며, 그분이 거룩하듯 우리 자신도 거룩하게 처신해야 한다. 이 바위 위에 서자! 그러면 악마는 분쇄된다. 악마를 두려워하지 마라. 그러면 그는 그대를 거슬러 아무 짓도 꾸미지 못할 것이다. 온 힘을 다해 기도하며 이렇게 말하라. '주님을 신뢰하는 이들은 시온 산 같아, 흔들리지 아니하고 영원히 서 있으리라'(시편 125,1)."¹⁷⁵ 그리스도께서 내 마음속에 계심은 또한 마찬가지로 내가 그리스도 바위 위에 서 있음이다. 수도승은 이것을 언제나 의식할 것을 촉구받는다. 이것이 영적 전투에서 수도승이 결국 서 있어야 할 자리이며, 수도승을 버티게 하는 힘이다.

여러 해 동안 이집트 켈리아의 수도승 주거지 발굴에 참여한 바 있는 게오르게스 데스코우드레스는 이에 관해 매우 구체적인 논문을 발표했다. 은수자의 기도 동굴 앞에는 그가 기도하는 동안 그 위에 서 있던 돌판 하나가 박혀 있었다고 데스코우드레스는 보고했다. 분명 이 돌판은 시편에서 피신과 안전의 장소로 거듭 언급되는, 그리고 — 앞서 인용한 텍스트들에서 분명해졌듯이 — 그리스도를 가리키는 바위를 시사한다.¹⁷⁶ 이 보고가 맞다면 그 수도승은 매일 몇 시간 동안 '그 바위 위에' 서 있을 수 있었고, 그로써 그가 믿음과 기도 안에서 체험하려 애쓴 것을 몸으로도 감지할 수 있었을 것이다. 또한 한 강연에서 데스코우드레스는 은수자가 머문 암자들의 벽에서 번번이 "IC XC NIKA"(예수 그리스도께서 승리하신다)라는 결합 문자(Monogramm)가 발견되었다고 보고하며, 이 결합 문자를 사막 수도승들의 표어(Logo)로 이해해도 되리라고 덧붙였다.¹⁷⁷ 아무튼 이 결합 문자는, 지금까지 설명한 바에서 드러났듯이, 영적 전투의 낙관적 특성을 시사해 준다.

그러나 이 표상들과 텍스트들로부터 영적 전투가 조용한 전투였을 것이라는 인상을 받아서는 안 된다. 과연 『성규』 머리말에는 수도승이 상념들을 붙들어 그리스도에게 대고 쳐서 부수어야 한다고 쓰여 있다. 여기서 말하고 있는 것은 억센 역동성이다. 수도승은 적극적이어야 하고 대결하려 해야 한다. 그리고 이것은 수도승만 아니라 이 여정을 시작한 누구에게나 해당된다. 그는 상념들을 붙들어서, 그것들을 쫓아 버리는 대신 손에 움켜쥐고, 그리스도에게 메어쳐야 한다. 그는 상념들을 외면하지 않고 직시한다. 그는 상념들을 정확히 알고 있으며, 또 그것들에 부분적으로는 익숙해졌다는 것도 알고 있다. 그러나 그는 상념들을 붙잡아 그리스도에게 넘겨드릴 태세가 되어 있다. 또는 필요하다면 다시금 태연한 마음으로 신뢰에 가득 차서 자신이 주도권을 쥐고 상념들과 대결할 태세가 되어 있다. 상념들이 이미 질긴 뿌리를 내리고 그를 격렬히 공격하면, 그럴수록 그는 더 강하게 맞서야 한다. '쳐서 부숨'이란 표현이 이것을 시사한다고 하겠다. 전투에는 용기가 필요하다.

수도승이든 일반인이든 영적 전투에 몸 바친 사람은 어떠한 상념도 쫓아 버리지 않고 오히려 직시하고 움켜쥐는 실천이 하느님에 대한 신뢰, 즉 더 강한 것은 결국 하느님이시라는 신뢰와 마찬가지로 필요하다는 것을 이미 체험했다고 하겠다.

또한 에바그리우스는, 수도승이 집요한 상념들에 대해서는 특히 더 노여움에 가득 차서 반박 말씀을 던져야 한다고 거듭 말한다.[178] 노여움은 사람을 향하면 결코 안 되지만, 악한 상념들과의 전투에서는 중요한 역할을 한다. 수도승은 그것들을 짧지만 강렬한 기도 말씀으로 싸워 물리쳐야 한다.[179] 무엇보다 기도를 막 시작할 때 수도승이 유혹에 집요하게 시달리면, 그는 몇 가지 강렬한 말씀을 악령에게 던져 잠잠하게 만들어야 한다.[180] 그러나 이것은 사막 교부들만의 지혜가 아니다. 얼마 전 한 행동심리학자가 나에게, 격렬한 '상념 광란'에 자주 시달리는 내담자에 대해 말해 주었다. 그런 내담자에게는 큰 소리로 '그만!'이라고 몇 차례 외치라고 권한다고 했다. 이 외침이 내면에서 끊임없이 돌고 있는 상념과 감정의 '맷돌'을 신속히 멈추는 효과를 발휘할 수 있다는 것이었다. 이것은 광야의 유혹 장면 마지막에 예수께서 악마에게 던진 모진 말, "사탄아, 물러가라!"(마태 4,10), 또는 호수의 풍랑을 가라앉힐 때 한 말, "잠잠해져라, 조용히 하여라!"(마르 4,39)도 떠올리게 한다.

시작을 저지하라!

앞서 설명한, 그리스도에게 대고 쳐서 부수어야 하는 상념들에 관한 텍스트에는 중요한 세부적 내용이 하나 더 있다. 거기서는 바빌론의 어린것들 혹은 사소한 상념들에 관해 말한다. 초기 수도승들은 영적으로 해석되는 시편 137편 8-9절을 인용할 때면 번번이 사소한 상념들을 암시했다. 그들이 말하고자 한 바는, 수도승은 이제 막 싹튼 사소한 상념들부터 경계해야 한다는 것이다. 이미 무르익은 상념은 끓어오를 대로 끓은 감정처럼 무진 애를 써야만 제어하거나 정상 궤도로 돌려놓을 수 있는 반면, 사소한 상념은 비교적 쉽게 다룰 수 있기 때문이다.[181] 감정적 상념들은 그대로 방치해 둘수록, 그만큼 더 강력하고 지배적이 된다. 초기 수도승들의 저작에서 거듭 언급되는 이 심리적 통찰은 사람들의 일반적 체험에도 부합한다.

베네딕도와 거의 동시대인인 가자의 도로테우스는 이 체험을 구체적 모습으로 설명한다. 제자들과 실측백나무 숲 근처에 머무르고 있던 한 수도승 사부에 관해 그는 이야기한다. 사부가 한 젊은 수도승에게 작은 실측백나무 한 그루를 뽑아 보라고 말했다. 그런 다음에는 조금 더 큰 나무를 뽑으라고 했고, 젊은이는 별로 힘도 들이지 않고 시킨 일을 해냈다. 그러다가 사부가 한 나무를 가리켰고, 젊은이는 진땀을 빼고서야 그 나무를 뽑아낼 수 있었다. 그러나 숲에서 두 번째로 큰 나무는 그 젊은이가 아무리 애를 써도 결국 뽑아낼 수 없었다. 그래서 사부는 다른 형제를 보내 도우라고 했고, 두 수도승은 마침내 그 실측백나무를 뿌리째 뽑을 수 있었다. 그때 사부가 그들을 깨우쳐 주었다. "보게, 형제들, 격정들도 이와 같다네! 그것들이 아직 미미할 때는 우리가 원하면 차분하게 잘라낼 수 있다네. 하지만 그것들이 미미하다고 해서 신경을 쓰지 않으면 그것들은 단단해지며, 그것들이 단단해질수록 그만큼 더 큰 수고가 필요하게 된다네."[182] 곧 이어 도로테우스는 사소한 상념들을 암시하며 시편 137편을 인용한다. 이 암시는 사람은 나쁜 습관들이 굳어지지 않도록 해야 한다는 의미로 이해할 수 있다. 그렇지 않으면 그것들이 악습이 되어 무진 애를 써야 겨우 벗어날 수 있다는 것이다. 그런데 이 암시는 감정이 실린 상념들이 자신 안에 막 떠오를 때부터 경계해야 한다는 의미일 수도 있다. 자신이 감정적으로 압도되기 전에 그것들을 올바로 다루기 위해서이다.

가자의 도로테우스는 사람이 이것을 배울 수 있고 또 배워야 한다고 생각한다. 이에 관해 그는 아주 재미있는 가르침을 준다. "누구든지 짧은 시간에 자기 뜻을 열 번 절단할 수 있는데, 정확히 말하자면 이렇게 하면 된다. 한 사람이 어슬렁거리다가 무언가를 본다. 상념이 그에게 말한다. '저걸 더 자세히 들여다봐! 저리로 가!' 그가 상념에게 말한다. '아니, 나는 안 볼래!' 이런 식으로 자신의 뜻을 절단하고 바라보지 않는다. 곧이어 그가 대화를 나누고 있는 동료들을 발견하자 상념이 말한다. '너도 한마디 거들어 봐!' 그러나 그는 자기 뜻을 절단하고 아무 말도 하지 않는다. 다시 또 상념이 말한다. '가서, 요리사에게 무얼 요리하고 있냐고 물어봐!' 그래도 그는 가지 않고 자기 뜻을 절단한다. 그렇게 거듭 자기 뜻을 절단함으로써, 절단이 그에게 습관이 되고, 그는 작은 일부터 시작하여 큰일도 담담히 절단하게 된다."[183]

'뜻을 절단하다'라는 표현이 현대인들 귀에는 낯설게 들릴 수도 있겠다. 그러나 이것이 말하고자 하는 바는 현대 심리학에서 '충동 제어'라고 하는 것과 같다. 끊임없이 우리에게 돌입하는 온갖 충동에 번번이 빠져들어 이리저리 끌려다니지 않는 것이 중요하다. 그러려면 충동이나 상념이 자신에게서 떨어져 나가도록 느긋하게 놔둘 줄 아는 능력이 필요하다. 이러한 권고는 오늘날 수도원 담 밖에 사는 사람들에게 점점 더 중요한데, 우리는 일할 때나 쉴 때나 끊임없이 외적 충동들에 노출되어 있기 때문이다. 전화가 울리고 문자 메시지가 자꾸 오며, SNS에서는 알림이 뜨고, 텔레비전이나 컴퓨터에서는 광고를 내보내고, 방금 온 이메일은 곧장 답을 할 것을 다그치는 듯하다. 이 충동들을 우리는 의식적으로 놓아둘 줄 알아야 한다.

도로테우스는 이 '뜻을 절단하는' 방법을 재미있는 놀이처럼 묘사했다. 이 방법은 일상적인 상황, 사소하고 무해한 상황에서 시작되는데, 여기서 사람은 상당히 강한 충동도 그냥 놔두거나 떨어 버리는 법을 배울 수 있다. 이것은 사람이 새로운 태도를 도로테우스의 말처럼 '짧은 시간에 열 번' 연습하여 체득하는 일종의 훈련이다. 이 '심리학적' 훈련은 반박 방법에도 도움이 될 수 있으니, 매력적인 상념과 감정들을 허용하고 또 자신에게 참으로 중요한 것에 집중하는 법을 이미 심리학적 차원에서 배웠기 때문이다.

사부에게 말하라!

『성규』 4장 50절에도 상념들을 그리스도에게 대고 쳐서 부순다는 머리말의 구절과 비슷한 언급이 나온다. "마음속에 떠오르는 악한 상념들을 즉시 그리스도께 메어 바수고 그것들을 영적 장로에게 밝혀라." 여기서는 '사소한 상념들'에 관한 말은 없고, 상념들을 즉시 그리스도께 메어 바수어야 한다고만 말하는데, 머리말의 내용과 같은 의미라고 하겠다. 그런데 한 가지 권고가 덧붙어 있으니, 상념들을 '영적 장로(사부)에게 밝혀야' 한다는 것이다. 이것은 상념들을 다루는 데 있어 또 하나의 중대한 요소다. 수도승 사부들은 집요한 '상념들'을 비밀로 묻어 두지 말고, 그것들과 혼자 싸우려 하지도 말며, 오히려 그것들을 영적 사부에게 밝히라고 거듭 권한다.[184] 이것은 무슨 죄의 고백 같은 게 아니라, 자신을 내적으로 괴롭히는 것을 털어놓는 일이다. 사람이 이미 어떤 '상념'을 즉시 그리스도에게 대고 쳐서 부수려 애썼더라도, 이미 신앙의 말씀이나 기도 말씀으로 반박했더라도, 그럼에도 문제는 해결되지 않은 경우가 많다. 사람은 그 밖의 '처치'와 다른 사람들의 도움도 필요한 데다가, 이를 통해 그 충동들이 어디서 오는지, 그리고 그것들을 어떻게 극복할 수 있는지 더 잘 이해하게 된다.

"사소한 상념들조차 붙들어 그리스도께 대고 쳐 바순다"라는, 시편 137편과 연계된 베네딕도의 말은 여기서 다시금 구체적인 방법을 발견한다. 수도승은 자신의 '상념들'을 이를테면 다시 손에 움켜쥐고 살펴보며 직시하고 영적 사부에게 넘겨준다. 이것은 그 상념들을 문자 그대로 '쳐서 부수는 것'은 아니지만 경험적으로 보면, 그렇게 넘겨줌으로써 그에게 치근대던 상념들이 힘을 잃는다. 털어놓음 자체가 치유의 중요 요소일 수 있다. 이것은 오늘날 우리가 영성 지도와 심리 상담을 통해 익히 잘 알고 있는 바이기도 하다. 일반적으로 '상념들'과의 전투에는 오랜 과정과 유능한 전문가의 동반이 필요하다.

때로는 젊은 수도승이 노老사부만 아니라 함께 모인 동료 수도승들에게도 부정한 상념들과의 전투를 고백하고, 이에 대해 모든 형제가 그를 기도로 돕겠다고 약속하는 경우도 있었다.[185] 한

번은 성적 유혹을 겪고 있던 어떤 수도승이 회합 중에 옷을 죄다 벗고는 자신은 수년 전부터 이런 식으로 유혹을 당해 왔다고 형제들에게 고백했다. 이 공개적인 고백과 형제들의 기도 덕에 그는 자신의 문제를 극복할 수 있었다.[186] 에리히 슈바이처는 이 대목에 대해 설명하며, 현대 심리학에서 '역설적 의도' 또는 '역설적 개입'이라 지칭하는 그런 행동이 집요한 악습의 치유에 도움이 될 수 있다고 지적한다.[187] 그것은 그야말로 극단적으로 솔직해지는 방법인데, 그것이 치유 작용을 일으킨 것이다. 이와 같은 체험들 때문에 사막 교부들이 '상념들'을 사부에게 밝히라고, 그렇게 하지 않으면 그것들이 수도승을 오랫동안 해치게 된다고 거듭 충고하는 것인데, 이것은 그 교부들의 많은 금언과 일화에 구체적으로 드러나 있다.[188]

은수자 안토니우스는 또 다른 방법을 권한다. 자신의 모든 상념과 공상을 적어 두고, 또한 함께 있으면 남이 볼까 봐 스스로 부끄러워지고 얼굴을 붉히게 되는 사람들도 적는 것이다.[189] 여기서도 수도승은 내적 문제들을 손에 움켜쥐고 종이에 써서 객관화한다. 관건은 문제들을 억지로 몰아내지 않는 것, 또 남들에게 (그리고 특히 자기 자신에게) 숨기지 않는 것이다. 솔직함과 정직함은 적절한 거리 두기를 가능하게 하는 좋은 방법이다. 자신의 진면목을 직시하고 고백하는 것이 치유의 한 중요한 방법이다.

베네딕도는 상념들을 털어놓는 이 고백을 중시하여 재차 언급한다. "(수도승은) 자기 마음속에 떠오르는 모든 악한 상념들과 은밀히 범한 죄들을 아빠스에게 숨기지 않고 겸손하게 고백"해야 한다(『성규』 7,44). 여기서는 '상념들'과 더불어, 자신이 범한 죄들에 대해서도 말한다. 잘못과 죄들을 직시하여 아무것도 변명하거나 숨기지 않고 고백하는 것 자체가 치유와 내적 자유로 가는 뜻깊은 한 걸음이 될 수 있다.

『성규』의 다른 구절을 보면 수도승이 그렇게 속마음을 털어놓을 때, 아빠스는 그저 듣기만 하지 말고 영적 인도를 위한, 아니 더 나아가 치유를 위한 대화를 그 형제와 나눠야 한다고 언명되어 있다. 그리고 수도승의 고백과 관련해서는 아빠스가 "자기 상처와 다른 이의 상처를 … 고칠 줄 아는" 사람이어야 한다고 말한다(『성규』 46,6). 여기서 아빠스는 남들을 치유할 줄 아는 사람일 뿐 아니라 스스로도 상처받은 사람, 자신의 상처를 치유해야 하는 사람이기도 하다. 영적 여정에서 진보한 사람이라도 여전히 유혹을 당하고 상처를 입지만, 그것을 점점 더 적절히 다루게 되며, 그로써 형제들의 상처도 점점 더 잘 이해하고 치유를 도울 수 있다. 그러나 우선적인 것은 자기 상처의 치유다. 그런 까닭에 아무도 자신이 남들을 인도하고 치유할 수 있다고 성급하게 생각하면 안 된다. 이에 대해 사부들은 거듭 경고한다. 예를 들어 걸출한 교모

신클레티카는 이렇게 말한다. "만일 줄곧 능동적인 삶을 살아오지 않은 (다시 말해 오랫동안 자기 수양을 하지 않은) 사람이 남을 가르치려 든다면 매우 위험한 일이다. 마치 당장 무너질 것 같은 집을 가진 사람이 손님들을 맞았는데 집이 무너져 그들을 다치게 하는 것처럼, 먼저 자신을 바로 세워야만 하는 사람도 자신에게 기대는 사람들을 파멸하게 만든다."[190] 은수자 안토니우스는 이런 경고를 번번이 입에 담아야만 하는 일이 많았다고 한다. "먼 옛날 노사부들은 사막으로 가서 자신만 건강하게 만든 게 아니라, 남들을 위한 의사도 되었다. 그러나 우리 가운데 누군가 사막으로 가면, 그는 자기보다 남들을 먼저 치유하려 들며, 그래서 우리의 허약함은 우리에게 되돌아오고, 마지막 형편은 처음보다 더 고약해진다. 우리를 위해 이렇게 쓰여 있다. '의사야, 네 병이나 고쳐라'(루카 4,23)."[191] 영적 인도에 꼭 필요한 것을 우리는 손쉽게 배울 수 없으며, 오직 오랜 영적 전투를 통해 자신의 몸과 영으로 직접 체험할 수 있을 뿐이다.[192]

이것은 사막 수도승들에게만 해당되는 것은 아니다. 내적 여정 중에 있는 사람이라면 누구나 자신이 난관을 극복하도록 도와줄 '사부들'과 '사모들'이 필요하다. 마찬가지로 그 책임을 지려 하거나 져야 하는 사부 사모들은 자신부터 충실한 정화와 체험의 여정을 거쳐야 하고, 또한 기꺼이 더 나아가려 하는 것이 꼭 필요하다. 내가 처음으로 한 수녀원에 개인 피정을 하려고 갔을 때였다. 피정에 들어가기 전 그 수녀가 — 의미심장한 미소를 지으며 — 이렇게 말했다. "신부님 당신네들은 늘상 남들을 이끌려고만 하지, 자신은 이끌리게 하지 않지요. 그건 무책임합니다!" 사실 나는 무언가 그 작업을 위해 거기에 갔었고, 삶의 고비에서 나 자신을 그 수녀의 인도에 맡긴 것은 내게 뜻밖의 행운이었다.

내적 전투

　　　　　　수도승은 유혹을 원칙적으로 멀리해야 하는가, 아니면 유혹이 닥쳐오게 놔두고 내적으로 그것과 대결하는 게 더 나은가 하는 문제도 사막에서 때로 논란이 되었다. 이에 관해 많은 것을 시사해 주는 이야기 하나가 전해 온다. 어떤 사람이 바로 그 문제를 물어 오자 한 노사부가 답했다. "유혹이 닥쳐오게 놔두고 그것과 싸워라." 그러나 똑같은 것을 물은 다른 사람에게는 이렇게 답했다. "유혹이 절대로 들어오게 하지 말고, 즉각 잘라 버려라!" 이 소식을 전해 들은 첫째 사람이 사부에게 가서, 왜 같은 물음에 두 가지 상반된 답을 했는지 따졌다. 그때 사부가 말했다. "격정들이 일어날 때, 그대가 그것들에게 주고 또 그것들에게서 빼앗는다면, 그 격정들이 그대를 더 검증된 사람으로 만들 것이다. 그리고 나는 마치 나 자신에게 말하듯 그대에게 말했던 것이다! 그러나 격정들이 닥쳐오는 것이 이롭지 않은 사람들도 있다. 그들은 그 격정들을 즉각 차단하는 게 필요하다."[193] 여기서 분명한 것은 사막 교부들이 질문하는 사람이 처한 상황과 성숙한 정도에 따라 매번 아주 다르게, 아니 상반되게 대답하기도 했다는 것이다.[194] 아직 수련이 부족한 사람은 여러 문제를 — 당분간은 — 멀리해야 한다. 이미 경험이 충분한 사람은 유혹을 아주 실제적으로 자신 안에 받아들이고 맞서 싸워야 한다. 그런데 이것은 과연 무엇을 의미하는가?

이에 관해 에바그리우스는 구체적인 암시를 하나 준다. "나태의 악령과 맞닥뜨릴 때, 우리는 눈물을 흘리며 영혼을 두 부분으로, 하나는 위로하고 다른 하나는 위로받는 부분으로 나눈다. 그러면서 우리 안에 좋은 희망을 심고(2테살 2,16 참조), 다윗의 매혹적인 말을 들려준다. '내 영혼아, 어찌하여 녹아내리며 내 안에서 신음하느냐? 하느님께 바라라. 나 그분을 다시 찬송하게 되리라, 나의 구원, 나의 하느님을.'(시편 42,6-7)."[195] 실제로 시편 42편과 43편에서는 서로 번갈아 말하는, 하나는 비탄하고 다른 하나는 위로하는 두 목소리를 들을 수 있다. 마치 두 목소리가 싸우면서 서로에게 비탄의 말과 위로의 말을 던지는 듯하다. 과연 에바그리우스는 영혼이 이를테면 두 부분으로 나뉘고, 그리하여 영혼 안에서 낙담과 하느님 신뢰가 서로 싸우는 대결이 벌어져야 한다고 말한다. 이것은 앞서 인용한 수도승 이야기의 내용에도 부합한다. 충분히 강한 사람들은 '악한 상념'이 마음속으로 들어오게 하여, 안에서 그것과 싸워야 한다. 이러한 전투는 그 노사부가 말했듯이 서로 주고 빼앗는 일과 같다. "격정들이 일어날 때, 그대가 그것들에게 주고 또 그것들에게서 빼앗는다면, 그 격정들은 그대를 더 검증된 사람으로 만들 것이다." 이것은 일종의 주먹 교환이지만, 동시에 힘의 교환이기도 하다. 이때 수도승은 '악한 상념'의 힘과 에너지를 어느 정도 자신에게 받아들이며, 그로써 이 전투에서 유익함을 얻고 더 강해진다. '악한' 에너지가 수도승을 위한 새로운 힘으로 변한다. 게다가 이 전투는 전투 수행의 원천인 하느님께 대한 신뢰도 더 강하게 해 준다.

수도승 이야기를 또 하나 들어 보자. "한 수도승이 음탕의 유혹을 받았는데, 그 유혹은 낮이나 밤이나 마음속에서 타오르는 불 같았다. 그는 전투를 수행했지만, 그 상념에 빠져들지는 않았다. 그리고 오랜 시간이 지나자 그 유혹이 달아났으니, 그의 인내 탓에 아무것도 성취하지 못한 것이었다. 그러자 이내 그의 마음속에 빛이 들어왔다."[196] 그 수도승은 성적 갈망을 몰아내지 않았다. 그는 유혹의 괴롭고 맹렬한 불을, 그 불이 영혼의 빛이 될 때까지 오랜 기간('낮이나 밤이나') 자기 마음속에 애써 간직하고 견뎌 냈다.

은수자 안토니우스는 내적 대결에 관한 독특한 표상을 하나 더 제시해 준다. 한 편지에서 그는 자기 자신과 이웃에 대한 사랑에 관해, 그리고 공동생활에서 발생하는 어려운 문제들에 관해 이야기한다. 그는 사람이 낙담해서는 안 되며 오히려 온몸을 하나의 제단으로, 악한 상념과 갈망들을 올려놓고 하느님 면전에 드리는 제단으로 만들라고 말한다. 그런 다음 사람은 열왕기 상권 18장 38-40절에서 엘리야 예언자가 빌었듯이 손을 들고 하느님께 이 '번제물'을 태워 버릴 성령의 불을 내려 주십사 청해야 한다.[197] 여기서 안토니우스가 말하고자 하는 바는 분명하다. 사람이 제 몸 안에 있는 맹렬한 상념과 감정과 갈망들을 인지해야 한다는 것, 그러나 동시에 이 몸을 성령의 불이 내려 모든 것을 사랑으로 변화시킬 제단으로, 곧 거룩한 장소로 여겨야 한다는 것이다. 이 설명은 독특하다고 할 수 있으나, 현대인들도 제단 표상을 나름대로 적절한 상황에서 묵상함으로써 상념들의 '부정적 힘'을 기도와 사랑의 '긍정적 힘'으로 변화시킬 수 있다.

앞선 두 가지 이야기와 한 가지 표상은 수도승이 오랜 전투에 의해 약해지지 않고 오히려 더 강해질 때 내면에서 일어나는 일에 대해 암시해 준다.[198] 수도승들은 이런 내적 과정들에 관해 언급할 때면 말을 아끼고, 삼가는 태도를 보인다. 수도승들은 아직 성숙하지 않은 다른 사람들을 너무 때 이르게 그런 체험들로 이끌기 위해 자신들의 깨달음을 경솔하게 대중에게 퍼뜨리려고 하지 않는다. 이에 관해 에바그리우스도 여러 곳에서 말하고 있다. 『프락티코스』 머리말에서 그는 이렇게 말한다. "여기서 우리는 여러 가지를 완곡하게 표현했고 또 어떤 것은 모호하게 서술했으니, '거룩한 것을 개들에게 주지 말고, 너희의 진주를 돼지들 앞에 던지지'(마태 7,6) 않기 위함이다. 그러나 같은 궤도를 밟아 온 사람들에게는 이 일들이 명확할 것이다."199 또한 이 텍스트는 수도승의 길은 ― 다른 모든 영적 여정과 마찬가지로 ― 체험의 여정이며, 이론적으로 습득할 수 있는 여정이 아님을 가르쳐 준다. 누구나 스스로 체험해야 하며, 특히 경험 많은 사람의 신중한 인도를 따르는 것이 좋은데, 그 사람은 자신의 체험으로 이 과정들을 잘 알며 또 언제 이런저런 내적 조처를 감행하도록 격려해야 하는지도 잘 안다.

무기로서의 유머

영적 전투는 중대하고 심각한 사안이다. 그렇다고 영적 전투가 이를 악물고 수행되어야 하는 것은 아니다. 하느님의 역사役事가 악마의 간계보다 강하다는 것을 인식하며 전투하는 사람에게는 일정한 태연함이, 그리고 때로는 상당한 유머가 선사된다.

이것은 예컨대 『성 안토니우스의 생애』에서 확인할 수 있다. 악령들이 안토니우스에게 소름 끼치는 공격을 가했다. 헤아릴 수 없이 많은 악령 떼가 온갖 사나운 짐승의 모습을 하고 안토니우스에게 돌격했는데, 그를 주눅 들게 하려고 귀가 먹을 정도로 시끄러운 소리를 냈다고 한다. 이 공격으로 안토니우스는 육체적 고통까지 받았지만, 영혼과 정신은 여전히 맑게 깨어 있었고, 그래서 '한껏 조롱을 담아' 외쳤다. "너희가 힘이 있다면, 너희 중 하나만 와도 충분했을 것이다. 그러나 주님께서 너희의 힘을 빼앗으셨기 때문에, 너희는 이렇게 떼를 지음으로써 행여 내게 두려움을 느끼게 해 보려 애쓰는 것이지. 너희가 사나운 짐승의 모습으로 둔갑한 것은 너희가 약하다는 표시다."[200] 『성 안토니우스의 생애』의 기본 특징이 여기에 있다. 실제적인 힘은 하느님에게 있으며, 악령들은 교활하지만 약하다는 것이다. 악령들이 무리를 짓고 시끄러운 소리를 내는 것은 약함의 한 표시다. 안토니우스는 그것을 웃음거리로 삼으니, '영혼과 정신이 맑게 깨어' 있기 때문이다. 다시 말해 안토니우스는 악령들의 연극을 간파하여 조롱한다.

악령들은 이를 갈며 안토니우스에게서 물러났고, 안토니우스가 아닌 그들 자신을 비웃었다.[201] 악령들은 원래 안토니우스를 웃음거리로 삼아 기를 꺾으려 했으나 스스로 창피를 당하고 웃음거리가 되었으니, 안토니우스가 그들을 아예 한바탕 웃음으로 치워 버렸기 때문이다. 이런 성찰과 견해는 『성 안토니우스의 생애』의 여러 대목에서 나타난다.202

나중에 안토니우스는 악령들의 작용에 관한 이야기에서 이 점을 자기 수도승들에게 상세히 설명해 준다.203 그리스도께서 세상에 오신 이래로 악령들의 권세는 꺾였다. 그리스도께 대한 믿음 안에 서 있으면 그리스도인들은 갈수록 강해진다. 그러나 여전히 악령들은 인간들을 거슬러 광란하며, 그들을 불안하게 만들고자 한다. 그럼에도 악령들이 그렇게 하는 것은 마치 무대 위에서 벌이는 익살이나 연기와 마찬가지다. 그러니 악령들은 그리스도와 그분 천사들의 힘에 견주어 허약한 존재들로 여기는 것이 최선이다. 그런 다음 안토니우스는 주님의 천사가 밤에 아시리아 진영에서 십팔만 오천 명을 쳐 죽였다는 열왕기 하권 19장 35절의 이야기를 인용한다. 안토니우스가 말하는 것처럼 '참된 천사'는 혼자서, 그리고 시끄러운 소리를 내지 않고도 한 군대를 거슬러 싸워 이길 수 있다. 반면 악령들은 떼를 지어 몰려오는데, 실제적인 힘을 가지고 있지 못하기 때문이다.

그런데 이것은 아무래도 악령들을 너무 대수롭지 않게 여기는 게 아닌가 하고 물을 수도 있겠다. 만약 악령들을 인간을 공격하는 모든 상념이나 인간을 괴롭히는 모든 행동 양식을 상징한다고 간주한다면, 그러한 소동을 끝장내기 위해서는 그때마다 던지는 유머의 말로 충분하지 않을 것이다. 그러나 여기서 말하는 것은 그런 의미가 아니다. 모든 상황에 다 적합한 방법이나 수단이란 없다. 안토니우스가 유머를 곧잘 언급하는 것은 실은 그가 가진 깊은 믿음, 그리스도와의 깊은 결합을 시사한다. 안토니우스는 자신의 바탕이 믿음과 하느님께 있음을 알고 있기 때문에, 자신을 괴롭히고 공격하는 것들과 적절히 거리를 둘 수 있다. 그의 유머 있는 언설들은 이런 내면적인 믿음에서 나온 힘의 표출이다. 그렇다면 이 텍스트들이 전달하려 하는 메시지는 수도승들이 (또한 오늘날의 독자들도) 유머와 하느님께 대한 신뢰를 가지고 내적 전투를 수행할 수 있도록, 하느님과의 깊은 결합을 위해 노력해야 한다는 것이다.

유머라는 영적 전략은 마르틴 루터에게서도 발견할 수 있다. 예를 들어 C. S. 루이스는 『졸개 악마의 복무 지침』에서 인간을 유혹하는 악마의 계략을 의미심장한 유머로 까발리는데, 그 작품 앞머리에 마르틴 루터의 말을 일종의 표어로 붙여 놓았다. "악마가 성경에 굴복하지 않으려 할 때 그자를 쫓아 버리는 가장 좋은 방법은 조롱하고 비웃는 것이니, 그자는 경멸받는 것을 견뎌 내지 못하기 때문이다." 마르틴 루터가 — 성경을 각별히 존중했음에도 — 때로는 하느님의 말씀도 아무런 도움이 안 되며, 그럴 때는 악마를 조롱하는 말이 꽤 효과적인 수단일 수 있다고 인정한 것은 실로 주목할 만하다.

유머는 거리 두기를 가능하게 하며, 다시금 하느님에 대한 신뢰가 펼쳐질 여지를 만들어 준다. 언젠가 한 사람이 나에게 말하기를, 만성적 유혹과 집요한 심리적 기제가 자신을 엄습하려 하면, 종종 침착하게 유머 있는 말을 — 마치 악령에게 하듯 — 큰 소리로 자신에게 외쳤다고 한다. "오늘은 네가 나를 꼬시긴 틀렸어." "오늘은 내가 너보다 똑똑해." 그런 다음에는 자기 자신까지도 비웃어 버렸는데, 그러면 평소에 그를 옭아매던 심리적 기제가 — 최소한 이번에는 — 차단되었다고 한다.

『성 안토니우스의 생애』에는 같은 지향의 전략이 하나 더 언급되어 있다. 악령이 나타나면 사람이 그놈에게 이렇게 물어야 하는 것이다. "너는 누구며 어디서 왔느냐?" 그놈이 진짜 악령이면 즉시 힘을 잃게 되니, 수도승의 영이 강하다는 것을 그놈이 알기 때문이다. "'너는 누구며 어디서 왔느냐?'라고 묻는 것은 평온한 영혼의 한 표지다."[204] 이 침착한 물음은 요컨대 수도승의 평온한 영혼을, 마음속에서 일어나는 하느님 현존의 작용을 시사한다. 영혼의 평온함에서 나오는 이 힘은 악령을 즉시 무력하게 만든다. 이제는 가망이 없음을 악령이 알아챈다. 일반적으로는 수도승이 악령과 논쟁을 벌이면 안 되지만, 이런 상황에는 악령에게 말을 건다.

그리고 때로는 얼마간 긴 대화를 실제로 나누기도 한다. 어느 날 한 환영과 마주친 안토니우스가 "너는 누구냐?"라고 물었다. "나는 사탄이다"라는 답이 돌아왔다.[205] 그러자 그는 사탄을 논쟁으로 끌고 들어갔다. 논쟁을 주도한 것은 안토니우스였고, 악령은 그에게 어떤 주제도 강요하지 못했다. 악령은 자신이 수도승들에게는 거의 성공을 거두지 못한다며 한탄하기까지 했다. 그러자 안토니우스는 그리스도께서 이 세상에 오신 이래 악령은 저주를 받아 무력해진 것이라고 답했다. 안토니우스는 주눅 들지 않았다. 악령과 대결하며 그리스도의 권능을 일깨웠다. 악령은 "구세주의 이름을 듣고 그분의 열기를 견뎌 내지 못하자 사라져 버렸다." 악마는 글자 그대로 못 견디게 뜨거워진 것이었다.

같은 식의 짧은 대화도 있다. 안토니우스가 자기 수도승들에게 들려준 바에 따르면 기이한 잡종 짐승의 모습으로 나타난 악령이 그리스도의 이름을 듣고는 급히 도망갔으나 너무 서두르다 넘어져서 그 자리서 죽었다는 것이다.[206] 안토니우스가 악령에게 말을 걸고 또 캐묻는 이런 식의 이야기들은 여유와 유머가 넘치는 인상을 준다. 안토니우스는 악령을 희롱할 수 있는 작은 놀이를 고안해 냈던 듯하다. 그는 악령의 약점을 잘 알고 있었다. 그리고 안토니우스가 자기 수도승들에게 눈을 조금 찡긋거리며 이런 이야기들을 들려준 것은 아마도 다음과 같은 말을 해 주기 위해서였을 것이다. "이것과 똑같이 하십시오. 두려워하지 마십시오. 믿음 안에서 그대들은 언제나 악마보다 더 강합니다."

역사적 사실 여부야 어떻든 간에 이러한 방법은 심리적으로도 많은 도움이 될 수 있다. 우리를 압도하려는 상념과 감정들을 두려워하지도, 그것들로부터 도망가지도 말아야 한다. 오히려 침착히 살펴보며, 적절한 이름을 붙이고, 거기에서 중요한 게 무엇인지 통찰하려 노력해야 한다. 물론 말은 쉬워도 실행은 어렵다. 두려움 없이, 그리고 얼마간 영적 유머를 가지고 자신을 괴롭히는 문제들과 대결하기 위해서는 영적 전투 체험과 태연함과 하느님께 대한 신뢰가 사실은 상당히 필요하다.

끝으로 한 가지 측면을 더 언급해야겠다. 이 단락 처음에 우리가 살펴본 것은 악령들이 실제보다 강하고 무섭게 행세한다는 사실을 안토니우스가 지적한 것이다. 악령들은 실제로는 약하기 때문에, 엄청난 소음을 내고 거드름을 피운다. 그런 실상을 간파하고 비웃는 것이 공포의 대상에게서 가면을 벗기고 힘을 빼앗는 방법이다. 여기에는 심리학적 통찰도 내포되어 있는데, 예를 들어 우리는 다양한 감정적 문제를 실제보다 훨씬 심각하게 받아들인다. 사소한 문제가 엄청난 불안이나 공격성을 일으킬 수 있다. 그러면 감정이 지나치게 부풀려져 우리를 압도할 것만 같다. 언젠가 그런 상황에서 누군가 나에게 말했다. "왜 나는 바보처럼 감정에 끊임없이 조롱당하고 사로잡히는 걸까요? 감정은 전혀 신경 쓸 만한 게 아닌데, 실상은 훨씬 사소한 것인데 말이에요!" 이런 깨달음은 그의 영혼 속으로 파고든 한 줄기 빛이었다. 실제 문제는 '느껴지는' 문제보다 사소하다는 사실을 깨닫는다면, 이미 그것으로 충분하다. 물론 통찰만으로 그런 문제에서 벗어나는 일은 별로 없다. 그러나 자조적으로 이런 실상을 웃어 버릴 수 있다면 적어도 문제의 감정적 부분이 해소되었거나 치유의 길에 들어선 것이라고 할 수는 있다.

이 같은 방법은 『해리 포터』에서도 찾아볼 수 있다. "나쁜 요정을 쫓아 버리는 마법은 간단하지만 일종의 영적 노력이 필요하다. 요괴를 정말로 처치하는 것은 결국 큰 웃음이다"[207]라고 그 소설은 말한다. 아이들은 한 가지 연습을 하는데, 자신들이 가장 무서워하는 대상으로 변하는 요괴가 벽장에서 나오면, 그때 요괴를 가리키고 '리디쿨루스'[riddikulus: 아마도 영어 낱말 '리디큘러스'(ridiculous: '웃기네')의 라틴어 형태인 것 같다]라고 외치며 비웃는 것이다. 그리고 다른 아이들이 함께 크게 웃으면 그 대상을 힘없이 꺼지게 만들 수 있다.

그러나 안토니우스나 해리 포터의 경우처럼 사정이 단순하지는 않을 때도 많다. 난제에 시달릴 때는 특히 더 그렇다. 그럼에도 유머를 가지고 문제에 대처하는 것도 하나의 영적 여정임을 아는 것이 바람직하다. 온전한 하느님 신뢰 안에서 영적 유머를 끌어내는 것은 유용한 일이다. 이런 영적 유머에는 '산을 옮겨 가게 하는 겨자씨만 한 믿음'(마태 17,20 참조)의 능력이 어느 정도 있다고 하겠다.

마지막으로 '상념들'을 다루는 법에 관해 말해야겠다. 지금까지 살펴보며 분명해진 것은, 상념들로 인한 내적 혼란에 대해 초기 수도승들이 다면적으로 대처했다는 사실이다. 모든 상황, 또는 모든 성격에 다 적합한 방법이나 수단이란 없다. 1년 과정 영성 프로그램에서 우리는 참여자들에게 각자 자신의 '도구 상자'를 마련하라고, 즉 시간이 흐르면서 유용함이 입증된 영적 활동이나 텍스트를 모두 모아 놓으라고 권유한다. 언제고 어려운 상황에 맞닥뜨리더라도 '도구 상자'를 점검하여 그때 맞는 말씀이나 영적 처방을 찾아볼 수 있다. 그러면 자신이 이용할 수 있는 이런저런 경험 자산이 이미 있음을 알게 된다. 이 경험 자산이 우리를 더 큰 영적 자주성으로 나아가게 해 준다. 그런데 또 한편 속성 해결책이나 싸구려 해결책 따위는 없다는 것도 분명해진다. 영적 전사는 누구나 인내로 무장해야 하고, 지루한 과정을 견뎌 내는 법도 배워야 한다. 정화 과정과 성숙 과정은 대개 지루하기 마련이며, 또한 그래야만 한다. 이것은 '사막으로부터의 지혜'만이 아니라, 현대 심리학도 똑같이 말하는 바다. 예를 들어 현대 심리학자들의 신경생물학적 연구 결과들은, "나 자신과 남들을 변화시키는 일이 왜 이리 힘들까?"[208]라는 책 제목에도 표현되어 있듯, 변화 과정이 지난한 까닭을 설명하고 있다.

어느 시대에나 사람들은 이와 같은 체험을 했다. 그러나 바로 이 지루한 과정이 진정한 내적 성숙과 내적 역동의 변화를 이루는 기회가 된다. 이 전투에는 영적 사부나 사모, 또는 전문적 능력을 갖춘 사람에게 속마음을 털어놓고 그들의 체험에서 배우는 겸손이 필요하다. 그러나 본원적 스승은 내면의 스승이신 예수 그리스도 당신이다. 그분은 내 영혼 안에 살고 계신다. 영적 전사는 숨 쉴 때마다 그분의 생명을 들이마실 수 있고, 또 그분의 반석 위에 자신의 든든한 자리를 가질 수 있다.

지금까지는 주로 표상과 말씀과 텍스트를 통해 영적 전투가 수행되었는데, 다음 장에서는 몸도 영적 전투와 영적 성숙의 여정에서 어떻게 하나의 도구가 될 수 있는지 말해야겠다.

영적 도구인 몸

**몸의
양면성**

『성규』에는 몸이 영적 여정, 영적 전투에서 중요한 역할을 한다고 말하는 텍스트가 두 군데 있다. 머리말에서는 이렇게 말한다. "우리는 전투를 위해 몸과 마음을 준비하여, 그분의 거룩한 계명에 순종하도록 하자"(『성규』 머리말 40). 몸은 마음과 마찬가지로 그 자체로는 영적 전투에 거의 준비가 되어 있지 않다. 장인이 자기 연장으로, 또 병사가 무기로 연습해야 하듯, 몸과 영혼도 훈련되고 준비되어 있어야 한다. 마음과 몸이 충실히 훈련되어 있지 않으면, 오히려 고약한 도구가 되어 전진하는 데 선용되는 대신 나쁜 결과를 낳는다. 같은 의미에서 로마서도 우리 몸의 지체를 영적 전투의 무기라고 지칭하며 우리 지체를 '불의의 도구'로 죄에 넘기지 말고 '의로움의 도구'로 하느님께 바치라고 말한다(로마 6,13 참조). 우리는 우리의 몸과 그 지체를 전투를 위해 준비해 놓고 그 '무기'를 영적 전투에 투입할 것을 촉구받고 있다.[209]

이에 대해 바오로도 코린토 1서에서 언급한다. 그는 교우들의 불륜에 대해 언급하며, 우리 몸은 그리스도의 지체이니 탕녀의 지체로 만들어서는 안 된다고 강조한다. 그러고는 간명하고 적확하게 '몸의 신학'을 표명한다. "몸은 … 주님을 위하여 있습니다. 그리고 몸을 위해 주시는 분은 주님이십니다(직역: 주님은 몸을 위하여 계십니다)"(1코린 6,13). 이러한 신학적 관점, 즉 이론은 영적 실천을 통해 구체적 태도와 체험으로 옮겨져야 한다. 이에 관해서는 뒤에서 더 설명할 것이다.[210] 몸의 양면성에 관해 야고보서 3장 1-12절은 하느님을 찬미할 수도 있지만 사람들을 저주할 수도 있는 혀를 이야기한다. 야고보는 혀가 작은 지체에 지나지 않지만 온 세상을 불태울 수도 있다고 말한다.

베네딕도는 『성규』의 둘째 텍스트에서 겸손의 열두 단계를 '선조 야곱이 꿈에서 천사들이 오르내리는 것을 보았다던 사다리'(창세 28,12 참조)와 견주면서, 몸의 중요한 의의를 밝힌다. "그렇게 세워진 사다리는 우리의 현세 생활이며, 우리 마음이 겸손해질 때 주님은 그것을 천상으로 들어 높여 주신다. 이 사다리의 양측 세로대는 우리의 몸과 영혼이며, 하느님의 부르심은 그것들 사이에 겸손과 규율(disciplina)의 다양한 발판을 끼워 넣어 우리가 밟고 올라갈 수 있게 하셨다"(『성규』 7,8-9). 이 사다리는 현세적인 삶 전체를 상징한다. 무슨 특별한 영적 영역이 따로 존재하는 것이 아니다. 모든 것이 현세적인 삶에 속해 있다. 몸은 자명하게, 마음과 영혼과 마찬가지로 영적인 삶의 현장이다. 마음과 몸은 발판을 끼워 넣은 사다리의 양측 세로대다. 발판은 우리가 수행해야 할 단계와 익혀야 할 규율의 상징이며, 영적 규율의 이 단계에는 마음과 몸이 똑같이 결부되어 있다.

그리스도교 전통에서 사다리는 영적 여정과 하느님을 향한 상승의 상징으로 즐겨 쓰였다.[211] 그러나 자신의 힘으로 완성을 이룰 수 있는 간단한 진보 도식 따위는 없다. 베네딕도는 분명히 말한다. "우리는 교만을 통해 내려가고 겸손을 통해 올라간다"(『성규』 7,7). 여기서 문제는 상승과 하강, 실행과 방임, 겸손과 과시의 양가성인데, 초기 교부들은 이에 관해 이미 거듭 언급했다.[212] 나아가 베네딕도는 이 사다리를 세운 분, 또한 각각의 발판을 분명 각자의 필요에 따라 각기 다르게 끼워 넣은 분은 바로 하느님 그분이라고 말한다. '규격품으로 미리 생산된' 영적 여정이란 없으니, 주님은 각자에게 필요한 방식으로 요구하시고, 또 그것을 위해 필요한 능력을 그에게 선사하신다. 이 상승과 하강에서 몸 또한 긍정적이거나 부정적으로 중대한 역할을 한다.

이제 아래에서 초기 수도승 전통에서 찾은 몇 가지 육체적 체험과 기술에 관해 설명할 것인데, 이것들은 '전통적'일 뿐 아니라 경험이 가르쳐 주듯 오늘날에도 — 또는 새삼 오늘날에야 — 영적 여정에 기여하는 방법이 될 수 있다. 여기서 중요한 것은 널리 알려진 금욕 고행(단식과 밤에 깨어 있기 등)이 아니다. 몸이 기도와 일

상의 구체적 실천 안에 포섭되고, 그로써 영적 체험이 구현되고 심화되는 체험이다.213

기도하는 몸

영적 기술의 도구들에 관한 장에서 베네딕도는 두 가지를 지시하는데, 이 두 가지가 실제로는 하나의 과정을 의미한다. "거룩한 독서를 즐겨 들어라. 자주 기도에 열중하라"(『성규』 4,55.56). 독서와 기도는 서로 다른 두 행동일 수 있으나, 여기에서처럼 연이어 나올 때는 한 단위로 이해해야 하고, 또 서로 연결된 한 과정 안에서 실행되는 것을 의미한다.214 기원후 4세기에 베들레헴에서 수도원을 이끌었던 히에로니무스는 한 수녀에게 써 보낸 편지에서 이를 더 상세히 표현한다. "언제나 거룩한 독서가 그대 손에 있게 하시오. 그대는 자주 기도해야 하고, 몸을 굽히고 그대의 영을 하느님께 들어 올려야 합니다."215 요컨대 그 수녀가 독서를 거듭 기도로 중단해야 하며, 기도할 때는 몸을 바닥에 대야 한다는 것이다. 여기서 말하는 것은 '기도하는 독서'(lecture priante)인데, 수도승 생활에서 이 독서는 중세 전성기까지 널리 행해졌다.216 기도하는 독서의 한 변형을 『성 파코미우스의 생애』에서 찾아볼 수 있는데, 그 책은 그의 수도승들 가운데 한 사람에 관해 다음과 같이 기록한다. "테오도루스는 작은 방에 앉아 새끼줄을 꼬면서 그가 암기하고 있는 성경 대목들을 낭송했다. 그의 마음이 재촉할 때마다 그는 일어나서 기도했다."217 여기서 수도승은 성경 본문을 그냥 읽는 게 아니라 암기하고 있는 본문을 낭송한다. 이것은 고대 수도승들에게 아주 일반적인 방식이었으며, 손일을 하는 동안 계속 실행되었다. 그러다가 수도승은 마음이 재촉하면 기도하기 시작한다. 다시 말해 수도승이 본문을 낭송하며, 그 내용에 주의를 기울이고 있다가 거기에 사로잡히는 것이다. 그런 식으로 어떤 말씀이 그의 마음을 건드리면 언제든 하던 일을 멈추고 일어나서 기도한다.

여기서는 수도승이 기도할 때 바닥에 엎드린다는 명시적 언급이 없다. 그러나 앞서 인용한 『성규』의 권고와 히에로니무스가 한 수녀에게 보낸 편지를 보면, 분명 수도승은 이 기도하는 독서 중에 통상 바닥에 엎드렸다. 그때 수도승이 특별한 말로 기도했는지 아니면, 그냥 침묵하며 엎드려 있었는지에 대한 언급은 없다. 아무튼 그런 다음 수도승은 다시 일어나 앉아서 마음이 또 감동을 받을 때까지 계속 일을 하고 낭송했다. 하느님 말씀의 봉독 내지 낭송과 개인적 기도는 계속해서 서로 교대되었고, 수도승의 몸도 일어서고 엎드리는 행동을 통해 거기에 포섭되었다. 수도승은 두 가지를 동시에 행하는데, 이것은 몸으로 하는 기도가 몸으로 하는 일과 동시에 이루어짐을 의미한다. 말과 마음과 몸의 이런 끊임없는 상호 삼투는 일종의 내적 역동을 일으키는데, 이 역동이 기도를 점점 더 심화시키며, 또 기도를 구체적으로 몸에 ─ 기도 몸짓뿐 아니라 육체노동에도 ─ 배게 한다.[218]

여러 영성 프로그램에서 우리는 이 기도하는 독서를 실습했다. 참여자들은 자신의 방으로 물러가서 성경의 한 본문을 찾아 큰 소리로 읽기 시작해야 한다. 큰 소리로 읽는 것은 중요한 요소다. 고대에는 보통 큰 소리로 읽었다. 몸이 입과 귀를 통해 낭독 속에 포섭되었다. 오늘날 많은 사람이 본문을 직접 큰 소리로 천천히 읽어 보고는 깜짝 놀란다. 그렇게 읽으면 본문이 얼마나 강렬하게 작용하는지, 그리고 본문이 얼마나 빨리 마음을 감동시키는지 알게 된 것이다. 또한 참여자들은 어떤 말씀이 마음을 감동시키는 즉시 읽기를 멈추고 일어나서, 무릎을 꿇고 잠시 기도 안에 머무르며 몇 마디 말로 개인적 기도를 바치거나 그저 침묵하며, 말씀이 마음과 몸에 반향을 일으키게 두라는 권고도 받는다. 이것은 봉독을 멈추고 있을 때, 그냥 계속해서 조용히 앉아만 있지 않고 실제로 바닥에 엎드려 보면, 그 차이를 금방 알아차릴 수 있다. 앉아 있다가 일어선 다음 무릎 꿇고, 다시 무릎 꿇고 있다가 일어선 다음 자리에 앉는 이런 움직임은 영혼을 열리게 하며, 몸도 함께 기도한다는 것을 실감하게 해 준다. 그런 다음에는 ─ 다시금 감동을 받을 때까지 — 성경 본문 읽기가 계속된다. 여기서 본문의 맥락 전체가 심금을 울리는지 아닌지는 중요하지 않다. '빛', '나의 하느님', '고통', '울다', '기쁨', '밤' 같은 개별 낱말도 문득 빛을 발할 수 있다. 우리는 이 기도하는 독서를 반 시간 정도 하라고 권한다.

많은 사람에게 이 방법은 처음에 꽤 성가신데, 지적인 속독에만 익숙하기 때문이다. 그래도 적지 않은 사람에게 이 기도하는 독서는 일종의 계시와 같으며, 그들은 이런 독서를 이후에도 스스로 사용한다. 반 시간 동안 아주 적은 분량의 분문만 '소화하는' 사람들도 많다. 분문 안의 많은 개별 낱말과 표상이 돌연 빛을 발하기 시작하면, 그것들이 계속 반향을 일으키도록 침묵의 기도가 필요하기 때문이다.

초기 수도승들은 시편 기도를 공동으로 바칠 때도 비슷한 방법을 사용했다. 이와 관해 요한 카시아누스는 이집트 수도승들과 함께한 체험을 전해 준다.[219] 수도승들이 긴 의자에 앉아 있었다. 한 사람이 일어나 큰 소리로 한 시편을 낭송했고, 다른 이들은 경청했다. 시편이 길면 여러 번 중단되었다. 기도를 선도하는 사람이 일어서라는 신호를 주었다. 수도승들은 일어나서 말없이 기도한 다음 잠시 바닥에 엎드렸고 다시 일어나 손을 들고 기도했으며, 선도자가 짧은 기도로 끝을 맺고 모두 다시 긴 의자에 앉았다.

그런 다음 선도자가 시편 낭송을 속행했다.220 한 시편의 끝(시편의 구분에 관해서는 전혀 말이 없다)에 하는, 이런 방식의 개인적 침묵 기도에 대해서는 베네딕도도 잘 알고 있었다(그러나 암시만 한다).221

우리도 이러한 방식을 우리 관심사에 따라 적절히 맞추어 영성 프로그램에서 시험해 보았다. 우리는 전에 이미 주제로 삼은 적이 있어서 내용을 잘 알고 있는 시편 말씀 하나를 선정했다. 이제 남은 것은 그 시편을 묵상의 도구로 사용하는 것이었다. 모두들 의자에 앉아 있었고, 기도 선도자가 몇 절을 낭송했다. 그런 다음 모두 일어나서 조용히 기도하거나 그냥 침묵하며 서 있었다. 곧이어 모두 바닥에 엎드렸고 신호에 따라 다시 일어나 손을 들고 기도했다. 그다음 모두 다시 의자에 앉았고 낭송이 속행되었다. 이 과정이 여섯 번에서 여덟 번 반복되었다. 시편 구절을 낭송할 때 말고는 전혀 큰 소리로 기도하지 않았다. 모든 것이 말없이 이루어졌다. 마지막에는 깊은 침묵이 그 공간과 참여자들에게 감돌았다. 시편 말씀이 머리로부터 마음과 몸으로 '사무쳐 들었다'. 말씀에 관해 이렇게 저렇게 생각할 필요가 전혀 없었다. 모든 것이 그저 거기에 있었다. 몸 역시 그 시편을 이해했다. 그리고 많은 참여자가 이 기도 방식을 개인적으로 실천하게 되었다.

기도 말씀은 머릿속에 머물러 있으면 안 되고, 마음속으로 옮겨 가서 더 깊이 더 내적으로 이해되어야 한다고 흔히 말한다. 그러나 앞서 소개한 두 가지 기도 방식을 고려하건대 기도가 참으로 온전하려면, 인간 전체를 사로잡으려면 마음속만 아니라 몸속으로도 옮겨 가야 한다고 말할 수 있다.

이와 관련하여 카시아누스는 그러나 바닥에 엎드려 있는 시간이 길면 안 된다고 말한다. 그럴 경우 수도승들은 잠에 빠지거나 (일반적으로 그들은 밤에 아주 조금밖에 자지 않았다), 머릿속에서 상념들이 다시 들뜨기 때문이다. 그런 까닭에 이 과정이 비록 천천히 진행되더라도, 한 행동에서 다음 행동으로 이어지는 내적 역동이 계속 유지되도록 항상 유의해야 한다. 그러면 말씀이 머릿속에 멈춰 있지 않으며, 몸도 함께 기도하기 시작한다.

바닥에 엎드려 있는 것은 마치 '하느님의 자비를 공경하듯이'[222] 해야 한다는 카시아누스의 권고나, '현존하시는 그리스도의 발을 껴안듯이'[223] 해야 한다는 『스승의 규칙』(『성규』가 본보기로 삼은 규칙서)의 조언은 기도자의 내적 평정에 도움이 될 수 있다. 더불어 이 두 조언을 따를 때 기도자는 마음이 움직이는 동시에, 몸짓에도 깊은 의미가 실리는데, 여기에는 어떤 설명 같은 것이 필요하지 않다. 몸이 이해하고 몸이 기도한다.

몸짓이 기도의 필수적 부분이라는 것은 초기 수도승들에게 분명했다. 여기서 소박한 예를 하나 들자. "몇 사람이 노사부 마카리우스에게 물었다. '우리는 어떻게 기도해야 합니까?' 그 백발노인이 답했다. '말을 많이 할 필요는 없으며(마태 6,7 참조), 오히려 손을 펴 들고 `주님, 당신이 원하고 아시는 대로 자비를 베푸소서'라고 말하게. 그러나 유혹이 일어나면 `주님, 도와주소서'라고 말하게. 과연 그분은 무엇이 유익한지 아시며 우리에게 자비를 베풀어 주신다네.'"224 말은 최소한으로, 곧 반복되는 짧은 기도로 줄어들 수 있으나, 손을 펴 들면서 그 말에 절실함이 부여되고, 기도자가 자기 바람을 온전히 표현하게 된다. 이처럼 강렬한 체험을 하려면 일단 직접 시도해 봐야 한다.

가브리엘 붕게는, 몸으로 하는 기도는 기도하기가 어려울 때도 큰 도움이 된다고 말하는 또 하나의 텍스트를 언급한다. 내적 곤경 때문에 여느 기도조차 전혀 바칠 수 없을 때라도, 적어도 자리에서 일어나 방 안을 이리저리 거닐고, 십자가에 인사하고, 이른바 메타니엔(Metanien)225 방식으로 무릎을 꿇어야 한다. 이러한 몸짓은 시련이 끝날 때까지 충분히 기도가 된다.226 이것은 지난 시대만 아니라 오늘날에도 유효하다. 예를 들어 테제 공동체의 창설자 로제 슈츠는 말로 하는 기도가 힘들어질 때 몸을 기도에 포섭하는 것이 자신에게 얼마나 중요한지 말해 준다. "몸을 포섭하지 않는다면, 나는 어떻게 기도해야 할지 모를 것입니다. 내가 정신보다는 몸으로 기도한다고 느끼는 순간들이 종종 있습니다. 나는 맨바닥에서 기도를 바칩니다. 무릎 꿇고 엎드리고 성체성사가 집전되는 곳을 바라봅니다. … 몸은 온전히 그 자리에 참여하고 있으면서 경청하고 포착하고 사랑합니다. 몸을 배제하려 한다면 얼마나 터무니없는 일일까요."²²⁷

시편에서는 기도자가 노래하거나 춤추는 것, 손을 쳐들거나 경배하며 무릎 꿇는 것, 박수를 치거나 허리를 굽히고 천천히 걷는 것에 관해 끊임없이 이야기한다. 이 모든 몸짓을 기도 중에 죄다 따라 하거나 함께하는 것은 불가능한 일이고, 또 큰 의미도 없다. 중요한 것은 기도자가 말하는 것을 몸 또한 매번 행하고, 기도자의 몸짓이 개인적 기도와 공동체 기도에 충분히 각인되는 것이다. 예를 들어 시편 봉송 마지막에 "성부께 영광!"이라 말할 때도 그대로 앉아 있는 공동체가 많다. 우리 공동체에서는 일어나는 것도, — 말씀을 노래하지 않고 봉송할 때는 — 수평이 될 때까지 허리를 깊이 굽히는 것(이른바 inclinatio profunda)도 당연한 일이다. 베네딕도는 수도승들이 "성부께 영광!"이라고 말할 때 거룩한 삼위일체에 대한 깊은 경외로 일어나야 한다고 분명히 지시한다(『성규』9,6-7 참조). 이 허리 굽힘을 날마다 그리고 수년간 의식적으로 거듭 실행하면, 하느님에 대한 경외가 무엇을 의미하는지, 또한 그분에게 매번 이런 구체적인 방식으로 경의를 표하는 것이 영혼에게 얼마나 해방적인지 몸을 통해 분명해진다.

우리 공동체의 작은 체험을 하나 이야기하자. 제2차 바티칸 공의회에 따라 '간소화'가 대대적으로 추진되었다. 우리는 밤기도 시작 부분에서 "들어가 몸을 굽혀 경배드리세. 우리를 만드신 주님 앞에 무릎 꿇으세"(시편 95,6)를 봉송할 때 무릎 꿇는 것도 폐지했다. 그때까지는 공동체 전체가 이 구절에서 무릎 꿇는 것이 관례였다. 그런데 신학을 잘 모르지만 기도는 잘 아는 한 젊은 형제가 이에 반대하여 청원서를 제출했다. 그것이 받아들여져, 지금도 우리는 이 시편 구절에서 무릎을 꿇는다. 가끔이라도 우리는 그런 기도 말씀들을 글자 그대로 받아들이고, 우리가 기도하는 내용을 실제로 행해야 한다. 이런 방식으로 한 공동체가 깊은 밤에 무릎을 꿇는 것은, 하나의 확고하고 멋진 몸짓이다.

기도를 하지 못하는 것은 그저 생각만으로 기도하려 하는 것과 상당한 관계가 있지 않을까? 생각으로는 하느님을 접촉할 수 없다. 카를프리트 그라프 뒤르크하임은 영성 생활에서 몸의 의의란 무엇인지 많은 사람에게 밝혀 주었다. 그는 기도를 전혀 할 수 없어서 자신에게 조언을 구한 한 여성에 관해 이야기했다. 그는 그녀에게 밤에 침대 앞에서 기도할 때 다만 무릎을 꿇으라고 말해 주었다. 황당한 말이었지만, 문득 그녀는 거기에 무언가 중요한 뜻이 담겨 있으리라고 예감했다. 그래서 자신의 방으로 돌아와 침대 앞에서 무릎을 꿇었고, 그때 불현듯 그녀 안에서 어떤 깊은 체험이 터져 나왔다.[228] 요컨대 그녀의 몸이 무릎을 꿇었을 때, 자신의 생각과 주장 때문에 하느님과 접촉하지 못했던 마음이 그녀에게 열렸다. 이러한 조언이 모든 기도 문제에 도움이 되지는 않겠지만, 기도와 육체적 체험의 긴밀한 관계를 새삼 시사해 주기는 한다.229

C. S. 루이스의 『졸개 악마의 복무 지침』에서 두목 악마는 자기 조카에게 편지를 써서 인간을 유혹하는 법을 기초부터 가르쳐 준다. 두목 악마는 자신이 맡은 인간이 기도를 몸으로 하게 두어서는 안 된다고 지시하며, 이렇게 덧붙인다. "기도를 할 때 몸가짐은 아무래도 좋다고 (인간들을) 구슬릴 수 있다. 사실 그들은 자기네가 짐승이라는 것, 그리고 그들이 몸으로 행하는 모든 것이 자기네 영혼에도 영향을 미친다는 것을 번번이 잊어버린다. 그러나 이 점을 너는 결코 놓쳐서는 안 된다. 죽음을 면치 못하는 인간들은 우리가 자기네 생명 속에 이런저런 것을 부어 넣었다고 상상하는데, 웃기는 일이다. 여기서 우리가 이룰 수 있는 최고의 것은 우리가 이런저런 것을 그들에게서 멀리 떼어 놓는 데 달려 있다."230 인간은 '짐승'(두목 악마는 인간을 통상 이 경멸적 명칭으로 부른다)이기 때문에, 곧 인간이 짐승과 공유하고 있는 몸은 영혼과 긴밀히 연결되어 있기 때문에, 인간이 몸으로 행하는 모든 것은 영혼에도 영향을 끼친다고 악마는 굳게 확신한다. 그리고 악마는 정확히 알고 있다.231 "한 인간이 기도하는 곳에서는 언제나 (하느님이)

친히 지체 없이 개입하실 위험이 있으며, 또 이 인간 짐승들이 무릎을 꿇으면 (하느님이) 인간 자신에 대한 통찰을 (듬뿍 선사하신다)." 그러므로 조카 악마가 해야 할 것은, 외적 형식 따위는 필요 없다고, "자기 내면에 어렴풋이 경건한 기분만 불러일으키면" 충분하다고 인간을 구슬리는 것이다. "그런데 이 기분은 의지와 정신의 참된 평정과 관계가 없다. … 아무튼 이런 식으로 하면 영리하되 굼뜬 그 환자들을 오랫동안 바보 취급할 수 있다."232 무엇보다 관건은 인간에게 중요한 것 ― 이 경우에는 기도 속에 몸을 포섭하는 것 ― 을 떼어 놓는 일이라는 두목 악마의 언명은 실로 그자답다.

다양한 기도 몸짓에 관해 말할 것이 아직 많지만, 여기서는 지금까지의 언급으로 족하다고 하겠다. 이 이상의 자극을 얻으려면 가브리엘 붕게의 『진흙으로 만든 그릇』이 읽어 볼 만하다. 그가 전통에서 찾아 구성해 놓은 인상적인 텍스트들은 영적 체험의 보고로, 독자의 호기심을 불러일으킬 것이며, 그런 체험들을 자신의 기도 생활에서 곧장 시험해 보라고 독자를 재촉할 것이다.233

**구체적
표상들**

영성 전통은 기도의 특정 측면이나 영적인 근본 태

도에 관해 이야기할 때, 구체적 표상들을 자주 이용한다. 이것의 실례로 『성규』를 살펴보고, 특히 시편의 몇몇 텍스트를 고찰해야겠다.

일어나기와 깨어나기

『성규』 머리말에서부터 베네딕도는 자신의 영적 교시를 설명하기 위해 일련의 구체적 표상과 비유들을 사용한다. "들어라, 아들아!"(Ausculta, o fili!)가 첫마디 말이다. 그런 다음 귀와 마음이, 즉 경청해야 할 '마음의 귀'가 언급된다. 이 촉구는 수도승을 우선 듣는 자, 마음의 귀를 크고 넓게 열어야 하는 자로 만든다. 늦어도 8절부터는 이 들음이 더 이상 교시에 대한 '자각적 들음'이 아니다. 오히려 수도승은 크게 외치며 그들을 깨우려고 하는 한 목소리를 듣는다. 8절부터 10절까지를 그대로 인용하자. "그러므로 우리는 이제 '여러분이 잠에서 깨어날 시간이 이미 되었습니다'(로마 13,11)라며 우리를 일깨우는 성경의 말씀에 따라 마침내 일어나도록 하자. 하느님 빛을 향해 눈을 뜨고, 매일 다음과 같이 외치시며 우리에게 권고하시는 하느님의 목소리를 주의 깊게 경청하도록 하자. '오늘 그분의 목소리를 듣게 되면 너희는 마음을 완고하게 하지 마라'(시편 95,7-8)."

이것은 분명히 깨우려는 목소리, 놀라 일어나게 하려는 큰 목소리인데, 듣는 사람들의 눈과 귀를 열어 젖히고자 한다. 그리고 이 목소리는 한 번만 외치는 게 아니라 매일, 줄곧 외친다. 이 텍스트의 마지막에 인용된 구절은, 『성규』의 시편 배열에 따르면 매일 동트기 전 한밤에 드리는 밤기도(Vigil)를 시작할 때 장엄하게 낭송했던 시편 95편 중의 8절이다. 그동안 시편 배열이 바뀌었으나 매주 한 번은, 그리고 단식일 새벽에는 이 시편을 낭송하며, 또한 대림 시기와 사순 시기에도 매일 낭송한다. 요컨대 전례적으로나 영성적으로 중요한 날들에 낭송한다. 이 시편은 영적 게으름과 나른함, 마음의 완고함을 경계하는 내용이다. 이 시편의 첫째 부분은 하느님 찬양과 경배를 촉구한다. 둘째 부분은 광야에서 사십 년간 불순종으로 하느님 마음을 상하게 했던 이스라엘의 완고함을 상기시킨다. 이제 이 시편이 요구하는 것은 그처럼 자기 마음을 완고하게 하지 말고, 바로 오늘 주님의 목소리를 듣고 깨어나는 것이다.

그런 까닭에 앞서 인용한 『성규』 머리말의 텍스트는 이 시편 구절과 함께, 베네딕도의 영성을 따르는 우리의 영성 프로그램과 피정에서 도입 역할을 자주 한다. 그리하여 "마침내 일어나도록 하자!"라는 말은 이제 우리가 그저 듣고 생각만 하는 게 아니라 행하는, 끊임없이 의식적으로 행하는 말이 된다. 즉 우리는 일어나서 서 있다. 느긋하게 앉아 있다가도 문득 일어나고, 깨어나라는 부름을 느끼면, 느끼는 대로 행한다. 우리는 마침내 일어났다. 그런 다음 조용히 서 있음은 우리가 '마침내' 착수해야 할 많은 일을 일깨울 수 있다. 훌륭한 서 있음은 또한 깨어 있음이 무엇인지, 준비되어 있음이 무엇인지를 예감하게 해 줄 수 있다. 우리는 자신이 실제로 준비되어 있다는 사실, 또는 준비되어 있고 싶다는 사실을 느낄 수 있다. 이 모든 것이 무엇을 의미하는지 아직은 분명하지 않더라도, 우리가 깨어나고 일어나고 서 있을 준비가 참으로 되어 있다면, 앞으로 어떤 길이 열릴지를 영혼과 몸이 문득 예감할 수 있다.

짧지 않은 영성 프로그램에 참여하는 동안 우리는 이 말('일어나라', '깨어나라' 등)과 이에 따른 구체적 몸짓을 거듭 반복하며, 말과 몸가짐이 서로에게 각인되게 한다. 시간이 흐르며 참여자들은 '일어나라!' '깨어나라!'라는 말이 정말로 자신과 함께했다고 곧잘 말한다. 이 말을 몸으로 느낄 수 있었으며, 또한 이 말이 전에는 이런저런 것들로 막혀 있거나 끊겨 있던 곳에서 앞으로 더 나아가게 하는 추동력을 일으켰다고 말한다. 대개는 몸으로 일어나는 것이 영적으로 일어나는 것보다 쉽기 마련이다. 몸이 의식적으로 일어나면, 몸은 영혼을 함께 데려올 수 있고 또 영혼이 열리도록 도울 수 있다.

'일어나다'라는 말은, 예컨대 우리가 시편에서 하느님께서 친히 일어나신다는 말씀이 거듭 나온다는 사실을 상기하면, 더 강한 의미를 얻는다. 시편 68편 2절은 이렇게 말한다. "하느님께서 일어나시니, 그분의 적들이 흩어진다."²³⁴ 이것은 권능을 떨치며 일어나는 것이다. 여태껏 하는 일 없이 죽치고 앉아만 계시는 것 같던 하느님이 돌연 일어나신다. 그리고 그 자체만으로 그분의 모든 적들이 산산이 흩어진다. 그분의 일어나심과 현존이면 충분하다. 그분의 현존만으로 상황이 깨끗이 해결된다. 그런 까닭에 시편이 마침내 일어나서 도우러 오십사고 하느님께 거듭 간청하는 것이다. 예를 들어 시편 10편 12절을 보자. "주님, 일어나소서. 하느님, 손을 쳐드소서. 가련한 이들을 잊지 마소서." 이사야서 33장 10절에서는 하느님께서 당신의 강력한 개입을 알리며 이렇게 말씀하신다. "나 이제 일어선다. 주님께서 말씀하신다. 나 이제 몸을 일으킨다. 나 이제 일어난다." 이것은 하느님 입에서 직접 나오는 말씀, 그분의 각오에 대한 의심을 용납지 않는 결연한 말씀이다. 인간은 '나'를 고무하는 하느님의 현존을 깨닫고 '이제' 일어남으로써, 하느님의 일어나심에 함께할 수 있다. 이 구체적 표상을 묵상하는 가운데, 나 자신의 일어남과 하느님의 일어나심이 서로 만날 수 있다.

이런 구체적인 말과 표상들을 생생히 이해한 사람, 그리고 그것들을 몸으로 감지한 사람은, 성경의 말씀과 수도승들의 저작에서 신앙고백과 영적 체험이 빈번히 구체적 표상과 몸짓을 통해 표현되어 있는 까닭도 더 잘 알게 될 것이다.

반석 위에 서 있기

『성규』 머리말에서 영적 전투에 관해 한참 설명한 다음, 베네딕도는 마태오 복음서 7장 24-25절을 인용하며 끝맺는다. "나의 이 말을 듣고 실행하는 이는 모두 자기 집을 반석 위에 지은 슬기로운 사람과 같을 것이다. 비가 내려 강물이 밀려오고 바람이 불어 그 집에 들이쳤지만 무너지지 않았다. 반석 위에 세워졌기 때문이다." 반석 위에 세워진 집에 관한 이 본문은 앞에서 '상념들'과의 전투와 관련하여 이미 한 차례 인용되었다. 그리스도 자신이신 이 반석 위에 서 있음은 영적 전투에서의 확고함과 (그분 능력 안에서의) 승리에 대한 확신을 선사한다.[235] 반석 위에 서 있다는 것은 시편에 자주 나오는 신뢰의 표상이다. 하느님께 대한 신뢰는 반석 위에 확고하게 서 있는 것과 같다.[236] 그러나 이 서 있음은 자신만만함과는 아무 관계가 없다. 시편 30편 7-8절에서 기도자는 자기에 관해 말한다. "평안할 때 저는 말하였습니다. '나는 영원히 흔들리지 않으리라.' 주님, 당신 호의로 저를 튼튼한 산성에 세워 주셨습니다. 그러나 당신께서 얼굴을 감추시자 저는 겁에 질렸습니다." 주님은 기도자가 자신의 흔들리지 않는 상태를 마치 자기 소유물처럼 생각했을 때, 자신은 언제까지나 안전하고 확고하다고 자만했을 때 그를 질책하셨다. 주님은 당신 얼굴을 감추셨고 기도자에게서 당신 현존에 대한 체험을 도로 앗아가셨으며, 돌연 그는 다시금 공포에 사로잡혔다. 이 반석 위에 서 있음과 하느님께 대한 신뢰는 결코 우리의 소유물이 아니다. 이런 의미에서 히브리서 11장 1절의 "믿음은 우리가 바라는 것들의 보증입니다"라는 말씀도 이해할 수 있다. 믿음은 희망 위에 확고하게 발 디디고 서 있음, 확실함과 안전함을 매개하는 서 있음이다. 그런데 동시에 믿음은 모든 것은 어디까지나 선물이요 은혜로운 미결未決이란 사실에 대한 통찰이기도 하다. 이것이 하느님 면전에 서 있음이고, 오직 그분의 현존만이 우리에게 '확실함'을 선사한다.

그분의 빛나는 얼굴 아래

앞서 시편 30편을 인용하며 언급한 하느님의 얼굴은 베네딕도에게도 중요한 주제다. 『성규』 19장에서 그는 수도승들이 '하느님의 얼굴과 그분의 천사들 앞에서' 시편을 낭송하고 있음을 의식해야 한다고 권고한다. 같은 장 1절에서는 우리가 언제 어디서나 하느님의 눈길 아래 서 있으며 살아간다는 사실을 지적한다. 전례 중에 의식意識적으로 서 있는 것과 마찬가지로, 일과 중에 그 어떤 장소에 있어도 수도승은 하느님의 현존 안에, 그분의 빛나는 얼굴 아래 서 있다.

시편에서 하느님의 빛나는 얼굴은 인간을 그의 적들에게서 보호하시는 하느님의 현존 안에 인간이 존립하고 있음을 표현하기 위해 곧잘 사용하는 표상이다. "주 만군의 하느님, 저희를 다시 일으켜 주소서. 당신 얼굴을 비추소서. 저희가 구원되리이다"(시편 80,20). 기도자를 내려다보는 빛나는 얼굴은 그를 다시 일으켜 세우시고 그에게 구원의 확신을 선사하신다. 시편 31편에서도 이것을 분명히 말한다. 여기서 보호는 전투와 전쟁에서 보호받는 것인데, 하느님 거처 안에 숨겨지는 것이나, 견고한 성읍에 안전히 머무는 것에 비유된다. "당신 앞의(직역: 면전의) 피신처에 그들을 감추시어 사람들의 음모에서 구해 내시고, 당신 거처 안에 숨기시어 사나운 입술들의 공격에서 구해 내십니다. 포위된('견고한'으로 번역할 수도 있다_옮긴이) 성읍에서 내게 당신 자애의 기적을 베푸셨으니, 주님께서는 찬미받으소서"(시편 31,21-22). 그러나 빛나는 얼굴은 소극적 보호만 아니라, 전사 스스로는 가질 수 없는 전투 능력도 선사해 준다. 하느님의 팔과 빛나는 얼굴이 승리의 힘을 부여해 준다. "정녕 저희 조상들은 자기들의 칼로 땅을 차지하지도 않았고, 자기들의 팔로 승리하지도 않았습니다. 오직 당신의 오른손과 당신의 팔, 당신 얼굴의 빛이 이루어 주셨으니, 당신께서 그들을 좋아하셨기 때문입니다"(시편 44,4).

　여기 이스라엘의 가나안 땅 정복 전쟁의 표상에서 묘사되고 있는 바가 오늘날의 기도자들에게는 영적 전투에서 받는 갖가지 도전에서 신뢰와 능력의 표상이 될 수 있다. 그렇다면 '반석 위에 서 있음'과 '하느님의 빛나는 얼굴 아래 서 있음'이란 말은 기도 시간만 아니라 일상의 다양한 과제에서도 구체적 표상으로서 우리와 함께하며 우리의 태도를 형성할 수 있다. 이때는 우리가 하느님의 현존이 소유물이 아니라 선물이며, 열린 마음과 헌신을 끊임없이 요구한다는 것을 항상 명심해야 한다. 이 관상적 서 있음은 우리의 영성 프로그램에서 일상을 위한 훈련으로 매번 포함되는데, 실제로 분명한 효과를 보고 있다.

　다른 표상에도 순교자들의 시대에 일어난 비슷한 체험이 드러나 있다. 상투스 부제는 순교할 당시, 그 어떤 고문에도 믿음을 버리지 않았다고 한다. "그는 흔들림 없이 굳건했으며, 자신의 신앙을 고백할 때도 당당했다. 과연 부드러운 이슬처럼, 어떤 기운처럼 하늘의 샘으로부터, 그리스도의 가슴으로부터 생수가 그이 위에 흘러내렸다."[237] 빛나는 얼굴에서 광채가 내리비치거나, 예수의 가슴에서 부드러운 이슬이 흘러 떨어지거나, 모두 다 하느님의 현존에 대한 확약의 표상이며, 이 표상은 일상 한가운데서 몸도 포섭할 수 있다.

몸이 기도가 되다

시편에 자주 나오는 구체적 몸짓의 하나로, 팔을 펴고 기도하는 모습이 있다. 이 몸짓은 초기 그리스도인과 수도승들에게 자연스러운 것이었다.[238] 시편에는 이 기도 몸짓과 관련된 강렬한 비유와 표상들이 많다. 일례로 시편 143편 6절을 보자. "저의 두 손 당신을 향하여 펼치고 저의 영혼 메마른 땅처럼 당신께 향합니다." 펼친 두 손은 바싹 마른 땅이 물을 갈망하듯 하느님을 열망하는 영혼을 상징한다. 활짝 펼친 두 손은 이 강렬한 열망을 몸으로 표현한다. 이 표상이 시편 63편 2절에는 더 선명히 드러나 있다. "하느님, 당신은 저의 하느님, 저는 당신을 찾습니다. 제 영혼이 당신을 목말라합니다. 물기 없이 마르고 메마른 땅에서 이 몸이 당신을 애타게 그립니다." 여기서는 영혼만 하느님을 목말라하고 그리워하는 게 아니라, 몸까지도 그렇게 한다. 몸이 정말로 애타게 하느님을 갈망한다. 몸과 영혼이, 요컨대 인간의 온 존재가 열망하며 하느님을 고대한다. 기도에서 일어나는 몸과 영혼의 이 결속은 다른 맥락에서도 발견된다. "살아 계신 하느님을 향하여 제 마음과 제 몸(직역: 육신)이 환성을 지릅니다"(시편 84,3). 그런데 이 구절에는 '몸'이 아니라 의도적으로 '육신'이란 낱말이 사용되었다. 성경에서 이 낱말은 인간 존재의 부정적이고 죄스러우며 허약한 측면을 나타내는데, 이러한 측면도 배제되어서는 안 된다. 여기서 기도자는 자신의 온 존재로 하느님과 그분의 거룩함을 기뻐하며 환성을 올리기 시작한다. 이것은 전례적 환성으로, 기도자와 그가 가진 모든 것이 이 환성에 동참할 수 있다.

시편 35편 9-10절에도 비슷하게 표현되어 있다. 독일어 공동번역 성경에 따라 이 구절을 인용하자. "그러나 내 영혼은 주님을 환호하고 그분의 도우심으로 즐거워하며, 몸과 영혼으로 나는 아뢰리라. '주님, 누가 당신과 같으리이까?'" 먼저 영혼이 환호하고, 그다음에 기도자가 몸과 영혼으로 "주님, 누가 당신과 같으리이까?"라고 아뢸 것이라고 한다. 이것은 하느님의 위대하심과 비할 데 없으심에 사로잡힌 외침이다. 원래 이 시편은 한 인간이 큰 곤경과 많은 적들 때문에 괴로워한다는 내용을 담고 있다. 그런데 이 탄원 시편을 보면 곤경 한가운데 있는 기도자 마음속에서 자신의 하느님에게 의지할 수 있다는 깊은 확신이 터져 나온다. 비록 기도자는 비탄을 멈추지 않고 곤경도 아직 그대로 있지만, 그는 자신이 머지않아 환호하고 몸과 영혼으로 감격하고 경탄하며 "주님, 누가 당신과 같으리이까? 당신과 같은 분은 참으로 아무도 없나이다!" 하고 외칠 수 있음을 깨닫게 된다. 여기서 주목할 것은, "몸과 영혼으로 나는 아뢰리라"가 축자역逐字譯이 아니라는 사실이다. 독일어 공동번역 성경은 각주에서 이 구절의 축자역이 "나의 모든 뼈들이 아뢰리라"라고 밝혀 놓았다. 요컨대 하느님이 곁에 계시다는 의식이 뼈들에까지 사무쳐서, 뼈들이 그 깊은 속으로부터 노래하고 하느님을 찬미하는 것이다. 그렇다면 인간이 '몸과 영혼으로' 노래한다면, 그의 온 존재가 노래 안에 포섭되어 있다고 말하는 것도 마땅할 것이다. 이 구절에 대한 뮌스터슈바르차흐 수도원판 시편집의 번역 — "나의 온 존재가 아뢰리라" — 도 그런 의미로 이해할 수 있다. 이것은 다소 의역이지만 핵심을 정확히 포착했다. 다시 말해 이 기도자는 자신의 온 존재와 온 소유를 가지고, 깊은 체험에 근거하여, 감격하고 경탄하며 하느님의 위대하심을 찬미하고 있는 것이다. 아무튼 우리는 축자역을 우대해야 할 것이니, '뼈들'이란 낱말이 독자와 기도자를 더욱 경청하게 하며, 또한 이 하느님 체험이 '뼈들에까지' 사무쳐서 거기로부터 찬미가 터져 나온다는 것을 명백히 시사하고 있기 때문이다. 이 단락에서 인용한 텍스트들은 우리 몸이 고통스러운 갈망에서나 감사스러운 기쁨에서나 하느님과 얼마나 긴밀히 결부되어 있는지 가르쳐 준다. 이 텍스트들에서는 영혼만 아니라 몸도 하느님을 향해 있다.

이런 관점은 로마서 12장 1절의 구절을 떠올리게 한다. 이 구절을 독일어 공동번역 성경에 따라 인용하자. "그러므로 형제 여러분, 내가 하느님의 자비에 힘입어 여러분에게 권고합니다. 여러분 자신(축자역: 몸)을 하느님 마음에 드는 거룩한 산 제물로 바치십시오. 이것이 바로 여러분이 드려야 하는 합당한 예배입니다." 물론 "여러분 자신을 … 바치십시오"라는 번역은 함축성도 있고 적절하니, 사실 인간 전체, 인간의 온 존재, 실존 전체가 하느님께 바쳐져야 하기 때문이다. 그러나 여기서도 축자역을 우대해야 할 것이니, 그래야 우리의 몸이 하느님 마음에 드는 제물이자 참된 예배라는 말에 더욱 경청하게 되기 때문이다. 몸만으로는 하느님 마음에 드는 제물로 충분하지 않겠지만, 아무튼 몸과 몸에 속한 모든 것 없이는 온전한 예배가 거행될 수 없음이 마땅히 지적되어야 한다.

이미 다른 맥락에서 언급한 코린토 1서 6장 13절의 말씀이 여기에 부합한다. "몸은 … 주님을 위하여 있습니다. 그리고 몸을 위해 주시는 분은 주님이십니다(축자역: 그리고 주님은 몸을 위하여 있습니다)."[239] 이 텍스트는 긴밀한 상관성을 표현하고 있다. 주님과 몸은 서로 결부되어 있고 서로에게 정향되어 있다. 몸은 주님을 갈망하며 그리스도와, 또한 그분 영과 만나는 공간이 되고자 하는데, 이것을 19절은 이렇게 표현한다. "여러분의 몸이 여러분 안에 계시는 성령의 성전임을 모릅니까? 그 성령을 여러분이 하느님에게서 받았고, 또 여러분은 여러분 자신의 것이 아님을 모릅니까?" 이 구절은 몸과 영혼으로 하느님의 것이 되어, 하느님이 우리 안에 거처하시고 우리 안에서 활동하실 수 있도록 하라는 뜻이다. 베네딕도도 같은 말을 한다. "그들(수도승들)은 … 그들 안에서 활동하시는 주님을 찬양한다"(『성규』머리말 30).

때로는 하느님과 그분 영의 내적 작용이 눈에 보이게 겉으로 나타나기도 한다. 어느 이야기에 따르면 사막의 한 수도승이 노사부 아르세니우스를 찾아갔다고 한다. 노사부가 머무는 암자의 문을 그가 들여다보니, 그 백발노인이 '온통 불덩어리 같았다'.[240] 영의 내적 불길이 밖으로 드러나 눈에도 보이게 된 것이다. 그 젊은 수도승이 그러한 현상을 목격한 것이 노사부에게는 곤혹스러운 일이었는데, 그러한 내적 체험은 온전히 감춰져 있어야 했기 때문이다. 그런 현상을 영성 전통에서는 백열白熱 기도 또는 불 기도[241]라고 지칭한다.

또 어떤 수도승은 하늘로 손을 쳐들면 "그의 손가락들이 마치 열 개의 등불처럼 되었다"[242]고 한다. 그리고 노사부 티토에 대해서는, 그가 손을 쳐들면 언제나 그의 영이 무아경에 빠졌고, 그래서 남들과 함께 기도할 때는 무아경에 빠지지 않으려고 손을 아주 잠깐 들었다가 다시 내렸다는 이야기가 전해 온다.[243] 여기서는 불에 관해 명시적으로 말하지는 않고 무아경에 관해서만 말한다. 그러나 불 현상도 관련되어 있었을 것이다. 아무튼 이런 것들은 눈으로 볼 수 있는 현상, 그리고 사부가 다른 수도승들이 있을 때는 어떻게든 기피하려 했던 현상이다. 여기서 주목할 것은 이 신비스러운 현상들이 대개 수도승이 손을 쳐들 때 일어난다는 것이다. 오직 높은 경지에 이른 수도승들에게만 주어진 이 강렬한 기도 체험은 분명 몸의 동작과 긴밀히 결부되어 있었다. 그런 까닭에 에바그리우스는 수도승이 기도할 때 손 쳐드는 것을 악령들은 온갖 공격으로 방해하려 든다고 생각했다.244 이런 체험을 할 때는 몸이 함께 기도하는 정도가 아니라, 이를테면 몸 자체가 기도가 된다. 물론 이는 사막 수도승들에게도 일상적인 체험이 아니었다. 그럼에도 영적 여정에서 다다를 수 있는 한 경지를 보여 주고 있다. 우리가 영적 전투를 위해 '몸과 마음을 준비'(『성규』머리말 40)하고, 기도를 위해 마음과 몸이 서로에게 작용하도록 준비하게 하는 것은 바람직한 일이다. 이런 상호 작용 속에서 기도의 여정은 점점 더 펼쳐질 수 있으며, 또한 이런 상호 작용은 일상에서 영적 전투를 수행하며 여러 도전을 받을 때도 효과적 수단이 된다. 이 모든 일이 어떻게 일어날 수 있는지 말로 표현하기란 쉽지 않다. 그럼에도 수도승 전통이 제시한 구체적 표상들은 오늘날 우리도 묵상을 통해 내면화할 수 있다. 이 표상들은 일상에서 늘 우리와 함께하며, 특유의 방식으로 우리 안으로부터 작용할 수 있다. 이 표상들은 우리가 몸과 영혼을 열 때, 효과적인 표상들이 된다.245

그리스도를 옷처럼 입기

한 가지 특별한 종류의 구체적 표상은 사도 바오로에게서 유래한 것이다. 나는 수도회에 입회한 지 겨우 며칠 만에 이 표상과 맞닥뜨렸다. 수도원 강당에서 거행된 수련자 입회식에서 아빠스께서 나의 웃옷을 벗기며 말했다. "주님께서 그대에게서 옛 인간과 그의 행실을 벗겨 주시기를." 그런 다음 나에게 수도복을 걸쳐 주며 말했다. "주님께서 그대에게 하느님에 따라 창조된, 참된 의로움과 거룩함 속에 있는 새 인간을 입혀 주시기를." 신출내기에게는 그것이 중요한 표상이었는데, 물론 당시 나는 그 모든 것이 무엇을 의미하는지 온전히는 이해하지 못했다. 그럼에도 매우 인상 깊었으니, 그때까지 늘 입고 다니던 내 웃옷이 그곳에서 — 남에 의해 — 벗겨졌고, 그때까지 입어 왔던 모든 옷과 구별되는 완전히 새로운 옷을 받았기 때문이다. 옛 인간을 벗고 새 인간을 입기, 그것은 나의 삶에서 실존적 전환점이었다.

아빠스께서 당시 한 말은 에페소서 4장 22-24절에서 따온 것이다. "(여러분은) 지난날의 생활 방식에 젖어 사람을 속이는 욕망으로 멸망해 가는 옛 인간을 벗어 버리고, 여러분의 영과 마음이 새로워져, 진리의 의로움과 거룩함 속에서 하느님의 모습에 따라 창조된 새 인간을 입어야 한다는 것입니다." 이 구절은 바오로 사도의 세례 신학을 시사한다. 그는 갈라티아서 3장 27절에서 이렇게 말한다. "그리스도와 하나 되는 세례를 받은 여러분은 다 그리스도를 입었습니다." 우리가 세례를 통해 긴밀한 생명의 유대로 받아들여지는데, 이 유대는 이곳을 비롯한 여러 구절에서 옷이란 표상으로 표현되어 있다(로마 13,14와 콜로 3,8-10도 참조).

에페소서의 이 구절은 오늘날에도 세례식에서 세례복을 수여할 때 동반되는 말씀이다. 물론 오늘날의 세례, 특히 유아 세례는 거의 실감이 잘 안 나는 의식이 되어 버렸다. 그러나 보통은 성인들만 세례를 받았던 초기 교회에서는 이 '새 옷 입음'이 감명 깊은 사건이었다. 수세자는 먼저 옷을 벗고 알몸으로 세례반盤에 들어갔다. 이어서 빛나는 흰옷이 그에게 입혀졌는데, 그는 그 옷을 다음 한 주 내내 입었다. 그 옷은 이를테면 그리스도와 수세자 간에 맺어진 친밀한 관계를 표현한다. 그리스도는 빛나는 흰옷처럼 당신의 빛과 은총으로 그를 감싸시고, 평생을 그와 함께 걸어가신다. 그 옷을 한 주 내내 입는 행위는 세례에 대한 자각과 성령으로 말미암은 새로운 실재에 대한 자각을 심화시켜 주었고, 이제 이 새 실재가 수세자의 삶 전체를 규정지을 것이었다.

수도회 입회식에서 수도복을 입는다고 해서, 세례에 따른 이 실재에 무엇인가 새로운 것이 더 덧붙여지는 것은 아니다. 오히려 강렬한 방식으로 그 실재를 상기시켜 줄 뿐이다. 세속의 옷에서 수도복으로 갈아입는 모습이 인상 깊다 보니, 서로 비교하게 되는 것이다. 아무튼 수도승 생활에 발을 들일 때의 그 말씀과 의식儀式은 여기에서 무엇인가 최종적인 것이 표명되는 게 아니라, 이제부터가 시작이라는 것을 분명히 일깨워 준다. 이제 새 인간을 입은 존재로서, 이 새 실재에 근거하여 나날을 살아가야 하는 사명 수행이 시작되었다는 것이다. 그런 까닭에 당시 어른들이 우리에게 충고하기를, 옷을 벗고 입을 때마다 그 말씀을 반복하거나 최소한 그 의미를 상기하라고, 그러면 그 말씀이 날로 더 의식意識 안에, 몸과 영혼 안에 뚫고 들어와서 행동에 각인될 것이라고 했다.[246]

같은 이유로 초기 그리스도인들에게도 그들이 세례를 받음으로써 그리스도를 입었다는 확언뿐 아니라, 옛 인간과 옛 행실을 벗어 버리고 죄와 잘못으로부터 정화되어 그리스도 내지 새 인간과 새 행실을 입으라는 훈계가 거듭 주어졌다(에페 4,22-24; 콜로 3,8-9; 로마 13,14 참조). 물론 여기서 관건은 자신을 참으로 발전시키기 위해 반복해야 할 과정, 필경 평생에 걸친 정화와 성화의 과정이다.[247]

사제의 제의에 대해서도 유사한 상징적 해석이 시도되곤 한다. 그래서 마지막 전례 개혁 전까지만 해도 제의를 입을 때 바치도록 규정되어 있던 기도를 보면 세례복에 대한 내용이 들어 있었다. 여기서도 그 상징적 행위가 전례만이 아니라 사제의 구체적

인 삶에도 영향을 미치도록, 그 행위의 일상적 반복을 염두에 두고 있었다.[248]

그런데 옷을 입을 때 세례를 상기하는 것은 이른바 종교적 의복만의 특권이 아니다. 평상복을 입을 때도 우리가 이미 입고 있고 또한 날로 새로 입어야만 하는 그리스도를 상기할 수 있다. 그런 까닭에 아침마다 성수를 뿌림으로써 세례를 기억하는 행위와 더불어, 세례복에 대한 상징적 해석을 일상에 들여오는 관습(예컨대 아침마다 마치 흰 세례복을 입듯 옷을 입거나 의식적 행위를 하는 것)도 세례에 근거하여 나날을 의식적으로 살아가려 하는 그리스도인들에게서 널리 행해진다. 언젠가 대화 중에 어떤 사람이 나에게 말했다. "나는 매일 아침 옷을 입을 때 그 위에 세례복을 걸쳐 봅니다." 그리고 덧붙이기를, 낮 동안에도 거듭 세례를 떠올린다고 했다. 이것이 내적 평정을 가져다주며, 이런저런 어려운 상황에 대처하고 견뎌 내는 용기도 준다는 것이었다. 비슷한 일이 한 부인에게도 일어났다. 그녀는 매일 많은 고객을 상대해야 했는데 저녁이 되면 피곤이 쌓여 마지막 고객들은 전혀 만나고 싶지 않았다. 그럴 때면 그녀는 응접실 문을 열기 전에 '그 옷'을, 즉 그녀 안에 계시고 그녀를 감싸고 계시는 그리스도를 상기한다고 나에게 이야기했다. 그러면 마음이 평온해져 다음 차례의 상담을 긴장 없이 진행할 수 있다고 했다.

이제는 성인 세례 예식에서 세례복의 대안이 마련되었다. 세례복 대신 세례 목도리(스카프)도 사용할 수 있다고 규정된 것이다. 이 규정의 배경에는 짐작건대 목도리는 일상에서도, 오랜 기간 또는 끊임없이, 세례를 회상하고 상기하는 도구로서 실제 착용할 수 있다는 의도가 있는 것 같다. 나는 세례 목도리(물론 대개는 자신의 세례식 때 받은 목도리가 아니라 이런저런 세례 갱신 예식에서 받은 목도리다)를 두르는 사람들을 꽤 자주 만났다. 한번은 우리의 1년 과정 영성 프로그램에서도 마침 행사로 세례 예식의 구체적 요소들이 생동하는 세례 갱신식을 거행했다. 마지막에는 모든 참여자가 흰 목도리를 받아 목에 둘렀다. 그 후로도 그들이 그 목도리를 세례의 표지로서 실제로 자주 착용하고 있다는 소식을 들을 수 있었다.

그렇다고 우리가 입는 빛나는 세례복이란 표상이 '옛 인간'은 완전히 죽어 버린 것처럼 착각을 불러와서는 안 된다. 한 프로그램에서 이에 대해 핵심을 짚은 사람이 있었다. "저는 그 빛나는 옷을 떠올릴 때도, 제가 그 옷 아래로 '옛 인간'의 더러운 옷도 여전히 입고 있다는 것을 압니다." 과연 이것이 현실이다. 그럼에도 세례에 대한, 그리고 그리스도와의 긴밀한 결합에 대한 긍정적 의식이 생생하면 할수록, 우리 안에 있는 부정적이며 구원되지 못한 면모도 그만큼 더 냉철하고 두려움 없이 직시할 수 있으며, 또한 하느님의 도우심으로 거기에 대처할 수 있다. 이것은 앞에서 언급한 옛 인간의 끊임없는 벗어 버림에 정확히 부합한다. 우리는 이 옷이 더러워지지 않도록, 새로운 빛이 환히 비칠 수 있도록, 그 빛이 우리에게서 발산될 수 있도록 쉼 없이 싸워야 한다.

그리스도를 옷처럼 입는다는 이 안온한 표상은 하느님의 무기로 무장한다는 전투적 표상과 서로 닮아 있다. 에페소서 6장 10-18절에서 자세히 설명해 놓은 이 둘째 표상을 바오로 사도는 다른 편지에서도 거듭 언급한다(로마 13,13-14; 1테살 5,8; 2코린 6,7).[249] 하느님의 무기로 무장한다는 이 강렬한 표상을 통해 바오로는 자기 교우들에게 용기를 불어넣으며, 영적 전투에 나설 것을 촉구하려 한다. 그래서 에페소서 6장 10절에서 "주님 안에서 그분의 강한 힘을 받아 굳세어지십시오"라고 말하며 이 무장에 대한 설명을 시작하는 것이다. 갑옷과 무기라는 표상은 '주님의 강한 힘'이 우리를 공격으로부터 보호해 줄 뿐 아니라, 우리로 하여금 용감히 전투를 수행하게끔 하는 전제 조건이기도 함을 가르쳐 준다. 하느님의 무기로 무장함으로써 전사 그리스도인들이 보호와 격려를 받는 것이다.

로마서 13장 12-14절에서는 옷 표상과 무장 표상이 이를테면 서로 섞여 합쳐진다. 12절에서는 '빛의 갑옷'을 입으라고 하고, 14절에서는 그리스도를 옷처럼 입으라고 한다. 빛나는 세례복과 빛의 갑옷은 분명 긴밀히 관련되어 있다. 이것들은 품위와 빛에 관해, 보호와 대담한 대처에 관해 말한다. 이것들 역시 영적 자각을 깊어지게 하고, 이런 자각을 몸에 머물게 만드는 구체적 표상들이다. 이런 체험들은 고대 아일랜드의 한 기도, 이른바 성 패트릭의 '로리카'(Lorica)도 분명히 알려 준다. 로리카는 로마군 병사의 갑옷이었다. 아일랜드 켈트 전통에는 이른바 로리카 기도들, 즉 갑옷 기도들이 있다. 이 기도들은 켈트 영성에서 중요한 역할을 하는 영적 전투를 치를 때, 거기서 필요한 보호와 능력을 간청한다.[250] 아래의 텍스트는 구원사의 중대 사건, 자연과 우주의 권세, 그리고 곤경을 겪는 인간이 등장하는 어느 긴 기도의 일부다. 마침내 텍스트 말미에는 그때까지의 모든 간청이 수렴되는 듯한 표상이 나온다.

그리스도, 나와 함께
그리스도, 내 앞에
그리스도, 내 뒤에
그리스도, 내 안에
그리스도, 내 아래
그리스도, 내 위에
그리스도, 내 오른쪽에
그리스도, 내 왼쪽에

그리스도, 내가 누워 있는 곳에
그리스도, 내가 앉아 있는 곳에
그리스도, 내가 일어나는 곳에

그리스도, 나를 기억하는 사람들 하나하나의 가슴 속에
그리스도, 나에게 말을 하는 사람들 하나하나의 입 속에
그리스도, 나를 보는 사람들 하나하나의 눈 속에
그리스도, 나의 말을 듣는 사람들 하나하나의 귀 속에.

여기서 간청하는 것은 영적 갑옷인데, 이 갑옷은 언제나 그리스도 그분이며 또 오로지 그분이다. 이 텍스트는 이런저런 보호를 간청하는 순수한 청원 기도로 이해할 수 있다. 그러나 이것은 모든 곳에 현존하시는 그리스도를 나타내고 있는 묵상 표상, 우리가 깊이 묵상하며 앞으로의 여정에서 함께할 수 있는 표상이기도 하다. 무장 표상과 세례복 표상은 여기에서 서로 합쳐진다. 주목할 것은 텍스트 말미에서 기도자의 시선이 우리가 만나는 다른 사람들에게로 옮겨 간다는 점이다. '그리스도의 곁에 계심'과 '그리스도의 충만하심'이 나와 함께 있는 사람들 안에서도 인식되고 묵상된다. 세례로 말미암은 새로운 실재가 형제자매에게로 확장되고, 그들과의 만남에도 영향을 끼친다.

우리는 이 로리카 기도를 영성 프로그램을 끝맺는 기도로 이용하곤 한다. 우리는 이 생생한 표상에 대한 묵상을 끝으로 참여자들을 떠나보내며, 이 표상이 그들과 함께하기를, 그들이 신뢰에 가득 차서 일상의 전투와 도전 속으로 들어가는 것을 이 표상이 도와주기를 희망한다.

시편에는 기도자가 하느님 안에서, 그분의 날개 그늘 안에서 보호받고 있고, 방패 같은 호의로 감싸여 있으며, 마치 산성에 머물듯 안전히 있다고 묘사하는 표상들이 나온다(시편 61,5; 5,13; 91편 참조). 이 표상들은 바오로 사도의 세례 신학에 나오는 표상들과 아주 비슷해 보인다. 그러나 한 가지 근본적 차이가 있다. 바오로 서간 본문에서 관건은 일반적으로 이해되는 하느님의 곁에 계심, 곧 보호와 능력을 선사하는 하느님의 곁에 계심이 아니라 부활하신 주님 당신이니, 그분의 죽음과 부활 속으로 세례를 받아 들어가는 그리스도인에게는 그분의 생명이 마치 우리를 감싸 주는 옷처럼 입혀진다.

바오로는 코린토의 교우들에게 자신의 수난에 관해 이야기할 때 우리의 몸에서, 더 정확히 말하자면 죽음을 면치 못하는 육신에서, 그리고 우리의 구체적인 삶에서 예수의 수난만 아니라 예수의 생명도 드러난다는 위로의 표상을 사용한다. "우리는 언제나 예수님의 죽음을 몸에 짊어지고 다닙니다. 우리 몸에서 예수님의 생명도 드러나게 하려는 것입니다. 우리는 살아 있으면서도 늘 예수님 때문에 죽음에 넘겨집니다. 우리의 죽을 육신에서 예수님의 생명도 드러나게 하려는 것입니다"(2코린 4,10-11).

몸은 죽음과 생명, 빛과 그림자가 드러나는 자리이며, 이것들은 그리스도와 맺은 생명의 연대 안에 있다. 세례복과 무장이 시사해 주는 것은 십자가에 못 박혔다가 부활하신 그리스도가 우리 곁에 계시다는 사실이다. 세례복과 무장은 삶의 밝고 어두운 양상들에 관한 생생한 신앙의 표상들이다.

스승인 규칙

수도원에는 명확한 일과와 규정된 기도 · 노동 · 식사 · 취침 시간이 있다. 많은 사람이 수도원에 사는 우리를 부러워한다. 분주하게 살아오던 사람들이 며칠이나 몇 주 동안 수도원에서 손님으로 지내다 보면, 이러한 구조 속에서 안도의 숨을 내쉬는 기색이 완연하며, 이렇게 단순한 구조가 효과적일 수 있다는 사실에 크게 놀라기도 한다. 물론 평생을 우리와 바꿔 살고 싶어 할지 아닐지는 별개의 문제다. 몇 년 전 우리는 젊은 남성들에게 설문 조사를 했다. 수도회 입회에 가장 장애가 되는 것이 무엇인지도 그때 물었는데, 대답은 독신 생활이 아니라, 규칙에 따른 생활이었다.

수도승들도 규칙을 언제나 편하게 여기는 것은 아니다. 현재의 규칙을 문제 삼고 '더 나은' 제안을 하거나, 다양한 방식으로 스스로 독자적 규칙을 만들어 거듭 시도해 보는 것은 수도승들에게 인기 있는 주제다.[251] 일과만 아니라 규칙에도 분명 양면성이 있다. 어떤 직업이나 직장이든 모두 규칙이 있기 마련이다. 규칙이란 것은 사람들이 지향하고 있는 목표를 달성하는 데 도움이 되어야 한다. 그렇다면 규칙과 규정된 생활은 영적 여정에 어떤 의미가 있는가? 어떻게 규칙은 — 수도원 담 밖에서도 — 영적 여정이 될 수 있을까?

정해진
일과

베네딕도회 전통을 따르는 걸출한 영적 스승들 가운데 한 사람인 수도승 다비트 슈타인들-라스트는 '주의 깊음'에 관한 자기 책에서 한 장章에 '주위 환경이 스승이다'란 제목을 붙였다.[252] 거기서 그는 수도원이란 환경에 대해, 수도원에서는 모든 것이 영적인 삶을 목표로 조직되어 있다는 사실에 대해 설명한다. 규칙은 공간과 시간, 그리고 일상의 다양한 과제를 슬기롭게 조직함으로써, 마치 스승처럼 수도승들을 교육한다.[253] 그러나 이 구조 속에서 수도승들은 번번이 자신들의 한계에 부닥치고, 자신들의 결점과 부정적 행동 양식들을 마주치며, 또 그로써 그것들을 인식·성찰·극복하는 기회를 얻고, 그리하여 자신을 하느님의 초월적 현존에 점점 더 크게 열게 된다.254

여기서 슈타인들-라스트의 언설을 이해하기 위한 열쇠는, 공동기도 시간을 알리는 신호를 듣는 즉시 손에 쥐고 있던 모든 것을 내려놓고 '가장 서둘러'(summa cum festinatione) 가야 한다는 성 베네딕도의 지시다(『성규』 43,1 참조).255 그러나 이 서두름은 '신중하게'(cum gravitate) 이루어져, 웃음거리가 되지 않아야 한다(『성규』 43,2 참조). 여기서 '신중하게'란 표현은 '품위 있게'로 번역할 수도 있다. 중요한 것은 어떻게든 빨리만 가는 게 아니라, 공동기도의 품위와 주님의 현존을 유념하여, 걸음걸이부터 품위 있게 하는 것이다.

베네딕도 당시에는 공동기도를 알리는 신호가 하루에 여덟 번 울렸다. 그때마다 수도승들은 즉시 출발해야 했다. 첫 신호는 밤중에 울렸는데, 그때도 수도승들은 '지체하지 않고' 일어나서 '품위 있게' 서두르며 공동기도에 참석하러 가야 한다(『성규』 22,6 참조). 이를 위해 심지어는 수도복을 입고 허리에는 띠나 끈을 두른 채로 잠을 자기도 해야 한다. "이런 식으로 수도승들은 항상 준비된 상태로 있어야 한다"(『성규』 22,6). 분명 베네딕도에게 중요한 것은 예수님께서 복음서에서 말씀하신 것, 즉 주인이 밤이나 낮이나 어느 때 돌아오든 준비하고 기다리고 있는 자세다(루카 12,35-36; 마르 13,34-37 참조). 이 자세는 규율에 대한 외적 충실이나 훈련 이상의 것을 의미한다. 여기서 관건은 한결같이 깨어 있는 마음이다. 이것은 베네딕도가 덧붙이는 부차적 권고 — 잠자리에서 쉽게 일어나지 못하는 형제들을 '조심스레 깨워 주어야' 한다(『성규』 22,8 참조) — 에서도 드러난다. 사실 그런 형제들은 조금 거칠게 다루거나 크게 흔들어 깨울 수도 있다. 그러나 깊은 밤 잠자리에서 일어나는 그 예민한 순간에 베풀어 주는 조심스러움은 형제적 배려의 표지일 뿐 아니라, 이 지체 없이 일어남이 영적 태도와 환경의 일부라는 것을 알려 준다.

공동기도를 알리는 신호나 그 밖의 모든 호출에 하던 일을 즉시 중단하는 것은 수도승 생활 전통에서 보편적 규칙이다. 예를 들어 요한 카시아누스는 이집트 사막의 어떤 수도승이 글을 쓰고 있다가 한 형제가 방문을 두드리자, 막 쓰기 시작한 글자 하나도 끝마치지 않고 즉시 중단했다는 이야기를 전해 준다.[256]

이 모든 것이 좀스럽고 규칙에 얽매인 것처럼 여겨질 수도 있겠지만, 사실 그 이면에는 중요한 영적 지혜가 숨어 있다.[257] 이와 관련하여 근래 나는 놀라운 경험을 했다. 내가 수도회에 입회하고 여러 해가 지난 뒤에도, 공동기도를 알리는 신호에 모든 일을 그만두는 것뿐 아니라, 시계탑에서 종소리가 울릴 때마다 하던 일을 즉시 중단하는 것이 관습이었다. 손에 쥐고 있던 것을 놓고 작업장이나 사무실, 자기 방에서 일어나서 크고 작은 목소리로 짧은 기도를 바쳤다. 그런데 세월이 흐르며 이 관습은, '피상적'인 것으로 여겨져 폐기된 다른 여러 관습처럼, 거의 자취를 감춰 부분적으로만 이어져 오고 있다. 몇 년 전 우리는 며칠 동안 진행되는 영성 프로그램을 이끌다가, 종소리가 울리면 일을 중단하는 관습을 떠올렸다. 그래서 하루는 오전에 집단별로 공동 손노동을 하기로 정하면서, 그 관습을 집단에 따라 정원이나 다른 일터에서 일을 해야 하는 사람들에게 설명해 주고 따라 하게 했다. 그런데 이 공동 손노동이 (우리도 깜짝 놀랐는데) 참여자들에게는 최고의 순간 중 하나가 되었다. 요즘 많은 사람은 단순한 손노동에 전혀 익숙하지 않다. 더구나 참여자들은 침묵하며 일을 해야 했는데, 오히려 그 덕에 고요히 자신에게 머무를 수 있었다. 그리고 종소리가 울리면 작업을 중단한 것이 참여자들에게는 마치 작은 깨달음 같았다. 괭이를 그냥 내려놓고 짧게 기도하고, 그런 다음 다시 괭이질하기. 참여자들은 이 영적 관습을 자신의 일상에서도 실천해 보려는 생각을 저절로 하게 되었다. 일상의 쳇바퀴에서 내려오기 위해, 하느님의 현존을 떠올리기 위해 잠시 멈추고, 그런 다음 그냥 계속 일을 하는 것이다.

두 가지 예를 들어 보자. 넓은 사무실에서 일하는 한 참여자는 그 후 자신의 컴퓨터에 프로그램을 짜서 한 시간마다 신호가 울리며 모니터에 기도문이 뜨도록 해 놓았다. 그가 아주 잠깐 또는 몇 분 동안 일에서 벗어나서 하느님의 현존과 자신의 영적 여정을 새로 상기한 후, 다시 편안해져 일을 한다는 사실을 알아채는 사람은 아무도 없었다. 그러한 순간에 사람들은 일상의 여정에 함께하고 싶은 성경 구절을 떠올리기도 한다. 한 여교사는 학창 시절 수업 시간에 근처에 있던 성당에서 종소리를 들었던 것을 기억했고, 그 후 종소리가 울리면 수업을 중단하지는 않으면서 잠깐 동안 하느님의 현존을 상기하는 습관을 들였다.

수도원에서 경험한 사소한 훈련으로부터 여러 창의적인 생각이 떠오른다는 것은 놀라운 일이다. 그리고 그 생각을 실천에 옮기고 있는 사람들은 그 짧은 중단이 ― 끊임없이 ― 삶의 영적 차원을 자극하며, 또 그것을 새로 의식하게 만든다고 이구동성으로 말한다. 수도원 담 밖에 있는 사람들이 이러한 체험을 함에 따라, 점점 더 많은 수도승들이 수도원 담 안에서도 자신들이 가진 오랜 관습의 의미를 다시 새로 깨달을 수 있을 것이다.

또한 어떤 참여자들은 다른 작은 '깨달음'을 체험했다. 그들이 한창 어려운 작업에 몰두하고 있을 때였다. 정오 기도를 위해 성당으로 가라는 신호가 울렸다. 그들은 일을 빨리 끝내고 나서 늦지 않게 기도에 참석하겠다고 말했다. 나는 그들에게 '신호에 따라' 지금 즉시 일을 멈추고 내일 다시 하라고 청했다. 그들은 당혹스러워하며 망설인 끝에 동의했다. 다음 날 그들은 자신들의 '깨달음'을 털어놓았다. 어떤 일을 끝마치지 못한 채 일단 그대로 두는 것도 있을 수 있는 경우이니, 다른 일을 할 '차례'이기 때문이란 것이었다. 일과 다른 여러 문제의 소용돌이에서 벗어나기 위해 어떤 사람들은 계속 머물러 있는 법을 배워야 하고, 또 어떤 사람들은 일을 끝내지 못한 채 그대로 두는 법을 배워야 한다. 이 작은 체험은 그들이 속한 집단에도 자기 통찰의 긍정적 추동력을 일으켰다.

다비트 슈타인들-라스트는 이런 종류의 체험을 다음과 같이 표현한다. "어떤 점에서 우리는 노력하지 않으려는, 별난 노력도 해야 한다. 이것은 매우 힘들 수도 있다. 극복해야 할 장애는 집착인데, 우리 자신의 노력에 대한 집착까지도 극복해야 한다."[258] 수도원의 이 관습에서 결정적인 것은 단지 중단 그 자체가 아니라, 현재의 행위를 즉시 중단하려는 노력이다. 그런데 신기한 것은 '즉시 중단'이 흔히 아주 어렵다는 사실이다. 이것은 우리가 그때그때의 일에 크게 집착하고 있으며 거의 태연하지 못하다는 것을 시사해 준다고 하겠다. 바로 이 점을 우리는 깨달아야 하고, 또 우리는 우리의 온갖 행동 양식에서 (가령 화가 나서 폭발하기 전

에) 가능한 한 즉시 반대쪽으로 방향을 돌리는 것도 중요함을 함께 유념해야 한다.259

우리는 여기서 수도원의 다른 영적 실천 방식과 이른바 영성 '수련'260을 열거하며, 그 의미를 설명할 수도 있다. 그러나 즉시 중단은 수도원에서 일상적으로 행하는 다른 여러 실천 방식을 이해하는 열쇠가 되고, 또 수도원 밖의 일상적 상황에도 영감을 줄 수 있다. 물론 모든 규칙, 모든 종류의 고정된 실천 방식과 규율261은 규칙을 위한 규칙이나 권위주의로 오용될 수 있다.262 그렇다면 규칙과 의식儀式의 영적 의미는 무엇인가? 무엇보다 규칙과 의식의 목적은 꼭 필요한 것을 꼭 실행하게끔 하는 것, 그리고 시간을 분별없이 허비하지 않게끔 하는 것이다. "한가함은 영혼의 원수다. 그러므로 형제들은 정해진 시간에 손노동을 하고 또 다른 정해진 시간에 성독聖讀을 해야 한다. 따라서 우리는 이 두 가지 일을 위한 시간을 다음과 같이 규정해야 한다고 생각하는 바이다"(『성규』 48,1-2). 여기서 베네딕도는 노동과 성독에 충분한 시간이 할당되도록, 또한 수도승들이 한가하게 빈둥거리며 시간을 허비하지 않도록 명확한 규정을 통해 배려하니, 한가함은 영혼의 원수, 또는 잠언이 말하듯 '모든 악습의 시작'이기 때문이다.263

베네딕도는 공동기도(『성규』 8-18장 참조)와 식사(『성규』 41장 참조)를 위한 시간과 순서를 상세히 규정하고 명확한 지시를 통해 수도승들이 잠을 충분히 자고 '완전히 소화가 된 다음에 일어날' 수 있도록 배려한다(『성규』 8,2 참조). 일상생활의 여러 중요 사항을 위해 정해 놓은 이런 현명한 절도節度는 수도원 규칙의 전형적 특징이다. 그리고 바로 이런 점이 사람들이 우리에게 부러워하는 것이니, 그들은 일상의 건강한 구조를 발견하지 못했기 때문이다. 이런 현명한 절도를 생활에서 실천하려 한다면, 사실 대가를 치러야 한다. 다시 말해 생활에 꼭 필요한 여러 요소를 모두 다 하나의 공동 규칙 안에 집어넣어야 한다면, 그 어떤 개별 요소(기도, 노동, 잠, 식사 등)도 과도하게 확장될 수 없다. 가장 좋아하거나 중요하다고 간주되는 일도 번번이 중단되거나 갑자기 멈추어야 하니, 다른 어떤 일을 할 '차례'가 오기 때문이다.[264] 이것은 앞서 언급한 사례들에서 이미 분명해졌다. 빈번한 중단을 받아들이는 것은 쉬운 일이 아니다. 그러나 바로 거기에 즉시 중단의 영적 비밀이 있다.

우리는 모든 일을 과도히 하거나 온갖 일에 집착할 수 있다. 또한 일만 아니라 기도나 빈둥거림에도 병적으로 몰두할 수 있다. 우리의 이런 내적 틀과 각인들, '악습들'은 해가 될 정도로 우리를 쉼 없이 몰아대고 갖가지 혼란을 야기한다. 이것을 토머스 머튼은 이렇게 표현했다. "격정과 기질, 욕구와 감정은 우리에게 일정한 제약을 부과하는데, 우리 스스로가 계속 이것들에 지나치게 예속되어 있으면, 이것들은 고유한 방식의 개인적 계발을 방해하거나 완전히 좌절시킨다. 이것들은 우리를 맹목적으로 만들고 마비시키며 신경을 쇠약하게 만들고 우리를 겁쟁이, 순응주의자, 위선자로 만든다. 이것들은 불성실의 뿌리다."[265] 수도원 규칙의 목적은 우리가 '악습들'의, 비정상적 행동 양식들의 손아귀에서 벗어나도록 보살피는 것이다. 그런 까닭에 영적 규율들은 '자유의 문'[266]으로 지칭되며, 이런 맥락에서 토머스 머튼은 '규율과 자유의 변증법'[267]에 관해 말한다. 그러나 이 변증법은 순종을 요구한다. 다시 말해 자신에게 주어지는 신호에 귀 기울이고 거기에 기꺼이 따르려는 마음가짐을 요구한다. 종소리 신호는 우리의 예속을 의식하게 되는 경계로 우리를 이끌어 간다. 그러면 우리는 기도하기 위해 나를 '붙잡고' 있는 일을 그만두는 법을, 그런 다음 종소리가 울리면 식사 시간을 지키기 위해 성독을 그만두는 법을, 또 밤에는 다음 날 아침 푹 자고 일어나기 위해 쉬는 법(『성규』 8.2 참조)을 부지런히 배워야 할 것이다.

이 모든 것을 종소리 신호나 수도원의 정해진 일과와 관계없이 자신만의 훈련을 통해 실행할 수도 있을 것이다. 그러나 경험적으로 보면 대다수 사람이 성공을 거두지 못한다. 수도승들 중에는 일반인으로 살았다면 '타락'했을 테고, 그래서 수도원이란 환경(분명 무진 애써야만 견뎌 낼 수 있다)이 내적 자유에 큰 도움이 된다고 자인할 수밖에 없는 사람들이 꽤 많다. 내적으로 자유로울 수록, 마음이 크게 열려 있을수록 우리 마음은 하느님 당신, 그분의 현존, 그분의 끊임없는 '오심'을 위해 그만큼 더 깨어 있게 된다. 그래서 토머스 머튼은 다음과 같이 말한다. "수도승은 '신랑이 온다. 신랑을 맞으러 나가라'(마태 25,6)라는 외침에 어떻게든 응답하려 애를 쓴다. 영적 규율은 이 비유의 '깨어 있음'과 '준비되어 있음'처럼 필수적인 것이다. 주님을 기다리는 사람은 자기 등잔에 기름을 넣어 가지고 있어야 하며, 손질도 잘해 두어야 한다. 결국 이것이 수도원 규율의 핵심이다. 수도승은 이 규율을 통해 특정한 내적 태도, 즉 깨어 있음과 열려 있음, 그리고 예기치 못한 새로운 것에 대한 준비되어 있음을 체득한다."[268]

수도승들이 규칙에 따른 생활을 한다고 부러워할 필요는 없다. 앞서 언급한 체험들은 수도원의 실천 방식들이 수도원 밖의 일상에도 충분히 적용될 수 있음을 보여 주었다. 조금만 상상력을 발휘하면 다른 훈련들도 찾아내거나 발전시킬 수 있다. 우리는 이런 훈련들을 통해 내적·외적 쳇바퀴에서 내려오고 중단을 감행함으로써 부정적인 틀들이 해체되고 무엇인가 새로운 것이 우리 안으로부터 터져 나오리라 기대하고 기원한다. 그러면 어느 날 예기치 못하게 일상의 흐름 속에 침입해 오는 모든 외적 교란도 그런 '신적' 중단[269]의 기회로 파악할 수 있다. 그때는 예기치 못하고 계획하지 못한 것이 다른 것으로 가는 문, 전혀 다른 인간으로 가는 문이 될 수 있으니, 사실 우리가 존재하는 곳이라면 어디나 하느님 현존의 거룩한 자리가 될 수 있기 때문이다.[270]

이제 아래서는 이 주제를 우리의 삶에 뜻밖으로 쳐들어오는, 또는 불쾌하게 침입해 오는 이런저런 문제와 관련하여 더 분명히 다루어야겠다.

**표준과
예외**

베네딕도는 자기 수도승들에게 극단이 아니라, 누구에게나 이로운 건강한 절도를 바란다(『성규』 머리말 46; 2,32; 39-41장; 64,12.19 참조). 그러나 이것은 모두가 똑같은 것을 받아야 한다는 의미가 아니다. 수도원에 획일주의란 없다. 베네딕도는 예루살렘 모교회의 원칙을 근거로 내세운다. "기록된 바와 같이 '모든 사람에게 저마다 필요한 대로 나누어 주었다'(사도 2,45; 4,35)"(『성규』 34,1). 많이 필요한 사람은 많이 받아야 하고, 적게 필요한 사람은 적게 받아야 한다. 이런 특별 대우는 그러나 '사람의 명망'과는 무관해야 하며, 오히려 중요한 것은 베네딕도가 각별히 강조하듯, 어떤 사람은 다른 사람보다 실제로 더 많이 필요하다는 사실을 고려하는 것이다(『성규』 34,2 참조). 이것은 매우 현명하고 사려 깊은 판단으로 여겨진다. 그러나 많이 필요하고 그래서 많이 받는 사람에게만 그렇다고 하겠다. 분명히 적게 필요해서 적게 받는 사람이라면 어떨까? 그는 불평을 하거나 상심할 수 있다. 이것을 잘 아는 베네딕도는 단호히 말한다. "적게 필요한 사람은 하느님께 감사드리고 상심하지 말 것이다"(『성규』 34,3). 그리고 한 가지 원칙을 덧붙인다. "무엇보다도 어떠한 이유로든지 … 불평의 악습을 드러내서는 안 된다"(『성규』 34,6).271 이로써 우리는 다시금 악습이란 문제로 돌아왔다. 베네딕도의 이 규정이 현명하고 사려 깊더라도 어떤 수도승에게는 그의 건강하지 못한 성향이나 근본 태도를 건드릴 수 있다. 그는 사실 전혀 필요하지 않은데도, 남이 더 많이 받아서 시기하게 되고, 이 시기심은 불평불만이나 상심, 자기 연민을 일으킨다.

그런데 더 많이 받은 사람에게도 해로운 것이 영혼에 싹틀 수 있다. "많이 필요한 사람은 자신의 약함 때문에 겸손해야 하며, 자기가 받은 자비로 인해 교만해져서는 안 된다"(『성규』 34,4). 그는 남보다 많이 받거나 많이 해도 되기 때문에 교만해지거나 자신이 대단하다고 착각할 수 있다. 어쩌면 그의 교만은 계속해서 새로운 '특권들'을 얻어 내기 위해 '더 필요하다'고 말하는 결과를 낳을 수도 있다. 베네딕도는 그래서 그에게 겸손을 권한다. 이것은 그 수도승이 예외적인 경우이니 열등감을 느껴야 한다는 뜻이 아니라, 자신이 어떤 부분에서 약점을 가지고 있음을 부끄러워하지 않고 솔직히 시인해야 한다는 뜻이다. 이 약점은 장상에게 알려졌고 인정을 받았으며 특면特免 내지 특별 대우를 받을 만하다고 판정되었다. 이것은 그 수도승이 자신을 과소평가하거나 과대평가하지 않고, 있는 그대로 받아들이는 데 도움이 될 수 있다. 여기서 겸손은 진실과 실제와 깊은 관계가 있다.

『성규』 43장 18-19절에는 보충적 관점이 하나 제시되어 있다. 우선 베네딕도는 아무도 정해진 식사 시간 외에 무엇을 먹어서는 안 된다고 말한다. 그런 다음 때로는, 예컨대 중노동을 하거나 무더위에 시달리는 경우는 무엇인가 추가로 줄 수도 있다고 말한다.[272] 그렇지만 "장상이 무엇을 주었는데 그것을 거절한 사람은, 앞서 그가 거절했던 것이나 다른 어떤 것을 원해도 합당한 개선이 있을 때까지 전혀 아무것도 받을 수 없다". 그가 거절하는 것은 짐작건대 유달리 금욕적이고 자부심을 고수하려 하기 때문이다. 여기서도 배가 고프거나 목이 마르다고 솔직히 시인하는 것이 겸손한 반응, 따라서 진실한 반응이라 하겠다.[273]

모든 사람에게 저마다 필요한 대로 나누어 주어야 한다는 이 과제는 장상과 형제들에게 일종의 끊임없는 줄타기다. 베네딕도가 수도원의 규정과 규칙을 사려 깊게 만들었다고 해도, 그것들이 수도승들의 한계, 또는 영혼의 약점을 민감하게 건드릴 수 있다. 그런 경우 부정적 행동 양식이 뚜렷이 드러나기 마련인데, 다

행스럽게도 거기에는 치유의 기회도 내포되어 있다. 그래서 규정과 관습은 스승과 치유자가 되기도 한다. 이런 분배는 대개 수도원의 문제로만 간주되지만, 오늘날 우리 사회와 동떨어진 것도 아니다. 다음의 현실을 생각해 보면 납득이 갈 것이다. 한편으로는 획일주의 경향이 존재하고 시기猜忌 사회(Neidgesellschaft)에 관한 담론이 활발하며, 다른 한편으로는 만족을 모르는 병적 탐욕이 경제·정치·개인 생활의 광범위한 영역을 휩쓸며 타락을 일으키고 있다. 어쩌면 수도원이라는 작은 세계가, 우리 시대가 직면한 이런 문제들의 해결에, 적어도 더 진실한 태도와 더 나은 사회적 환경을 위해 노력하는 사람들에게는, 어느 정도 자극이 될 수도 있을 것이다.

아직 논구하지 않은 주제가 하나 있는데, 이제 아래 단락에서 다루어야겠다. 이것은 "적게 필요한 사람은 하느님께 감사드리고, 상심하지 말 것이다"(『성규』 34,3)라는 권고와 관련되어 있다.

**불평에서
감사로**

적게 필요해서 적게 받는 사람은 상심해서는 안 되고 오히려 하느님께 감사드려야 한다. 이것을 루카 복음서 18장 10-14절에 나오는 바리사이와 세리의 비유와 연결 짓는다면 이런 감사 기도를 바칠 수도 있겠다. "오, 하느님, 제가 더 많이 필요하지 않은 것에 대해, 저기 있는 제 형제처럼 많이 필요하지 않은 것에 대해 당신께 감사드립니다." 그러나 이것은 우리가 다루려는 주제가 아니라고 하겠다. 베네딕도는 이 주제를 다른 한 대목에서 분명히 설명한다. 본디 포도주는 전혀 수도승을 위한 것이 아니지만 "우리 시대 수도승들에게는 이것을 납득시킬 수 없기 때문에, 적어도 과음까지는 가지 말고 절제 있게 마시는 것으로 합의하도록 하자"(『성규』 40,6)라고 그는 말한다. 이 대목은 인간적 약점과 욕구에 대한 베네딕도의 이해심을 보여 주기 위해 즐겨 인용된다. 그러나 같은 장에 있는, 베네딕도가 한 가지 중대한 제약 내지 강력한 영적 도전을 표명한 다음 문장은 별로 인용되지 않는다. "하지만 지역적 상황으로 인해 위에서 말한 (포도주의) 양을 구할 수 없어 그보다 훨씬 적게 구하거나 혹은 전혀 구할 수 없는 경우, 그곳에 거주하는 형제들은 하느님을 찬양하고 불평하지 말 것이다. 무엇보다도 우리는 불평이 없도록 권고하는 바이다"(『성규』 40,8-9). 포도주가 없다는 것은 말 그대로 그게 없다는 것이다. 이것은 이해할 수 있는 말이다. 그러나 수도승들이 그럴 때 불평하는 대신 하느님을 찬양해야 한다는 것은 이해가 잘 안 간다. 개인이나 공동체가 한계에 부닥칠 때 이 한계, 이 곤경은 불평하는 대신 하느님을 찬양하라는 하나의 영적 도전이다.

성경에는 모든 일에, 좋고 기쁜 일만 아니라 실로 모든 일에 하느님께 감사하라는 권고가 자주 나온다(에페 5,20; 1테살 5,18 참조). 또 어떤 구절에서는 우리가 언제라도, 환난과 시련 속에서도 기쁨에 넘쳐야 한다고 말한다(1테살 5,16; 야고 1,2-4; 1베드 1,6 참조). 그러나 영성 전통에서 중요한 역할을 해 온 이 말씀들은 대개 우리의 경험과 상당한 거리가 있다. 이미 언급한 구절들 외에도 베네딕도는, 예를 들어 사순 시기에 관한 장에서 수도승들이 이 시기에 '성령의 기쁨으로' 이런저런 특별한 포기를 감수하고 '영적 갈망의 기쁨으로' 거룩한 부활 축일을 기다려야 한다고 말한다(『성규』 49,6-7 참조). 우리 안에 사시는 부활하신 분과 성령에 대한 유념은 고통스러운 포기보다 강할 수 있다. 여기서 분명한 것인즉, 우리는 피학-그리스도교적으로(maso-christlich) 또는 자학적으로 사순 시기에 감수한 포기와 상실을 기뻐하는 것이 아니라는 사실이다. 하느님께 대한 믿음과 기대 속에는 우리가 기뻐하고 감사할 만한 이유가 충분히 있다. 고통과 상실은 괴로울 수 있다. 사순 시기에 바치는 포기라고 특별히 즐거운 것은 아니며, 규정된 분량의 포도주를 받지 못하는 것이 특별한 기쁨일 까닭도 없다. 그러나 문제는 우리가 그런 것들에 집착하는지, 아니면 내면의 눈길을 우리 삶의 본원적 의미와 목적으로 향하게 하는지이다.

그러나 이것은 수도승들에게만 해당되는 게 아니다. 나는 주변 사람들 때문에 탄식하던 한 부인과 대화를 나눈 적이 있다. 그녀가 느끼기에 그들이 자신의 삶을 힘들게 한다는 것이었다. 그러던 어느 날 그녀가 말하기를, "주님은 나의 목자, 나는 아쉬울 것 없어라"(『성경』 시편 23,1)라는 말씀이 자신에게 주는 의미를 완전히 새롭게 깨달았다고 했다. 나는 그녀에게 주변 사람들에 대해 탄식하던 것은 어찌 되었는지 물었다. 그러자 답하기를, 참으로 필요한 것은 자신이 모두 다 가지고 있음을 점차 깨닫게 되었다고 했다. 물론 그 말은 외적 소유물을 의미한 것이 아니었다. 그녀가 말하고자 한 바는, 자신이 하느님과 함께하며 삶에서 많은 것을 깊이 체험을 했는데 그 체험에 힘입어 기쁘게 만족하며 살아갈 수 있음을 이제는 안다는 것이었다. 그녀는 더 이상 눈길을 짜증 나는 상황에만 두지 않고 참으로 중요한 것을 바라보게 되었고, 또 그로써 자유로워져 하느님께 감사와 찬양을 드리게 되었다.

헨리 나웬의 말도 이에 부합한다. "사람들이 수도원을 세운 것은 문제를 해결하기 위해서가 아니라, 자신의 모든 문제로부터 하느님을 찬양하기 위해서다."[274] 이것이 불평에서 감사로 가는 길, 또는 감사하는 마음으로 포기하는 능력이다.[275] 이 체험은 안드레아스 크나프의 말에도 암시되어 있다고 하겠다. "활짝 핀 꽃을 꺾는 것보다는 그대로 두는 데서 더 큰 기쁨을 느낀다."[276] 이 체험의 신비를 사도 바오로는 다음과 같이 표현한다. "(우리는)

죽어 가는 자같이 보이지만 이렇게 살아 있습니다. 벌을 받는 자같이 보이지만 죽임을 당하지는 않습니다. 슬퍼하는 자같이 보이지만 실은 늘 기뻐합니다. 가난한 자같이 보이지만 실은 많은 사람을 부유하게 합니다. 아무것도 가지지 않은 자같이 보이지만 실은 모든 것을 소유하고 있습니다"(2코린 6,9-10). 아마 우리는 얻지 못한 것에 대해서도 — 최소한 나중에라도 — 실제로 감사할 수 있으니, 그것이 이를테면 다른 영적 차원으로 넘어가는 뜀틀이었음을 알게 될 것이기 때문이다. 또는 그것이 사실은 전혀 필요하지 않았음을 알게 될 것이기 때문이다. 상실은, 원하던 것을 모두 얻었다면 우리가 맞닥뜨리지 못했을 전혀 다르고 더 본질적인 가치들을 문득 깨우쳐 줄 수 있다. 실제로 우리는 이런저런 것을 얻지 못했거나 잃었다는 사실이 오히려 우리에게 정말 유익했다는 말을 나중에 얼마나 자주 하는가! 그렇다면 상실과 좌절 한가운데 있더라도, 우리가 찾아내야 할 보물이 거기에도 숨어 있으리라고 희망할 수 있다. 그런 기쁜 희망을 생생히 지키는 것은 실로 영적 '마법'이라 하겠다.

'불가능한 것'과 '견뎌 낼 수 없는 것'

지금까지의 논증과 연계하여 이제는 어려울 뿐 아

니라 불가능한 듯한, 견뎌 낼 수 없을 듯한 상황에는 어찌 대처해야 하는가 하는 물음이 제기된다. 『성규』 68장은 "만일 어떤 형제에게 … 불가능한 명령이 주어질 경우"277 어떻게 해야 하는가 하는 문제에 집중한다. 여기서 말하는 것은 분명 그 수도승의 양심을 거스르는 명령이 아니라, 그에게 '너무 힘들거나 수행 불가능한' 명령이다. 누구에게 그런 명령이 주어지면, 우선 그는 '온갖 양순함과 순종으로' 그 명령을 받아들여야 한다. 그러나 그 명령이 "자기 능력의 한계를 벗어난 것으로 보이면 … 장상에게 그 일을 수행할 수 없는 이유를 밝힐 것이다"(『성규』 68,2). 베네딕도는 그 수도승에게, 앞서 그가 명령을 순종으로 받아들였지만, 지금 그것을 이행할 수 없는 이유를 소명하는 것을 허용한다. 그럼에도 "장상이 자기 명령을 고수하면"(『성규』 68,4) 그 수도승은 순종해야 한다.

사람들은 이 장에서 순종과 권위, 직권 남용과 비굴, 자유와 저항이란 주제를 논할 수도 있을 것이다. 그러나 이것은 지금 우리의 관심사가 아니다. 지금 맥락에서 우리가 관심을 기울이는 것은 만약 수도승이 이 장의 권고대로 행동한다면, 그런 경우라도 수도원의 규율이 정한 원칙을 따른다면 그것은 무엇을 의미하며 어떤 결과를 낳는가 하는 문제다. 우선 그 수도승은 "인내심을 가지고 적절한 때에 … 교만이나 반항 혹은 거부하는 태도 없이" 자신의 생각을 장상에게 밝혀야 한다(『성규』 68,3). 사실 그는 격분해서 장상에게 으르댈 수도 있다. 그러면 그것은 두 사람 사이에 오래전부터 문제가 있거나, 아니면 그 수도승에게 저항적 기질이 있고 오직 자기 뜻을 관철하려 한다는 것을 드러내 주는 표지다. 후자의 반응은 그 수도승의 마음속에 무질서하고 정화되지 않은 행동 양식이 많이 숨어 있음을 알려 주는 표지라고 하겠다.

그러나 그 수도승이 어려운 명령을 처음에는 평온하고 침착하게 받아들이고, 나중에도 역시 평온하고 침착하게 수행 불능의 이유를 밝힌다면, 그는 자기 수양을 많이 한 것이다. 아니면 자신으로서는 막막한 그런 상황에 처하더라도 내적 저항과 흥분을 무릅쓰고 평온하고 침착한 태도를 취하려고 노력해 보라는 영적 도전을 인식한 것이다. 분명 이는 단번에 가능한 게 아니니, 그런 상황에 평온한 마음으로 대처하기까지는 상당한 시간이 지나야 한다. 어쩌면 그 수도승도 처음에는 내심 공격적으로 반응하다가, 분노와 앙심을 가라앉히고 평온한 대화가 가능해질 때까지 많은 시간이 필요했을 것이다. 『성규』의 이 텍스트와 비슷한 상황에 처했을 때의 자기 경험을 상기하며, 사람들은 이렇게 말할 수 있을 것이다. 결정적으로 중요한 것은 한 수도승이 그런 어려운 과제에 단번에 평온하고 침착하게 대처할 수 있느냐 아니냐가 아니라, 극단적 상황에서도 평온하고 침착하게 반응하는 법을 배우라는 『성규』의 도전을 받아들이느냐 아니냐다. 이 배움은 많은 시행착오를 겪어야 하는 수년간의 과정이 될 수도 있다. 중요한 것은 능력이 아닌 여정이다. 극단적 상황은 세월이 흐름에 따라 무엇에 진력해야 하는지가 분명히 드러나게 되는 특별한 순간이다.

끝으로 텍스트는, 만일 명령 수행이 불가능한 이유를 밝혔는데도 장상이 자기 명령을 고수한다면, 그 형제는 "그렇게 하는 것이 자신에게 유익하다는 것을 알아야" 한다고 말한다(『성규』 68,4 참조). 베네딕도에 따르면, 그것이 그 형제에게 유익하다고 알려 주는 것은 장상이 아니다. 또한 그것이 하느님의 뜻이라고 말해 주는 것도 장상이 아니다(『성규』 5장 참조).[278] 그 대신 베네딕도는 이 텍스트에서 그 형제를 향해, 그러한 명령이 그에게 유익하다고 말한다. 여기서 베네딕도는 극단적 상황에서 '도약'하는 것이 인간에게 유익하다는 보편적 경험을 일깨우고 있다. 인간은 자신의 결점과 불안 너머로 도약하거나, '차가운 물속으로' 뛰어들 각오가 되어 있을 때만 진정으로 진보하게 된다는 것이다. 오직 이를 통해서만 인간은 자신의 삶에서 (후회 없는 체험을) 결정적인 체험을 해 왔다.[279] 중요한 것은 당사자 자신이, 분명 그렇게 하는 것이 아무튼 유익할 것이라고 스스로 말하는 것이다. 사실 이는 우리 수도승들이 종종 하는 말이기도 하다. 이 느슨한 표현 이면에는 그런 상황에서도 하느님에 의해 인도되고 있음을 의식하는 깊은 신앙적 자세가 있다고 하겠다. 이것을 베네딕도는 마지막 언명에서 지적한다. "(그는) 그렇게 하는 것이 자기에게 유익하다는 것을 알고, 하느님의 도우심을 믿으며 사랑으로 순종할 일이다."(『성규』 68,4-5).

그 수도승은 영적 전투의 여정에 있다. 그는 실제 전사는 하느님이시며, 그분을 자신이 의지할 수 있음을 확신한다.[280] 그렇다면 순종의 동기는 텍스트가 말하는 대로 '사랑'이다. 그러나 이는 장상에 대한 사랑이 아니라(장상에 대한 사랑이 있다고 해도 이것이 순종의 동기는 아니다), 어디까지나 그리스도께 대한 사랑이다. "모든 것에 앞서 그리스도를 사랑하라"(『성규』 4,21)라고 『성규』의 한 핵심 문구는 말한다. 그 수도승은 그런 상황이 자신을 위해 그리스도로부터 오는 도전임을, 사랑 안에서 성장하라는 요구임을 깨달아야 한다. 이것은 내적 저항이 극복되고 넓은 마음으로 가는 길이 열릴 때면 언제나 가능해진다. 여기서 "모든 것에 앞서 그리스도를 사랑하라"라는 문구는, 또한 "그 어떤 것도 그리스도의 사랑보다 더 좋아하지 말라"를 의미함을 유념해야 한다. 다시 말해 그리스도로부터 우리에게 흘러오는 사랑이 삶에서 가장 중요한 것이며, 그 어떤 것도 이 사랑보다 더 좋아해서는 안 된다.[281] 그렇다면 수도승이 '사랑으로' 순종해야 한다는 언명은, 수도승이 그리스도와의 결합으로부터 자신에게 흘러오는 사랑의 힘으로 이 순종을 실천하고 명령을 수행할 수 있다는 의미로 이해할 수 있다.

또 한편 우리는, 베네딕도가 평소 통찰하고 묘사하듯, 순종에 대한 수도승의 태도가 어떠한지 잘 살피는 열린 눈이 장상에게 있으며, 그래서 긴급한 경우에는 그를 돕거나 자기 명령을 바꿀 수도 있다고 추측해도 될 것이다. 그럼에도 수도승이 우선해야 할 일은 그런 상황을 성숙의 기회로 선용하는 것이다.

『성규』는 이 주제에 관해 다른 맥락에서도, 즉 겸손의 넷째 단계를 다룰 때도 말한다(『성규』 7,35-43 참조). 여기서도 베네딕도는 수도승이 순종에 있어 자신의 한계에 이른 상황을 상정하는 것으로 보인다. 또한 수도승이 사방으로부터, 장상이나 형제들이나 이런저런 사정에 의해 궁지에 몰려 어찌할 바를 모르는 상황도 상정하고 있는 것 같다. 아무튼 그래서 모든 것이 "어렵고 거슬린다"(『성규』 7,35). 베네딕도는 이 대목에서 상황이 그렇게 된 이유를 따지지 않고, 단지 그런 상황이 존재한다는 것만 확인한다. 아마 양측에서 상황을 개선해 보려고 애를 썼겠지만, 이제 모든 것이 구렁에 빠져 버렸다. 그런데도 베네딕도는 수도승에게 '낙담하거나 회피하지 않고' 그런 상황을 그저 견뎌 내라고 충고한다. 그러면서 "끝까지 견디는 이는 구원을 받을 것이다"(마태 10,22)라는 성경 말씀을 인용한다(『성규』 7,36). 견뎌 내라는 충고를 구원에 대한 희망과 결부시키는 것이다. 이 희망은 회피가 아니라 견뎌 냄을 통해 생겨난다. 요컨대 그런 상황은 하나의 극단적인 도전, 곧 신앙과 그 내구력을 위한 도전이다.

베네딕도는 또 다른 관점을 덧붙인다. "네 마음 굳세고 꿋꿋해지고, 주님을 견뎌 내라"(『성규』 7,37). 요컨대 그는 이 극단적 상황을 하느님과의 맞닥뜨림으로 해석하고 있다. 수도승은 그런 상황에서 자기 장상이나 형제들이나 절망적 처지만 견뎌 내야 하는 게 아니라, 야곱이 밤새 하느님의 천사와 겨루었듯(창세 32,25-32 참조), 여기서 바로 하느님과 맞닥뜨렸으며, 이것은 아주 개인적으로 자기 하느님과 얽혀 있는 상황이라는 것을 알아야 한다.[282] 아마 베네딕도가 말하고자 하는 바는 그때 수도승이 그냥 하느님의 손 아래로 들어가야 한다는 게 아니라, 욥처럼 자신을 그런 상황에 빠트리신 하느님과 싸워도 된다는 것이다. 욥은 하느님과 끈질기게 싸운 끝에, 하느님의 숭고하심과 엄청난 신비를 깨닫고 겸손하게 고백한다. "당신에 대하여 귀로만 들어 왔던 이 몸, 이제는 제 눈이 당신을 뵈었습니다. 그래서 저 자신을 부끄럽게 여기며 먼지와 잿더미에 앉아 참회합니다"(욥 42,5-6). 여기에는 하나의 정화 과정, 욥의 마음속에서 일어날 정련에 앞서, 하느님상의 정화와 그분과 맺은 관계의 정화가 있었음이 분명하니, 과연 욥은 그분을 견뎌 냈고 그분과 대결했기 때문이다.[283]

이 과정을 베네딕도는 시편 66편 10절을 인용하며 암시한다. "하느님, 당신께서 저희를 시험하시고, 은을 단련하듯 저희를 단련하셨습니다." 이런 정련 과정은 오래도록 계속되며, 순수한 은이 생성될 때까지는 인내가 필요하다. 여기서도 일을 시작하시는 분, 우리를 도발하실 뿐 아니라 견뎌 낼 힘도 선사하시는 분은 다시금 주님 자신이시니, 베네딕도가 『성규』 7장 39절에서 인용하는 로마서 8장 37절의 말씀과 같다. "우리는 우리를 사랑해 주신 분의 도움에 힘입어 이 모든 것을 이겨 내고도 남습니다."

결국 그런 위기 상황의 이면에 있는 것은 하느님의 악의가 아니라, 인간을 사랑해서 인간을 새로운 성숙으로 이끌고자 하시는 하느님 그분이다. 위기라는 것은 끝까지 뚫고 나아가야 하는 하나의 단계이며, 그 과정에서 인간은 — 더 깊은 의미를 이해하는 가운데 — '그 고통을 의식적으로 묵묵히 받아들인다'(『성규』 7,35). 그런 까닭에 위기 상황은 겸손으로, 영적 목표로 나아가는 여정의 한 단계다. 이것은 이 여정을 가고자 하는 사람이라면 누구에게도 이 단계가 면제되지 않음을 의미한다. 그러므로 그런 상황은 수도원의 여느 수도승들이나 이른바 '아랫사람들'에게만 닥치는 게 아니라, 장상들 자신에게도 닥친다. 나는 장상 직분을 수행하는 동안 이 겸손의 넷째 단계를 거듭 묵상할 수밖에 없었던 일련의 상황을 기억하고 있다. 특히 『성규』의 이 텍스트가 나에게 다른 사람이나 힘든 상황만 견뎌 내야 하는 게 아니라, 결국은 그런 상황에서 하느님과 대결해서 그분과의 새롭고 더 깊은 관계를 찾아 얻어야 한다고 깨우쳐 줄 때마다 나도 실로 힘들었다.

겸손과 순종의 여정 중에 수도승에게 닥칠 수 있는 일은 보통 사람들도 자신의 삶에서 익히 알고 있는 것이다. 과연 사람들은 무슨 수를 써도 소용없고 어쩌면 몇 주, 몇 달, 아니 몇 년씩이나 그저 견뎌 내야 하는 위기 상황에 빠진다. 가령 중병에 걸리거나 가정과 직장에서 큰 갈등이 생기는 경우가 있다(전쟁 지역이나 극빈 지역에 사는 사람들이 겪어야 하는 고통스러운 상황은 아예 제쳐 놓자). 그럴 때는 완화되고 해결되는 것도 많지만 오직 견뎌 내야 하는 것도 많다. 사람들은 그때 꺾여 버릴 수도 있고 성숙할 수도 있다. 많은 사람이 나에게 이렇게 말했다. "그건 정말 끔찍했어요. 하지만 나는 버텨 냈고 거기서 성숙했지요. 그래도 그런 일을 다시는 겪지 않았으면 좋겠네요." 그러나 겪지 않길 바란다고 피할 수는 없을 것이다. 우리는 견뎌 내는 과정에서, 그 열기 속에서 금이나 은이 생성될 수도 있음을 알아야 하고, 이에 대해 훗날 감사하게 될 것이다.

끝으로 또 다른 체험을 예로 들어 보자. 아프리카에 있는 우리 형제들 중 한 사람이 케냐의 수도원 뒤편 작은 숲에 묵상 길을 만들어 놓았는데, 아프리카 전통과 성경의 메시지가 말씀과 그림으로 서로 조화를 이루고 있는, 의미 있고 매혹적인 묵상 길이다. 그

길의 출발점에는 한 남자가 거대한 바윗덩어리 앞에 무릎을 꿇고 앉아서 세차게 내리치고 있는, 거의 실물 크기의 그림이 타일 벽에 그려져 있다. 그림에는 이런 글이 붙어 있다. "바위를 때려라." 나는 그 형제에게 이게 무슨 뜻이냐고 물었다. 형제는 사람들은 자기 길을 가로막고 있는 바위를 내리쳐야 한다고 답했다. 나는 여전히 이해하지 못해서 재차 물었다. 그러자 형제가 말했다. "바위가 반격할 때까지, 바위가 반응할 때까지 바위를 때리라는 거죠." 그래도 내가 이해하지 못하자 형제는 이상하게 여겼으나 말은 더 하지 않았다. 나는 그 그림을 사진기로 찍으려고 했다. 그 순간 햇빛이 타일에 떨어져 반사되었다. 사진을 현상했을 때 나는 확인했다. 남자의 손이 내리치는 바로 그 부분에서 빛이 반사되고 있었다. 마치 바위에서 불길이 솟아올라 정말 쇠를 불리는 대장간 화로처럼 활활 타오르는 것 같았다. 그제야 나는 형제의 말을 이해하게 되었다.

나중에 그 형제가 나에게 이야기하기를, 그가 오직 하느님과 함께 인내하며 해방만 고대하던 상황, 다시 말해 안팎으로 그저 절망적인 상황에 빠진 적이 있었는데, 그 오랜 시기가 지난 후 묵상 길을 만들 생각을 하게 되었다고 했다. 요즘은 다른 나라에서도 많은 사람이 그 묵상 길을 찾아온다. 바위가 빛을 발하기 시작한 것이다.[284]

영적 여정인 형제

사막 교부들이 형제와의 관계를 아주 중시했다는 것은 뜻밖의 사실이다. 사막 교부들은 서로 간에 별문제가 없었을 것이라고 흔히 생각하는데, 사실 그들은 은수자로 살았고, 서로 싫어하거나 사이가 좋지 않은 난처한 상황이 되면 서로 피해 버릴 수도 있었기 때문이다. 그러나 실상은 그 반대였다. 사실 그들은 전적으로 홀로 살지는 않았으니, 때로는 둘이나 셋씩 한집에서 살았고, 같은 지역에 사는 다른 은수자들을 꾸준히 만나기도 했다. 그러니 온갖 갈등과 매정한 일이 충분히 발생할 수 있었다. 사막 교부들의 금언집을 보면 다툼과 앙심, 비방 등에 관한 이야기가 많다. 그러나 동시에 수도승들은 한 사람이 남들을 대하는 모습에서, 그 사람이 내적으로 어떤 수준에 있는지, 그리고 앞으로 어떤 악습이나 행동 양식과 싸워 나가야 하는지 엿볼 수 있음을 분명히 알고 있었다.

이를테면 형제는 거울이 되고, 또 내적으로 자신을 수양하고 영혼을 더욱 정화하라는 도전이 된다. 그리하여 남들을 대하는 일은, 사막에서만이 아니라 다른 수도원 공동체에서도 하나의 영적 여정이다.

길이요 토대인
형제 사랑

『성규』에서는 아빠스와 그에 대한 순종이 매우 중요한 역할을 한다. 그러나 나중에 추가된 것이 분명한 『성규』 마지막 장들에서는 무엇보다도 형제들 상호 간의 관계가 관건이다. 베네딕도는 형제들 상호 간의 관계가 그들의 영적 여정에서 근본적 요소임을 삶을 살아가며 깨달았고, 그래서 나중에 몇몇 장을 덧붙인 것 같다. 예를 들어 71장 1-2절에서는 "모든 이는 순종의 미덕을 아빠스에게 드러낼 뿐 아니라, 형제들끼리도 서로 순종해야 한다. 그들은 '이 순종의 길을 통하여 하느님에게 나아간다'(집회 2,18 참조)는 것을 알아야 한다"고 말한다. 서로 간의 순종이 하느님에게 나아가는 길의 하나다. 이어서 베네딕도는 특히 후배들은 선배들에게 순종해야 한다고 말한다(『성규』 71,4 참조). 나아가 72장 6절에서는 형제들이 '서로 다투어' 순종할 것을 촉구한다. 여기서는 더 이상 선배와 후배에 관해 말하지 않는다.[285] 오히려 문맥을 보면 형제들이 서로의 말을 경청하고 어떤 사람에게 다른 사람이 필요할 때 서로를 위해 있어 주는 것이 얼마나 중요한지, 그리고 그런 일을 지체하지 않고 기꺼이 섬기는 마음가짐으로 하는 것이 얼마나 중요한지 지극히 일반적이고 원칙적으로 말하고 있다.[286] 물론 베네딕도는 수도승들이 그런 일을 언제나 할 수 있다고 전제하지 않는다. 만일 그렇다면 이렇게 명시적으로 요구하지도 않았을 것이다. 그는 수도승들의 관계에는 이기심, 혐오, 오해 등도 늘 존재한다는 것을 잘 알고 있다. 그런데도 베네딕도는 수도승들에게 공존은 매우 근본적인 것이라고, 그러니 공존에 힘써서 하느님께 참으로 나아가라고 명시적으로 언급하고 있다.

이런 맥락에서 주목할 만한 것이 『성규』 머리말의 한 대목이다. 여기서 독자는 그가 진정으로 주님의 외침에 귀를 기울여서 따르고자 하는지 질문을 받는다(『성규』 머리말 14-15 참조). 그가 이 물음에 '그렇습니다' 하고 답하면, 곧이어 그에게 이렇게 말한다. "(그렇다면) '네 혀는 악을, 네 입술은 거짓된 말을 조심하여라. 악을 피하고 선을 행하며 평화를 찾고 또 추구하여라'"(『성규』 머리말 17). 시편 34편 14-15절의 인용인 이 문장에 이어서, 영적 여정을 위한 결단의 첫째 결론으로서 제시되는 것은, 집중적 기도 생활이나 특별한 금욕 수련이 아니라 동료 인간들과의 좋은 관계 맺기다. 그런 다음 앞으로 걸어가야 할 길에 대한 물음이 다시 한 번 제기된 후, 시편 15편의 말씀을 인용하여 그렇다면 장차 누가 주님의 거룩한 산과 장막에 살게 될 것인지 묻는다. 대답은 다음과 같다. "그는 허물없이 걸어가며 의를 행하는 이, 자기 마음으로 진리를 말하는 이, 자기 혀로 속이지 않는 이, 자기 이웃에게 악을 행하지 않는 이, 자기 이웃에 대한 중상에 귀 기울이지 않는

이다"(시편 15,2-3). 여기서 다시금 분명해진 것인즉, 어떤 사람이 참으로 바른 길을 가고 있는지 아닌지 알려 주는 것은 동료 인간들과의 좋은 관계라는 사실이다.

영국 베네딕도회 수도승 크리스토퍼 제미슨은 자신이 속한 수도원에 다섯 남자를 받아들였다. 그들은 그때까지 그리 영적으로 살지 않았으나, 저마다 혼자서 모색은 하고 있었다. 제미슨은 40일 동안 그들과 함께했는데, 이 40일 여정이 리얼리티 프로그램으로 BBC에서 방송되었다. 제미슨은 40일 여정을 '내적 성소聖所로 가는 길'이라 이름 붙이고, 그에 따라 그들을 위해 구성했다. 그러면서 베네딕도의 영성을 따르는 그 여정을 설명하기 위해, 방금 인용한 『성규』 머리말의 텍스트를 출발점으로 삼았다. 제미슨은 이렇게 말했다. "요컨대 성소의 길은 다른 이들과의 일상적 만남에서부터 시작해야 합니다. 자신의 동료 인간들을 못되게 대하는 사람은 거룩한 곳으로 가는 길을 찾지 못할 겁니다. 그 길은 거룩한 것을 우리의 일상 안에서 인식하는 일에서 시작되지요." [287] 동료 인간들과 좋은 관계를 맺는 법을 배우는 것이 영성 생활로의 첫걸음이다. 동료 인간들과 나쁜 관계에 있는 사람은 하느님과 좋은 관계를 맺을 수 없고, 성소의 문도 열리지 않는다.

크리스토퍼 제미슨이 길을 찾고 있는 그 다섯 남자에게 말한 것과 비슷한 내용을 우리는 한 사막 교부에게서 들을 수 있다.

"'집을 위에서 아래로 짓는 것은 불가능하니, 땅에서부터 공중으로 지어야 한다.' 그들이 그에게 물었다. '이 말씀은 무엇을 의미합니까?' 그가 그들에게 답했다. '주춧돌은 이웃이니, 그대는 이웃을 얻어야 한다. 이것이 처음에 자리 잡고 있어야 하며, 주님의 다른 모든 가르침이 거기에 달려 있다.'"[288] 영성 생활 발전의 주춧돌과 토대는 다른 인간들을 '얻는 것', 곧 다정한 관계 맺기다. 은수자 안토니우스도 같은 말을 한다. "이웃으로부터 생명과 죽음이 우리에게 온다. 요컨대 형제를 얻으면, 우리는 하느님을 얻는다. 반대로 형제를 화나게 하면, 우리는 그리스도에게 죄를 짓는 것이다."[289] 생명과 죽음, 영성 생활의 성공과 실패가 형제와의 좋은 관계에 달려 있다. 하느님께 나아가는 길, 하느님과의 만남은 심지어 은수자에게도 동료 인간과의 관계에 크게 달려 있다. 이것은 74가지 '영적 기술의 도구'를 열거하는 『성규』 4장에도 뚜렷이 드러나 있다. 거기서는 기도 · 성경 읽기 · 침묵 · 밤에 깨어 있기 · 단식 같은 전형적인 영적 도구만 아니라, 상호 사랑 · 기꺼이 도와주기, 그리고 다툼 · 시기 · 비방 · 살해의 금지처럼 형제적인 관계 맺기와 관련되는 도구도 많이 열거되어 있는데, 이것들이 74가지 도구 중에서 거의 절반이나 된다. 수도승이 영적 여정에서 진보하기 위해서는 이것들과 씨름해야 한다.

영성 생활의 진보를 단지 기도나 특별한 금욕 수련으로만 판정한다면 자칫 착각할 수 있다. 함께 살고 있는 사람들과의 관계 맺기가 한 인간의 영적 상태에 대한 훨씬 더 명확한 척도다. 영성 전통도 이것을 거듭 지적한다. 예를 들어 카시아누스는 이렇게 말한다. "요컨대 단식의 유익함은 분노를 멀리함만큼 크지 않으며, 성경 봉독에서 얻는 열매는 형제의 경멸에 의한 상심을 묵묵히 받아들이는 것보다 결코 값지지 않다." 사랑이 금욕 수련보다 가치가 있으며, "우리가 언급한 바로 이 토대(즉 사랑)가 없으면, 모든 것을 행했어도 전혀 쓸모없다는 것은 확실하다."290 가치 있는 것은 사랑이니, 그 밖의 모든 영적 노력은 그것이 인간을 사랑에 열려 있게 하고 사랑 안에서 성장하도록 하는 한에서만 의미가 있다. 카시아누스는 영적 진보를 기도나 금욕 수련으로 판정하려 하는 사람들을 단호히 반대한다.291

우리는 동료 인간들과의 문제를, 그들을 회피한 채 죽어라 기도만 하는 것으로 해결하지 못한다. 이에 대해서도 사막 교부들의 이야기가 하나 전해 온다.

한 수도승이 헤시카즘(Hesychasm)을 실천하는 사람으로, 즉 내적 고요(hesychia)와 내적 기도를 추구하는 사람으로 수도원에서 살고자 했다. 그런데 그는 노여움이 많았고 걸핏하면 형제들에게 분개했다. 그래서 수도원을 떠나 사막에서 혼자 살기로 결심했다. 그렇게 하면 노여움이 더는 문제가 되지 않으리라 믿었다. 그는 사막으로 갔고, 거기서 어느 날 물을 길었다. 그런데 항아리가 손에서 미끄러져 물이 쏟아졌다. 항아리를 다시 채웠으나 또 미끄러졌고, 세 번째에도 그렇게 되었다. 그러자 노여움이 그를 사로잡았고, 그는 항아리를 깨 버렸다. 그때 문득 그는 깨달았다. 노여움은 자기 자신 안에 있었다. 형제들을 피해서 온 것은 아무 소용이 없었다. 그는 자신의 노여움과 대결해야만 했다. 그래서 반성하며 수도원으로 돌아갔다.[292] 사막에서 홀로 기도하는 것으로는 충분하지 않다. 사람들은 자신의 영혼을 노여움으로부터 ─ 그리고 분명 다른 많은 것들로부터 ─ 정화해야 하며, 그래야 마음이 기도를 위해 조금 더 자유로워진다.

수도승에게는 동료 인간들을 '몰래 지나쳐 가는' 영적인 길, 기도의 길이란 없다. 그런데도 그것을 시도하는 사람은 성공하지 못할 것이다.[293] 그 길은 언제나 형제를 거쳐 가기 마련이다. 과연 흔히 우리는 남들을 대할 때 자신의 매정함을 비로소 알아차리며, 그러면 하느님께 나아가는 길에서 더 자유로워지기 위해 그것을 고찰할 수 있다.

에바그리우스는 다음과 같이 이 주제의 핵심을 짚었다. "모든 인간을 하느님 다음의 '하느님'으로 여기는 수도승은 복되다."[294] 이것은 엄청난 말이다. 인간은 누구나 하느님으로 여겨져야 한다. 그러나 하느님 다음의 하느님으로, 하느님보다 덜 숭고하지만 어쨌든 신적 품위를 지닌 존재로 여겨져야 한다. 하느님이 모든 인간 하나하나 안에 사신다는 것, 그분을 거기서 만나야 한다는 것을 깨닫지 못한 사람은 그분을 알 수 없다.

그러면 이것이 우리의 구체적인 태도에 의미하는 바는 무엇인가? 인간은 누구나 신적 품위를 지니고 있음을 깨닫는 것이 하나고, 이에 상응하여 행동하는 것이 다른 하나다. 바로 여기서 수도승을 위해서만 아니라 다른 모든 사람을 위해서도 이 깨달음에 상응하는 행동을 하기 위한 배움과 훈련의 장이 폭넓게 펼쳐진다. 이와 관련하여 아래 단락들에서 수도승 전통의 구체적 체험들을 명시해야겠다.

원수 사랑

그리스도교의 새로운 점은 이웃 사랑이 아니라 원수 사랑이다. "그러나 나는 너희에게 말한다. 너희는 원수를 사랑하여라. 그리고 너희를 박해하는 자들을 위하여 기도하여라. 그래야 너희가 하늘에 계신 너희 아버지의 자녀가 될 수 있다. 그분께서는 악인에게나 선인에게나 당신의 해가 떠오르게 하시고, 의로운 이에게나 불의한 이에게나 비를 내려 주신다"(마태 5,44-45). 중요한 것은 단순히 선을 행하는 것이 아니라 모든 사람을 선하게 대하는 것, 나에게 적의를 품고 있는 사람들이나, 우리를 좋아하지 않고 우리 역시 좋아하지 않는 사람들도 선하게 대하는 것이다. 예수는 당신의 해를 선인에게나 악인에게나 차별 없이 떠오르게 하시는 아버지를 바라보게 한다. 여기서 원수 사랑은 그야말로 신적 태도로 나타난다. 이것이 원수 사랑을 요구하는 것에 대해 추가적 의미를 부여한다.

불화와 적대 관계는 베네딕도의 수도원에도 존재했으니, 과연 그는 '영적 도구들'에 관해 말할 때 그것을 전제한다. "원수를 사랑하라"(『성규』 4,31)와 "그리스도께 대한 사랑으로 원수를 위해 기도하라"(『성규』 4,72)는 권고가 그것을 위한 두 가지 권고다. 베네딕도는 수도원에 그런 적대 관계가 존재할 수 있음을 잘 알았고, 그래서 다툼이 있으면 해가 지기 전에 서로 화해해야 한다고 권유한다(『성규』 4,73 참조). 이 권유는 이론적 지시로 의도된 것이 아니라, 실제로 곧잘 필요했던 것으로 보인다. 그 밖에도 베네딕도는 같은 장에서 수도승에게 원한을 품지 말라고, 악을 악으로 갚지 말라고, 자신을 험담하는 자들을 다시 험담하지 말라고 말한다(『성규』 4,23.29.32.68 참조). 분명 이런 권고들은 그때나 지금이나 수도원 공동체에 실제로 벌어지는 문제에 대한 대응이다.

이것은 사랑이 전혀 당연한 것이 아니듯, 수도원 안에서도 원수 사랑이 당연한 것은 아님을 의미한다. 원수 사랑은 하나의 도전이고, 영적 전투의 과제들 중 하나이며, 애써 익혀야 하는 것이다. 그런데 원수 사랑은 어떻게 배울 수 있는가? 사실 그저 요구만 하는 것으로는 충분하지 않다.

베네딕도는 이 주제를 진척시킬 수 있는 몇 가지 간접적 암시를 남겼다. 거기서 다루고 있는 것은 엄밀한 의미의 적대 관계나 아예 불구대천의 원수 관계가 아니다. 부당한 문제가 발생하는 관계, 누군가가 모욕을 당하거나 매정한 대접을 받아서 미워하고 거부하는 감정이 발생하는 어려운 관계이다. 요컨대 서로 사랑하는 것이 당연하지는 않더라도, 문제를 해결하고 치유할 수도 있는 그런 상황이다.

이에 대한 한 가지 중요한 권고를 아빠스 선출에 관한 장에서 찾아볼 수 있는데, 여기서 베네딕도는 아빠스가 책벌을 해야 할 때 형제들을 어떻게 대해야 하는지 상세히 설명하고 있다. 원칙은 간명하다. 아빠스는 "악습을 미워하고, 형제들을 사랑할 것이다"(oderit vitia, diligat fratres)(『성규』 64,11). 아빠스는 형제의 잘못, 나쁜 행동 양식은 '미워하고' 배격하고 비난해야 하는 반면, 동시에 형제 자체는 사랑해야 한다. 잘못은 결코 용납될 수 없지만, 잘못을 저지른 사람이라도 사랑받아야 한다. 이 원칙을 실천하는 것은 마치 감정의 곡예라고 할 만하다. 어떻게 해야 누군가를 비판하면서도 계속해서 그의 존엄을 사랑하고 존중할 수 있을 것인가?

베네딕도의 이 언명은 원래 교부 아우구스티누스에게서 유래하는데, 그는 이 말을 자주 했고, 또한 현실적인 조언도 했다. "그대가 단죄할 때, 사람은 사랑하고 잘못을 미워하라. 사람 때문에 잘못을 사랑하지 말고, 잘못 때문에 사람을 미워하지 마라. 사람은 그대의 이웃이다. 잘못은 그대 이웃의 원수다."295 여기서 아우구스티누스는 두 가지 그릇된 행태를 지적한다. 우리는 그 사람을 사랑하기 때문에 그의 잘못을 경시하거나 '사랑해서'는 안 되며, 그의 잘못을 '미워하고' 배척해야 하기 때문에 그 사람을 미워해서도 안 된다. 이것은 어떤 경우에도 우리가 그 사람과 그의 잘못을 따로 떼어 놓고 판단해야 한다는 의미다. 사람은 어쨌든 내가 사랑해야 할 이웃이다. 그러나 잘못은 뭐라 해도 이웃의 원수다. 아마 아우구스티누스의 본의는 우리가 그 사람을 그의 잘못 때문에, 즉 그의 잘못으로 그 자신의 생명이 손상되었기 때문에 동정해야 한다는 것 같다. 분명 아우구스티누스는 우리의 판단력을 예민하게 만들고자 애쓰고 있다. 이 판단력을 통해 우리는 갈등 상황을 세심히 통찰하여, 잘못과 문제와 사람을 이성적으로 구별하고, 감정적으로도 서로 떼어 놓을 수 있다. 이것은 오늘날 서로 대화를 나눌 때도 중요한 문제다. 대화 중에는 아무리 불쾌하더라도, 상대의 인간적 존엄을 늘 유념해야 한다. 이를 위해서는 문제 상황에서 자신의 관점과 감정을 올바로 구별하려 하는 내적 노력이 특히 필요하다.

『성규』에서 베네딕도는 얼핏 보기에는 상관없는 맥락에서, 더 자세히 말하자면 수도원의 손님 환대를 다루는 장에서 이 주제에 관해 또 하나의 간접적 권고를 한다. 여기서는 우선 모든 손님을 그리스도처럼 맞아야 한다고 말한다. 그런 다음 한 가지 구체적 관례를 설명한다. 인사할 때 손님에게 머리를 숙이거나, "온몸을 땅에 부복함으로써 그들 안에서 실제로 맞아들여지는 그리스도를 경배해야 한다"(『성규』 53,7). 땅에 부복하는 것은 공경과 경배의 몸짓이다. 실제로 라틴어 원문에는 그리스도께서 그들 안에서 경배받아야(Christus in eis adoretur) 한다고 쓰여 있다. 많은 번역자가 이러한 표현이 너무 지나치다고 여겨, 조금 완화하여 '공경하다'라는 낱말을 대신 선택한다. 하지만 부복이란 극단적 몸짓에는 직역이 더 적합하다. '실제로 맞아들여지는'이란 표현 역시 깊은 의미가 있다. 요컨대 이 표현은 그저 경건한 상투어가 아니라, 실제로 그렇다는 것을 말해 준다. 이 사실을 우리는 아주 진지하게 받아들여야 하고, 또한 경배의 몸짓도 마찬가지다.

그래서 우리는 손님 환대에 관한 이 텍스트를 영성 프로그램에 자주 적용한다. 우리는 참여자들로 하여금, 실제로 다른 사람에게 머리를 숙여 인사하며 그 안에 계신 그리스도를 경배하게 한다. 그리고 자신 안에서 무슨 일이 일어나는지를 느끼도록 한다. 우리는 이것을 다음과 같은 방식으로 진행한다. 매번 두 사람이 서로 마주보고 선다. 우선 두 사람 모두 마음속으로 주의를 집중하고 자신의 신적 존엄을 의식하기 위해 잠시 묵상한다. 그런 다음 마주 보고 선 두 사람이 번갈아 가며 여러 번 서로에게, 또는 앞에 있는 사람 안에 현존하시는 그리스도께 깊이 머리 숙여 인사한다. 그러면 그 공간에 그윽한 평정의 기운이 감돈다. 이 생생한 몸짓을 통해 참여자들은 무엇인가 중요한 것을 저절로 이해하게 된다. 다른 사람의 신적 존엄을 그저 의식만 하는 것과, 실제 몸으로 깊이 머리 숙여 인사하는 것 사이에는 정말 엄청난 차이가 있다.[296] 다른 사람을 조금 더 가깝게 알게 되면 그가 완전히 새롭게, 그리고 더 깊이 인식되고 포착된다. 또한 많은 참여자가 다른 사람이 자신에게 머리 숙여 인사할 때 자신 안에서 일어나는 반응에 놀라움을 느낀다.

이 연습을 하고 나면 대개 대화가 활발해진다. 그러면 화제가 자신과 괴로운 관계에 있는 사람들로 이내 옮겨 간다. 그리고 만일 자신이 — 가령 상상으로 — 그들에게 머리 숙여 인사하거나, '경배의 정신으로' 그들을 대한다면 무슨 일이 일어나게 될까 이야기한다. 어떤 참여자들은 이것을 즉시 시험해 본다. 예를 들어 한 수녀는 다음 날 우리에게 말하기를, 방으로 돌아가 자신과 이런저런 문제가 있는 원장 수녀에게 — 그녀가 앞에 있다고 상상하며 — 거듭 머리 숙여 인사한 덕분에 활기찬 저녁을 보냈다고 했다. 그렇게 머리 숙여 인사하는 것을 거듭할수록 자신의 긴장과 반감이 그만큼 가라앉았으며, 이제 자기는 원장 수녀를 달리 대할 수 있으리라 믿는다고 했다. 한 남자는 몇 주 동안 이 연습을 반복하며 자신이 사장을 마주하고 있다고 상상했다. 몇 주가 지나자 마침내 마음속 매듭이 서서히 풀렸고, 이제 그는 완전히 새로운 방식으로 사장과 논쟁적인 문제들에 관해 이야기를 할 수 있게 되었다. 그런 정화 과정이 열매를 맺기까지 그에게는 시간이 필요했다.

이런 의미에서 베네딕도는 단호히 다시금 말한다. "가난한 이와 순례자들을 맞아들이는 데 각별한 관심과 배려를 기울일 것이다. 왜냐하면 그들 안에서 그리스도께서 더욱 특별히 맞아들여지기 때문이다. 사실 부자들은 나타나면 자연히 주목을 받는다"(『성규』 53,15). 베네딕도는 여기서 품격과 공경으로 맞아들이는 것이 당연하지 않은 사람들에 관해 특별히 말하고 있다. 반면 부자와 유력자나 사랑하는 친지들이 도착했을 때는 그런 맞아들임이 당연한 관례다. 당시에는 가난한 이들과 순례자들, 요컨대 낯선 사람들이 숙박을 위해 자주 수도원 문을 두드렸다. 베네딕도에게 중요한 것은 내가 만나는 사람이 누구든, 행여 매우 낯설고 불쾌하더라도, 일단 그리스도를 염두에 두는 것이다. 이로써 우리는 '원수 사랑'이란 주제로, 즉 우리가 사랑하기보다는 거부하는 게 당연할 것 같은 사람들과의 만남이라는 문제로 다시 돌아왔다.

비슷한 체험을 우리는 다른 말, 즉 "그리스도께 대한 사랑으로 원수를 위해 기도하라"(『성규』 4,72)는 말을 통해 할 수도 있다. 한 형제와 매우 힘든 관계에 있던 어떤 장상이 이 구절을 그 형제를 위해 집중적으로 기도하라는 요구로 받아들였다. 그런데 그가 확인한 것은 놀랍고도 부끄러운 모습이었다. 자기 안의 모든 것이 그 형제를 위해 기도하는 일에 저항했다. 분명 서로 심하게 배척해서 마음이 완고해진 것이었다. 장상은 기도를 거듭 시도했고, 마침내 성공하여 실제로 형제에게 진심으로 축복을 기원할 수 있기까지 여러 날이 걸렸다. 동시에 그는 이 '적의'의 무거운 짐이 서서히 풀리기 시작했을 때, 크나큰 내적 해방을 느꼈다.[297] 이로써 서로 간의 문제가 아직 해결된 것은 아니라도, 눈길과 감정은 근본적으로 바뀌었고, 관계를 새로 시작할 상황이 조성되었다. 아무튼 그 장상은 자신이 먼저 고통스러운 과정을 통과해야 했다.

그러므로 『성규』의 이 텍스트들을 읽을 때, 문제를 속성으로 해결해 주는 무슨 '비결'을 찾으려 해서는 안 된다. 여기서는 하나의 길이 열릴 뿐인데, 이 길에서는 무엇인가 중요한 것이 점차 변화하여 결국 '원수 사랑' 같은 것도 가능해지게 된다. 이 길에서 더 큰 사랑이 이루어지기 위해서는 나 자신이 먼저 변화해야 한다. 이런 의미에서 베네딕도는 아빠스에 관해 이렇게 말한다. "(아빠스는) 자신의 권고로 다른 이들을 교정하면서 자기 자신의 결점도 고칠 것이다"(『성규』 2,40). 아빠스는 스스로 자신의 약점과 잘못을 고치는 데 진력해야 하고 내적으로 정련되어야 하며, 그럼으로써 '형제를 사랑하고 그의 잘못을 미워할' 수 있게 된다. 또는 형제의 잘못을 '현명하고 정성스럽게' 바로잡아 줄 수 있게 된다.[298] 이 측면에 대해서만 아니라 전반적으로 베네딕도는 남이 변할 때까지 기다리지 말고, 자신이 먼저 시작해야 한다는 견해를 내세운다. 그는 자기 수도승들에게 "서로 공경하기를 먼저 해야"(『성규』 72,4) 한다고 말하는데, 이것은 모든 사람의 신적 존엄을 존중하는 일에 남보다 앞서야 함을 의미한다. 남에게 이 존엄을 인정해 주지 않을 이유란 있을 수 없다. 그런 까닭에 "모든 사람을 공경하라"(『성규』 4,8)가 성 베네딕도의 간명한 원칙이고, 이 원칙 뒤에는 치열한 영적 전투가 숨어 있다고 하겠다.

하지만 모든 사람을 똑같이 사랑할 수는 없는 것도 엄연한 사실이다. 일찍이 에바그리우스는 이집트 사막의 자기 형제들에게 이렇게 말했다. "모든 형제를 똑같이 사랑하는 것은 가능하지 않지만, 앙심과 미움 없이 모든 형제를 침착하게 대하는 것은 충분히 가능하다."[299] 그러나 모든 사람을 앙심과 미움 없이 신적 존엄을 존중하며 대하는 것이 '충분히' 가능해지기 위해서는, 물론 영적 여정에서 많은 단계를 탐색하고 배워야 한다.

노여움에서
온유함으로

화, 노여움, 앙심은 인간들이 함께 살아가는 곳이면 어디든 존재한다. 노여움은 에바그리우스의 '여덟 가지 상념' 체계 안에서 '발생학적 상념들' 가운데 하나인데,300 이는 노여움이 영적 전투에서 중대한 역할을 한다는 것을 의미한다. 베네딕도는 노여움을 다루는 일에 관해 간명하고 적확하게 말한다. "노여움이 행동이 되지 않게 하라"(『성규』 4,22). 사람들은 베네딕도가 "노여워하지 마라"라고, 즉 수도승은 어떻게 해서든 노여움을 피해야 한다고 말하리라 짐작했을 수도 있다. 그러나 아마도 베네딕도에게는 그러한 생각이 떠오르지 않았으니, 그는 ― 분명 자신의 체험을 통해 ― 노여움은 피할 수 없음을 잘 알고 있었기 때문이다. 문제는 다만 노여움을 어찌 다룰 것인가 하는 것이다. 베네딕도에 따르면 노여움은 막지 않고 멋대로 분출되도록 놔두는 것이 잘못이다. 그는 노여움이 행동이 되지 않게 하라고 권고한다. 그러나 노여움의 힘이 파괴적으로 작용하는 것을 어떻게 막을 수 있을까?

에바그리우스는 노여움을 그 자체로는 선하지도 악하지도 않은, 인간의 내적 원동력의 하나라고 가르친다. 오늘날 우리라면 그것을 공격성의 힘이라고 말할 것이다. 노여움은 인간의 삶에 추동력을 부여하고, 인간이 영적 전투를 벌일 때 대담함과 굳건함을 지니게 해 준다. 요컨대 노여움은 악과의 전투에 투입되어야지 결코 사람을 겨냥해서는 안 되니, 그것은 노여움의 본성과 고유 목적을 거스르는 것이다. 사람을 상대하게 되면 노여움이라는 힘이 온유함으로 바뀌어야 하는데, 이 온유함은 에바그리우스에게 사랑과 같은 것이다.[301]

에바그리우스는 노여움에 사로잡힌 사람을 노골적으로 묘사한다. 노여움은 사람을 거의 짐승으로 만들고, '영혼을 난폭하게 만든다'. "노여워 날뛰는 수도승은 한 마리 외로운 암컷 멧돼지다. 그 멧돼지는 누군가 눈에 띄자마자, 성을 내며 이빨을 드러낸다."[302] 노여워하는 인간은 거친 바다를 항해하고 있는 배, 노여움이라는 악령이 조타수인 배와 같다.[303] 노여움은 위태롭고 거의 제어가 불가능하다.

그러므로 중요한 것은 이 위태로운 힘을 잘 다루는 일이다. 아무튼 노여움을 억지로 몰아내거나, 다른 사람에게 받은 상처에 대해 오래 앙심을 품는 것은 잘못이다. "자기 영혼 속에서 원한을 잊지 않는 사람은, 불을 짚가리 속에 숨기는 사람과 같다."[304] 마음속에 품고 있는 원한, 자라나고 있는 원한은 짚가리 속의 불처럼 언제라도 새로 불타오를 수 있다.

암마 신클레티카는 자기 수녀들에게 내면의 앙심이 장기적으로 볼 때 얼마나 해로운지 지적한다. 사실 살인과 간음, 도둑질 같은 큰 잘못은 사람이 즉시 주의하고 그것을 거슬러 무엇인가 대처할 수 있으며, 큰 노여움은 흔히 금방 다 타서 가라앉는다. 그러나 속으로 은근히 앙심을 품는 것은 위험하게 여겨지지 않아 자칫 간과되지만, 장기적으로 영혼을 중독시키고 간접적으로 남들에 대한 많은 나쁜 행동(예컨대 고약한 험담 등)을 야기한다.305

그러면 이제 구체적으로 무엇을 해야 하는가? 오늘날 사람들은 충고하기를, 예를 들어 피아노 건반을 마구 두들기거나 달리기를 하거나 소리를 질러서 노여움을 진정시키고 극복하라고 한다. 이것은 분노를 동료 인간에게 쏟아 내지 않도록 도와줄 수 있고, 이로써 어쩌면 마음이 '진정되어' 침착하게 대화를 재개하도록 도와줄 수 있다. 그러나 에바그리우스와 초기 수도승들은 그러한 '폭발적' 방법을 알지 못한다. 예수가 호수의 풍랑에게 "잠잠해져라. 조용히 하여라!"(마르 4,39)라고 호되게 꾸짖었듯, 악령에게 격분하여 모진 말을 던지는 것만 알고 있다.306 노여움과 어느 정도 거리를 두기 위해, 노여움의 풍랑에 대고 "잠잠해져라. 조용히 하여라!"라고 호되게 꾸짖는 것도 시도할 만한 방법이다.

수도승들이 노여움을 진정시키기 위해 '폭발적 방법' 같은 것을 만들어 내지 않은 것은, 아마도 그들이 노여움을 피하려 하지 않았기 때문일 것이다. 에바그리우스의 교설에 따르면, 그들은 노여움을 온유함이나 사랑으로 변화시키거나, 노여움의 방향을 바꾸려고 했다. 이런 변화나 방향 전환이 우리에게는 낯설고 또 비현실적으로 보일 수도 있겠다. 하지만 우리는 예컨대 애증의 감정에 관해 말할 때, 노여움과 사랑의 연관성을 잘 알고 있다. 크나큰 사랑이 어떤 좋지 않은 사건 때문에 불현듯 미움으로 변할 수 있다. 사랑이 뜨거웠던 만큼 미움도 크게 치밀어 오른다. 그것은 다른 옷을 걸친 힘, 또는 다른 징후를 보이는 동일한 힘이다.

우리는 분노가 동정으로 저절로 바뀌게 되는 반대의 경우도 알고 있다. 예를 들어 나는 ― 한두 번이 아니었듯 ― 이번에도 벌써 너무 늦은 한 친구를 기다리고 있다. 나는 점점 더 화가 나서 오늘은 진짜로 입바른 소리를 해야겠다고 결심한다. 그러다 그가 불쑥 나타나는데, 도중에 사고를 당해 다친 것이 보인다. 그러자 나의 분노는 이내 동정으로 바뀌고, 그를 노여워한 것을 부끄럽게 여긴다.[307] 새로 알게 된 사실, 친구를 달리 보게 된 것이 그에 대한 나의 감정을 즉시 바꾸어 놓았다. 나는 노력할 필요도 없이 온유하게 반응하게 된다.

아직은 노여움에 완전히 사로잡히지 않아서 그 감정과 얼마간 거리를 둘 수 있는 사람이라면, 노여움은 사랑의 원동력이라고 스스로 다짐하거나, 자신도 모르게 큰 소리로 혼잣말을 하는 경우도 있다. 이렇게 이 감정에 새로운 이름을 붙이면 노여움이 서서히 변화될 수 있다. 이때는 문제를 침착하게 해결하려 시도하거나 자신과 갈등을 겪고 있는 상대를 평온하게 대할 수 있다. 이렇게 할 수 있는 사람은 노여움에 맹목적으로 반응하지 않게 된다. 노여움의 힘을 의식적이고 이성적으로 다루며, 이 힘의 방향을 사랑 쪽으로 돌릴 수 있음을 이해하고 체험하는 것이다.

에바그리우스와 이집트 사막의 수도승들은 노여움에 대처하는 다양한 전략을 알고 있다. 격분하는 사람은 노여움이 일어나는 것을 적시에 아는 것이 중요하다. 하루는 노사부 이시도루스가 자신이 만든 자질구레한 물건들을 팔려고 시장에 앉아 있었다. 그런데 말다툼이 벌어져 노여움이 노사부 안에서 일어나자, 그는 자신이 노여움으로 폭발하기 전에 모든 것을 그냥 놔두고 떠나가 버렸다.[308] 현대 심리학의 관점으로 말하자면, 그 노사부는 위태로운 세력장勢力場에서 벗어났고 그래서 그 감정을 잘 다룰 수 있었다고 하겠다.

이시도루스 아빠스와 관련해 노여움에 대한 이야기와 금언이 여럿 전해 오고 있다. 분명 그는 노여움과 부단히 싸웠을 것이고, 또 그것을 잘 다루는 법을 체득한 것으로 보인다. 한 수도승이 이시도루스에게 악령들이 왜 그를 그리 두려워하는지 물었는데, 이것은 그때 이미 그가 대단한 영적 원숙함에 이르렀음을 의미한다고 하겠다. 이시도루스가 답했다. "수도승이 되었을 때부터 나는 노여움이 목구멍까지 올라오는 것을 용납하지 않으려 애쓰고 있다네."309 그 결과 이시도루스 안에 크나큰 너그러움, 정성 어린 참을성이 생겼는데, 에바그리우스는 이 너그러움과 참을성이 노여움의 힘을 먹고 산다고 말한다.310 이시도루스의 인내가 일시적이 아니라 오래 지속되고 참으로 너그럽도록 도와주고 있는 것이, 이 제어된 노여움의 힘이다. 이로써 이시도루스는 사막에서 널리 이름이 났고, 그래서 사람들은 더는 남과 함께 살 수 없게 된 수도승을 그에게 보냈다. "이시도루스는 그를 맞아들여 너그러움의 힘으로 그를 구했다."311 너그러움은 에바그리우스의 다음 말처럼 동료 인간들을 위한 축복이다. "너그러운 수도승은 누구에게나 친절하게 한 모금을 베푸는 샘, 그윽한 샘이다."312 이시도루스는 노년에도 노여움의 힘을 알고 있었으나, 그것이 목구멍까지 높이 차오르는 것을 용납하지 않고 그 전에 그 힘을 다른 데로 돌리는 법을 체득했다.

이것이 어떻게 가능한지를 나는 예전에 구체적으로 체험했다. 어떤 모임 중에 불쑥 한 참여자가 말했다. "노여움이 내 안에서 치밀어 오르는 것이 느껴지네요. 벌써 여기까지 왔어요." 그러면서 자기 가슴을 가리켰다. "내일 다시 이야기했으면 좋겠네요!"

라고 그는 요청했다. 다른 참여자들도 — 그게 그들 자신에게도 이득이었기에 — 즉시 동의했다. 노여움은 이미 그 감정을 드러냄을 통해, 그런 다음에는 그 상황에서 벗어남을 통해 신속히 가라앉았다. 다음 날 우리는 기분 좋게 함께 결정을 내릴 수 있었다. 요컨대 중요한 것은 노여움이 자신을 완전히 사로잡기 전에 그것을 자각하고, 적시에 그 방향을 돌리는 것이다.

노여움에 대처하는 방법으로만 아니라 슬픔의 치유법[313]으로도 자주 언급되는 것이 시편 가창이다. "시편을 노래하면 노여움이 가라앉는다"[314]라고 에바그리우스는 말한다. 분노가 치밀지만 시편 가창을 하려고 마음을 먹는 사람은, 그로써 분노를 누그러뜨릴 수 있다. 시편의 말씀 자체가 노여운 생각이 조금 더 유익한 생각으로 바뀌도록 도와줄 수 있다. 가창하는 행위 자체에도 영적 역동이 다시 조화를 이루게 하는 효과가 있는데, 이것은 그리스 철학자들도 인식하는 바였고, 초기 수도승들은 이것을 자신들의 영적 여정을 위해 개발했다.[315] 그 밖에도 앞서 언급했듯 무릎을 꿇었다가 일어나는 몸짓과 함께 시편 가창을 하면, 몸과 영혼에 대한 노여움의 압박이 완화되고 감정이 다시 평정을 이루게 된다.

에바그리우스가 노여움의 극복을 위해 권하는 일련의 치유법은 노여움의 힘이 온유함과 사랑의 방향으로 유도될 수 있으며,

이 일은 영적 노력만 아니라 구체적인 외적 행동을 통해서도 가능하다는 것을 전제하고 있다. 그래서 에바그리우스는 간명하고 적확하게 말한다. "분노와 미움은 노여움을 키우고, 자비와 온유는 이미 있는 노여움도 가라앉힌다."[316] 분노를 그냥 놔두는 것은 노여움을 증대하고 강화한다. 반대로 선을 행하고 자비롭고 온유하게 반응하는 것은 노여움을 누그러뜨린다. 이 사실을 직접 체험해 본 사람이 많을 것이다. 가령 우리가 화가 나서 문을 쾅 닫지 않고, 문고리를 조심스레 쥐고 문을 조용히 닫을 수 있다면 분노는 온유함과 다정한 솔직함으로 이내 바뀔 수 있다. 온유한 행동을 하면 온유해진다. 의식적으로 행하는 외적 행위는 내적 생명에 치유 작용을 할 수 있다. 노여움이 자신을 괴롭히면 가난한 이들을 보살피고 자선을 행해야 한다는, 요컨대 분노라는 대상으로부터 의식적으로 몸을 돌려서 다른 사람에게 선한 일을 해야 한다는 에바그리우스의 충고가 의미하는 바도 이것이라 하겠다. 가난한 이들이나 병자들을 친절하게 대하면 노여움이 온유함과 자비로 곧 바뀔 수 있는 데다가, 이것은 본원적인 '원수'에게도 이로운 일이 될 수 있다. 심지어 에바그리우스는 한 걸음 더 나아가, 자신을 화나게 만든 사람에게 무엇인가 선사하고 그 사람을 식사에 초대하거나 방문해 보라고 요구한다.[317] 구체적인 외적 행위로 '원수'에게 다가가는 것은 새로운 관계의 가능성을 열어 주며,

노여움의 속박을 내면에서 부수어 열고 용서와 화해로 나아가게 해 준다.318

노여움 속에서 오직 노여움만 보고 느끼는 사람은, 점점 더 그 속으로 얽혀 들어가고 출구를 찾기가 매우 힘들어진다. 그러나 노여움의 힘이 사랑으로 바뀔 수 있음을 아는 사람은, 다른 사람을 향해 사랑과 온정의 문을 여는 데 도움이 되는 많은 기회를 발견할 것이다. 그러면 거기서 오래 지속되며, 또한 풍요로운 과정이 펼쳐질 수 있다. 영적 여정에서 사랑은 단지 머나먼 목표가 아니다. 작은 발걸음 안에서 실천된 사랑 역시 크나큰 사랑을 향한, 노여움의 건설적 극복을 향한 여정에서 꼭 필요한 수단이다.

영혼이 노여움의 상념에게 '사랑을 위한 자유를 … 빼앗겼으면' 영혼은 — 에바그리우스의 지시에 따르면 — 코린토 1서 13장 1-8절을 낭송해야 한다.319 에바그리우스는 사람들에게 감정이 실린 '상념'의 치유법으로 보통은 한두 절짜리 성경 말씀을 제시한다. 그런데 노여워하는 사람에게는 코린토 1서의 이 사랑의 아가를 전부 낭송하게 하는데, 여기에는 몰아적 사랑의 여러 속성이 열거되어 있다. 그중에는 사랑이 없으면 자신의 모든 재산을 남들에게 나누어 준다 하더라도 아무 소용이 없다는 말씀도 나온다. 노여워하는 사람이 이 긴 사랑의 텍스트를 자신을 위해 거듭 낭송하려는 마음을 먹고 여유를 찾을 때, 그 사람 안에서 무슨 일이 일어날지 우리는 상상해 볼 수 있다. 그 사람이 이 성경 말씀을 진지하게 받아들인다면, 그의 노여움이 사랑과 온유함으로 바뀔 때까지 이 텍스트가 노여움과 씨름을 해 줄 것이다.

노여움을 가라앉히는 데 성공한 사람은 점차 '노여움 없는 상태'(*aorgesía*) 또는 '노여움에 흔들리지 않는 상태'(*ataraxía*)에 이르게 된다. 그러면 영혼은 격렬한 전투와 유혹 속에서도 평온함을 지킬 수 있다. 에바그리우스는 이 노여움에 흔들리지 않는 상태를 구체적으로는 사랑으로 표현되는 온유함과 동일시한다.[320] 온유함은 유약한 태도가 아니라 '강한 사람들의 덕'[321]이다. 온유함은 '온화하면서도 투쟁적'[322]이니, 온유함에는 노여움의 힘이 내재하며, 온유함은 특히 영적 전투의 고비 속에서도 지켜져야 하고 또 지켜질 수 있기 때문이다. 온유함은 사람들에게 온화하고 동정적이지만, 영혼 속 원수에 맞서서는 대담하고 투쟁적이다. 여기서 우리는 마하트마 간디나 마틴 루터 킹 같은 사람들의 비폭력 저항을 떠올릴 수 있다. 그들은 불굴의 정신으로 자신들의 목적을 추구했지만, 동시에 어떠한 형태의 폭력도 사용하려 하지 않았다. 마틴 루터 킹은 "당신들이 원하는 대로 우리를 대하시오. 그래도 우리는 당신들을 사랑할 것이오!"라고 말했다고 한다. 이런 태도 뒤에는 엄청난 자기 수양이 숨어 있는 법이다.

노여움에서 온유함과 사랑으로 가는 이 여정은 형제자매다운

친교를 더없이 풍요롭게 해 준다. 그런데 여기서 에바그리우스는 사람들의 공동체 삶만 아니라, 개인의 내적 태도도 염두에 두고 있다. 이 여정은 관상 생활의 발전을 위한 결정적 전제다. 에바그리우스의 말을 들어 보자. "기도는 온유함과 노여움 없음의 자식이다."323 관상 기도는 오직 평온해진 마음에서만 펼쳐질 수 있다. 노여움과 원한은 정신과 마음을 어둡게 하며, 이런 상태는 관상 기도를 불가능하게 만든다.324 이것을 에바그리우스는 이렇게 설명한다. "불의를 저지른 형제에게 보복하기 위해 그대가 무엇을 하든, 그 모든 것은 그대가 기도할 때 걸림돌이 될 것이다!"325 또한 에바그리우스는 누군가 한 형제에게 화를 내면, 기도 중에 그 형제의 얼굴이 마음의 눈에 떠올라 기도를 불가능하게 만든다고 확신한다.326 이것은 누구나 한 번은 경험하는 일이다. 우리 영혼과 마음에 잠들어 있는 처리되지 못한 분노는, 우리가 침묵이나 관상을 하려고만 하면 즉시 우리 안에서 치솟아 오른다. 노여움에 찬 독백이 기도와 침묵을 몰아내게 된다. 그래서 악령들에게는 노여움이 기도를 방해하는 최고 수단이다. 그런 까닭에 에바그리우스의 교설에 따르면, 악령들은 특히 기도에서 이미 상당한 경지에 이른 사람들이 더는 진보하지 못하도록 그들 마음에 노여움을 부추긴다.327 노여움 없음과 온유함은 관상 기도의 진보를 위한 필수 전제인데, 끓어오르는 노여움에 의해 이 전제가 무너질 수 있다. "노여움의 죄가 가장 파괴적인 결과를 낳는다. 노여움은 (사람이) 하느님과 그분이 창조하신 세상을 통찰하고 직관하는 오성의 '눈'을 멀게 한다."328 에바그리우스의 말처럼, 노여움은 특히 원로들과 관상 생활에서 진보를 이룬 사람들에게 유혹이 되며, 반면 젊은이들은 주로 위장胃臟의 영역에서 유혹을 받는다.329 영성 생활에서 이미 큰 진보를 이룬 것이 분명한 사람들이 종종 크게 노여워하고 독살스럽게 되는 것도 여기서 설명이 된다고 하겠다. 그러나 그러고 나면 이 독은 곧 그들 자신에게 반격을 가하며, 그들이 참된 기도를 하는 것을 방해한다. 이렇게 노여움은 노년에 이를 때까지, 공동체 삶이나 관상적 삶의 여정에서 영적 전투를 맞닥뜨릴 때면 언제나 하나의 도전이다.

서로
섬기기

베네딕도가 자기 수도승들에게 기대하는 상호 존중, 친절한 태도는 기꺼운 봉사에서 특별한 방식으로 표현된다. "형제들은 서로에게 봉사해야 한다. 그래서 만일 누가 병들었거나 수도원의 어떤 중요한 일 때문에 바쁜 경우가 아니라면, 아무도 주방 봉사에서 제외되어서는 안 된다"(『성규』 35,1). 수도원에서 대부분의 봉사는 형제들의 능력에 따라 배정된다. 그러나 예컨대 주방 봉사처럼 모두가 참여해야 하는 봉사가 몇 가지 있다. 베네딕도 시대에 주방 봉사에는 음식을 식탁에 올리는 일뿐 아니라 요리도 포함되어 있었다. 오늘날에는 이 봉사가 대개 식탁 봉사로, 그러니까 음식과 식기를 식탁에 올리고 치우는 일과 식사 동안의 시중으로 축소되었다. 주방 봉사는 건강에 문제가 없는 모든 형제에게 보통 한 주씩 할당된다. 아빠스조차 최소한 일 년에 한 차례는, 특히 부활절 전의 성주간에는 예수께서 제자들의 발을 씻어 주신 일을 기념하며 형제들의 시중을 든다. 식탁 봉사는 섬긴다는 것이 무엇인지를 모든 형제가 체험하는, 또한 다른 사람으로부터 섬김을 받는 것도 체험할 수 있는 현장이다. 이 상호성은 공동체의 건설을 위한 중요한 원칙의 하나다.330 식탁 봉사 관습을 통해 모든 형제가, 다른 사람의 일방적 희생으로 살아가지 않고 저마다 제 몫을 하고 있음을 거듭 보고 느낄 수 있어야 한다.

그런데 이 주방 봉사에는 한 가지 특별한 성격이 있다. 베네딕도는 수도승들이 '사랑으로 서로 봉사'(『성규』 35,6)해야 한다고 말한다. 마음에도 없이 그저 '규정에 따른 봉사'에서부터 추근대고 알랑대는 봉사나 온갖 속셈을 품은 봉사까지, 봉사는 갖가지 방식으로 수행될 수 있다.331 '사랑으로 봉사한다는 것'은 봉사를 그저 행동에 옮긴다는 것만으로 충분하지 않다. 결정적인 것은 봉사를 행하는 대상 자체를 눈여겨보는 것이다. 이것은 주방 봉사에 포함된 발을 씻어 주는 일을 통해 강조된다. 한 주간의 봉사를 끝마치는 수도승들은 모든 형제의 발을 씻어 주어야 한다(『성규』 35,9 참조). 사실 자신의 발은 자신이 씻을 수 있고, 또한 매번 그렇게들 한다. 여기서는 이 발을 씻어 주는 일에 깊은 의미가 있는 것이 분명하다. 이것은 예수의 모범(요한 13,1-17 참조)을 따른 몰아적 사랑과 헌신의 표현이다. 여기서 한 가지 더 유념할 것은 이러한 봉사가 — 당시의 관점으로는 — 노예들의 일이라는 사실이다. 베네딕도는 누구도 이 봉사에서 제외되면 안 된다고 강조하는데, 이것은 모두가 이 일에서 동등한 대우를 받는다는 것을 의미한다. 베네딕도가 『성규』 2장 18절에서 강조하듯 노예 출신과 자유민 출신 사이에 차별이 있어서는 안 된다.[332] 이 점에서 초기 수도승 생활은 선구적이었으니, 모든 수도승을 차별 없이, 곧 고귀한 신분 출신의 수도승들도 손노동과 일상적 봉사에 투입했기 때문이다.[333] 가령 어떤 수도승이 어릴 때부터 시중을 받는 데 익숙해져 있었다면, 그가 이제 남에게, 어쩌면 노예 출신이나 마음에 들지 않는 수도승에게 발까지 씻어 주어야 하는 일은 곤욕스러웠을 것이다. 그렇다면 사랑으로 봉사를 한다는 것이 그에게 단번에 가능하지는 않았을 것이다. 아마도 그는 점차 봉사의 정신으로 성숙할 때까지, 처음에는 자신의 의무를 마지못해 이행해야 했을 것이다. 이런 사정을 고려하여 베네딕도는 이 상호 봉사로 사랑을 키우라고 언명했을 것이다(『성규』 35,2 참조). 사랑, 특히 몰아적 사랑은 당연한 것으로 전제되지 않는다. 아마도 사랑은 그저 단초로만, 어쩌면 그저 선의로만 존재한다고 하겠다. 그러나 이 봉사를 거듭 수행하며 이에 자연스러워질수록 상호 사랑과 존중도 자라난다. 봉사를 성심껏 수행하고 거기에 거듭 헌신하는 것은, 그로써 공동체 안에서 하나의 영적 학습 과정이 되고, 이 과정은 물론 많은 내적 갈등이 따르지만 시간이 흐르며 열매를 맺는다.

그런데 발을 씻어 주는 일로 한 주간의 봉사가 다 끝나는 것은 아니다. 손과 발을 닦는 데 쓴 수건도 빨아야 하고, 주방 봉사에 쓴 모든 용기도 깨끗하고 온전한 상태로 당가當家에게 반납하여, 다음 주의 봉사를 위해 준비해 두어야 한다. 형제들을 대하는 세심함은 항아리나 접시, 수건 등을 다루는 세심함으로 이어진다. 베네딕도는 모든 물건을 '제단의 축성된 그릇처럼'(『성규』 31,10) 다루어야 한다고 수도원 관리자인 당가에게 말한다.[334] 그러므로 사랑으로 봉사한다는 것은 봉사에 사용되는 물건을 세심하게 다룬다는 의미이기도 하다. 결국 세심한 봉사는 근본 태도가 되어야 하는데, 이 태도는 삶 전체에, 지극히 평범한 일상적 물건을 다루는 일에도 각인된다.

영적 도전은 식탁에서의 상호 봉사라는 상황 속에서 특히 더 구체화되는 것 같다. 아마 이 때문에 베네딕도가 한 주간의 봉사를 시작하고 끝마칠 때 봉사자들이 공동체의 강복을 받아야 하며, 또한 공동체는 그들을 위해 기도해야 한다고 지시한 듯하다(『성규』 35,15-18 참조). 이것은 대부분의 수도원에서 오늘날까지 지켜 오고 있는 관습이다. 수도원의 다른 어떤 일에 대해서도 이런 식의 기도와 강복은 규정되어 있지 않다. 분명히 이 봉사는 영적 여정의 어떤 핵심을 건드리는데, 이 핵심이 수도승들에게 끊임없이 도전을 제기하며, 그래서 거기에 공동체의 기도가 필요한 것이다.

매주 발을 씻어 주는 일은 오늘날 더는 일반적이지 않다. 이것을 안타까워해야 하는가? 아니면 이 일을 대신할 새로운 단초들이 있는가? 발을 씻어 주는 일에서는 상호 봉사와 존중이라는 과제가 — 온갖 불화와 갈등을 넘어 — 특별한 방식으로 구체화된다고 하겠다. 나는 여러 해 동안 장상으로서 성목요일에 세족례를 거행했다. 나는 매번 많은 사람 앞에서 내 형제들 중 한 사람이나 손님 앞에 무릎을 꿇고 그의 발을 씻어 준 뒤 수건으로 닦고 조심스레 다시 바닥에 내려놓았다. 이것을 열두 사람에게 반복했다. 그때 나와 그들의 마음속에서 무슨 일이 일어났는지 나는 알지 못한다. 다만 그때 사람들이 서로 잘 알고 있든 아니든 어떤 깊은 차원에서 관계가 맺어졌다는 느낌을 늘 받았다. 가끔은 이런 생각도 들었다. 만일 우리 공동체에서 이런저런 기회에 이 일을 더 자주 행한다면 무슨 일이 일어날까? 내가 한 형제와 질긴 갈등을 겪고 있는데 우리가 서로 발을 씻어 주기로 한다면, 또는 마침 우리가 주방 봉사로서 발을 씻어 주어야 할 차례가 된다면 무슨 일이 일어날까? 우리가 한마디 말도 하지 않고 그저 몸짓만으로 정성껏 서로의 발을 씻어 준다면 무슨 일이 일어날까? 이것이 문제를 해결해 주지는 못하겠지만 관계와 인식은 변화시킬 것이다. 이런 것을 발전시키지 못할 이유가 어디에 있겠는가?

우리의 손님 숙소에서 진행되는 영성 프로그램에서도 때때로, 예컨대 성목요일 전례 준비에서 세족례가 거행되고는 하는데, 가족 프로그램을 할 때는 두 배우자가 우리의 안내를 받은 뒤 말없이 서로의 발을 씻어 준다. 그러면 참여자들은 완전히 새로운 방식으로 몸과 영혼에 가 닿는, 이 단순한 행위에 늘 매혹된다. 이 관습이 수도원에서만 행해져야 하는 것은 아니다. 집에 가서도 배우자나 다른 가족과의, 또는 친구와의 이런 행위는 깊은 존경과 사랑의 표지가 될 수 있다. 존경과 사랑을 표현하는 것을 우리는 흔히 고단한 일상과 진부한 생활 속에서 잃어버렸다. 일단은 의식적으로 잡다한 일을 중지하고, 우리에게 중요한 사람들에게 말이나 몸으로 존경과 사랑을 표현하는 것은 하나의 기회가 될 수 있다.

그동안 손을 씻어 주는 의식도 발전해 온 듯이 보인다. 최근에는 손을 씻어 주는 의식으로 손님들을 맞는 어느 베네딕도회 공동체에 대한 소식이 대중 매체에 소개되기도 했다. 거기서는 손님들 손에 물을 부어 주며, 그 물을 다시 그릇에 받아 모은다. 이것은 베네딕도 시대에도 관습이었다. 수도승은 방문한 손님들에게 손 씻을 물을 부어 주고, 그런 다음에는 그들의 발을 씻어 주었다(『성규』 53,12-13 참조). 손 씻어 줌은 발 씻어 줌보다 단순하고 수월하다. 이 관습이 지금 널리 퍼지고 있는 듯한데, 때로는 수도원 담 밖에서도 다른 모임이나 프로그램에서 실행되고 있다. 이 관습이 여러 좋은 영향을 미치자, 급기야 손을 씻어 주는 의식을 인류무형문화유산으로 지정해 달라는 신청까지 유네스코에 접수되었다.[335] 이 관습이 인류무형문화유산이 되어야 하는가 하는 문제는 여기서 다룰 주제가 아니다. 아무튼 이 의식 자체는 숙고해 볼 가치가 있다. 가령 어떤 회합의 참석자들에게 주재자나 의장이 과거에는 노예의 일이었던 이 작은 봉사를 행한다면, 이런 행동은 참석자들로 하여금 존중받고 있음을 몸으로 느끼게 해 주며, 또한 골치 아픈 문제로 딱딱해진 태도를 부드럽게 만들어 주고, 관계를 정화하는 데도 기여할 수 있다. 덧붙여 주재자나 의장은 손을 씻어 주는 행동을 통해 자신의 직책이 일차적으로 봉사라는 것을 뼛속까지 의식하게 된다. 손해 볼 것은 전혀 없다! 이런 관습들은 온유하고 소박하게 보이지만, 분명 영적 전투에서 효과적인 무기가 될 수 있으니, 경직된 틀과 태도를 부드럽게 만들어 몰아적 사랑으로 나아가게 하기 때문이다.

여정의 열매인
완전한 사랑

베네딕도는 자신이 쓴 규칙서의 머리말 말미에서 넓은 마음과 말할 수 없는 사랑의 기쁨에 관해 말하는데, 과연 수도승의 여정, 곧 영적 전투는 바로 여기에 이르고자 한다(『성규』 머리말 49 참조). 또한 7장 말미에서는 겸손의 여정은 하느님에 대한 완전한 사랑에, 더는 두려움을 모르고 마치 저절로인 듯, 좋은 습관인 듯 선을 행하는 사랑에 이른다고 말하는데(『성규』 7,67-70 참조), 이것이 구체적으로 무엇인지는 상술하지 않는다.336 그리고 72장에서 베네딕도는 이 주제를 다시 한번 다루면서 마음속에서 터져 나온 이 완전한 사랑을 어떻게 실천해야 하는지 구체적으로 지시한다. 흔히 72장은 『성규』의 전체적 요약으로, 곧 '베네딕도의 마지막 말'로 지칭된다. "이 장은 『성규』 전체의 관심사들을 총괄 요약하며, 그것들을 인상 깊은 기본 원칙들로 표명하고 있다."337 아퀴나타 뵈크만은 이를 더 명확히 표현한다. "이 장은 『성규』의 정점이자 이를테면 베네딕도의 유언인데, 우리에게 그의 규칙에 담

긴 깊은 차원을 열어 보여 주고 그의 가장 본질적인 관심사를 일별하게 해 준다."338 여기서는 숭고한 사랑이라는 목표가 일상에서 어떻게 실천될 수 있는지 구체적으로 제시된다. 이 텍스트는 면밀히 살펴볼 가치가 있다. 베네딕도가 먼저 말하는 것은 하느님에게서 떨어지게 하여 멸망으로 이끄는 나쁜 열정이 있고, 하느님께 이끄는 좋은 열정이 있다는 것이다. 그런 다음 또 말한다. "그러므로 수도승들은 지극히 열렬한 사랑으로 이 열정을 행동으로 옮겨야 한다. 즉,

- 서로 공경하기를 먼저 하고
- 육체나 품행상의 약점을 지극한 인내로 참아 견디며
- 서로 다투어 순종하고
- 아무도 자기에게 유익하다고 여기는 것을 찾지 말고 오히려 다른 이에게 유익하다고 여기는 것을 찾을 것이며
- 몰아적인 형제 사랑을 실천할 것이다.
- 사랑으로 하느님을 두려워하고
- 자기 아빠스를 솔직하고 겸손한 애덕으로 사랑할 것이며
- 절대로 아무것도 그리스도보다 선호하지 말 것이니,
- 그분은 우리를 모두 함께 영원한 생명으로 인도하실 것이다."

여기서 좋은 열정은 '지극히 열렬한 사랑'[원문에는 최상급(ferventissimo amore: '가장 열렬한 사랑')으로 되어 있다]과 동일시된다. 이것이 의미하는 바는 금방 다 타 버리는 초심자들의 짚불 같은 열정이 아니라, 숭고한 사랑을 먹고 살기에 쉬이 꺼지지 않는 그윽한 잉걸불 같은 사랑이다. '지극히 열렬한 사랑', '가장 열렬한 사랑'은 우리가 요구할 수도, 작정할 수도 없는 사랑이다. 그런 잉걸불은 오랜 과정을 거쳐 피어오른 것이 틀림없다. 잉걸불은 그냥 거기 존재하며 작용한다. 이런 배경에서 수도승들의 상호 관계를 위한 다음의 지시들을 더 깊이 이해할 수 있다.

- 서로 공경하기를 먼저 하고
- 육체나 품행상의 약점을 지극한 인내로 참아 견디며
- 서로 다투어 순종하고
- 아무도 자기에게 유익하다고 여기는 것을 찾지 말고 오히려 다른 이에게 유익하다고 여기는 것을 찾을 것이다.

여기서 수도승들은 서로를 위해 존재하며, 서로를 섬기는 일에 고무되어 있다. 자신의 이익을 꾀하는 것보다 남이 잘되는 것에 관심을 기울인다. 심지어 당연히 분개할 만한 남들의 까다로운 성품조차 '지극한 인내로'[이 낱말도 원문에는 최상급(patientissime: '최고로 인내하여')으로 되어 있다] 참아 견딘다.

그렇게 완벽하게 서로를 대하는 공동체가 존재하리라고 우리는 상상하기 어려울 것이다. 베네딕도는 그저 순진한 사람일까? 마지막에 와서 일종의 유토피아를 추구하려 하는 것일까? 그렇지 않다! 베네딕도가 자기 수도승들에게 그래야 한다고 말하기는 하지만, 이 맥락에서 이것은 모든 사람이 항상 이행해야 하는 도덕적 요구로 이해될 수 없다. 이것은 예수의 산상설교와 같은 경우라 하겠다. 여기서는 하나의 목표가 뚜렷이 표명되는데, 눈앞에 생생히 제시되는 이 목표는 하느님 나라가 사람들 안에 발현하기 시작하면 사람들이 어떻게 될 수 있는지를 알려 준다.

내가 영성 프로그램에서 이런 텍스트를 언급하면, 즉시 반론이 돌아온다. "그렇다면 모든 것을 그냥 감수해야 합니까?" "자기 자신을 배려하는 것도 안 된다고요? 자기 사랑은 뭐라 해도 꼭 필요해요!" 이런 말들은 당연히 옳으며, 사실 지난 시대에는 너무 등한시되기도 했다. 그러나 그 이상의 단계들도, 몰아적 헌신이 요구되는 동시에 가능하게 만드는 내적 발전의 단계들도 있지 않은가? 게오르크 홀츠헤르는 『성규』의 이 텍스트에 대한 주해에서 요한 카시아누스의 말을 길게 인용하는데, 거기서 카시아누스는 이 텍스트에서 언급된 태도는 약자들이 아닌 강자들의 표지임을 밝힌다. "자기 뜻을 상대의 뜻에 맡기는 사람은, 완강하게 자기주

장을 고집하고 방어하는 상대보다 대개 더 강하다. 남을 참고 견디 내는 사람은 자신이 강함을 드러내는 것이다. 이와는 반대로 거의 병적으로 약한 기질의 사람은 세심하고 온화하게 대해야 한다. 때때로 사람은 남의 안녕과 평안과 행복을 위해, 자신에게 꼭 필요한 것들도 양보해야 한다. 그렇다고 그 사람이 마지못해 타협을 했기 때문에 그것은 완전한 사랑이 아니라고 생각해서는 안 된다. 오히려 그 사람이 인내와 관용의 은사를 받았음을 알아야 한다. … 요컨대 약자는 결코 강자를 참아 내지 못한다. 그 밖에도 약자는 천성적으로 번번이 성급하게 남의 감정을 상하게 하거나 갈등을 일으키지만, 정작 자신은 부당함의 그림자조차 결코 용인하지 못한다는 것도 확인할 수 있다."339 『성규』 7장 말미에서 언급한 완전한 사랑이 일상에서 어떻게 실천되는지를 72장이 보여 준다는 해석이 옳다면, 여기서 베네딕도는 정화의 여정을 끝까지 걸을 때 무르익을 열매들을 말하고 있는 것이다. 요컨대 그는 여기서 그의 수도승들이 '어떠한 경우에도', '어떠해야 한다'고 말하는 것이 아니라, 그들이 영적 전투의 여정에 헌신하면 '어떻게 되어야 하는지', 또는 '어떻게 될 수 있는지'를 말하고 있는 것이다.

이것은 베네딕도가 제시하는 그다음 요점에서도 분명해진다. "몰아적 형제 사랑을 실천할 것이다." 이 구절의 라틴어 원문에 나오는 'castus'라는 낱말은 보통 '순결한/순수한'을 의미하지만,

여기서는 '몰아적인/사심 없는'으로 번역해야 할 것이다. 규칙서의 다른 구절(『성규』64,6 참조)과 교부들의 문헌에서 이 낱말의 용례를 고려하건대, 이 표현은 성적 순결함과 관련되는 게 아니라, 속셈이나 이기적인 의도 없이 남들을 헌신적으로 대함을 의미한다.340 자기 자신과의 평화에 이른 사람은 자기 자신과 치열하게 씨름한 것이 틀림없다. 남들에게 자신의 욕구를 투사하거나, 남들에게 의존하지 않으려고 자신과 씨름한 것이다. 그래서 그는 동료 인간들을 사심 없이, 즉 그들을 자기 의도대로 이용하지 않고, 모욕과 배척과 비방을 하지 않고, 남들을 사랑할 수 있다. 같은 것이 장상에 대한 관계에도 적용된다. "자기 아빠스를 솔직하고 겸손한 애덕으로 사랑할 것이다." 이 경우 수도승은 자기 장상을 사랑하되 아버지상을 투사하지 않는다. 다시 말해 어떤 기대에 가득 차서 장상에게 의존하거나, 아니면 장상에게 실망하여 거부하지 않는다. 장상과의 사랑과 관계는 성실하면서도 솔직해야 한다. 수도승은 솔직함을 가지고 자신이 실제로 생각하고 있는 바를 말하고, 또 어떤 일이 자신에게 맞지 않을 때도 솔직함을 가지고 말해야 한다(『성규』 68장 참조). 그러면 장상은 자신이 그 수도승을 어떻게 대해야 할지 정확히 알게 된다. 이 사랑은 겸손하다. 수도승은 장상을 장상으로 알고, 시기심이나 권한 시비 없이 그의 직책을 존중할 수 있다. 여기서도 수도승이 영적 전투 여정에서 이처럼 성숙한 방식으로 장상과 사부를 대할 수 있다면, 그는 자신의 나쁜 행동 양식과 치열하게 씨름하여 내적으로 자유롭게 되었음이 틀림없다. 베네딕도가 이제서야, 곧 내적 여정의 마지막에 와서야 처음으로 수도승이 자기 아빠스를 사랑해야 한다고 말하는 것은 의미심장하다. 이전에는 형제들에게 두려움의 대상이 되기보다 사랑받을 수 있도록 처신해야 한다고 아빠스에게만 말했다(『성규』 64,15 참조).

끝으로 베네딕도는 두 가지를 더 지시하는데, 이 두 가지는 수도승들이 아니라 하느님 또는 그리스도와 관련된다.

- 사랑으로 하느님을 두려워하라.
- 절대로 아무것도 그리스도보다 선호하지 마라.

수도승들이 하느님을 사랑으로 두려워해야 한다는 것은 일단 아주 뜻밖인데, 『성규』 7장 67절에서는 마음속에서 터져 나오는 하느님에 대한 사랑이 모든 두려움을 몰아낸다고 말했기 때문이다. 여기서 말하는 하느님에 대한 두려움(라틴어: timor Domini)은 하느님에 대한 공포와 아무런 관계가 없다. 이것은 하느님에 대한 경외와 닮았으니, 이 경외는 하느님의 거룩하심에 대한 전율에서 생겨나서 경배와 겸손으로 나아간다. 하느님에 대한 사랑과 경외와 섬김은 성경만 아니라(신명 10,12-21 등 참조), 『성규』와 교부들의 전통에서도 서로 긴밀히 결부되어 있다. 과연 사람들은 사랑의 두려움에 관해, 즉 사랑에 해를 입히지나 않을까 '두려워하는' 것에 관해 말한다.[341] 인간이 관계를 맺고 있는 하느님은 그저 해롭지 않은 '사랑스러운' 하느님이 아니라, 사랑인 동시에 거룩하심이기도 한 하느님이다. 이 하느님은 당신의 거룩하심과 영광 앞에 인간이 전율하지만, 그럼에도 인간에게 가까이 다가오시고 당신의 사랑으로 인해 인간을 가슴에 꼭 껴안고자 하신다. 인간이 온전히 정화되어 이처럼 그윽한 하느님과의 관계 속에 뿌리를 내릴 때까지는 오랜 시간이 걸린다. 그제야 수도승은 '절대로 아무것도 그리스도보다 선호하지 않는' 경지에 이르게 된다. 완전한 사랑이 발현하면, 그 사랑은 하나이자 모든 것이 된다. 그러면 지금 이 세상의 다른 모든 것이 중요하지 않게 되는 것을 전혀 근심할 까닭이 없다. 하느님과 그리스도가 '하나이자 모든 것'이 되면, 사랑이 '지극히 열렬해'지면 그 사랑은 (『성규』 7장 68절처럼) 마치 저절로인 듯, '마치 자연적인 듯', '마치 좋은 습관인 듯' 다른 사람들에게로 넘쳐흐르며 대하기 까다로운 사람들에게로도 넘쳐흐른다. 그리고 이 '그리스도에 대한 사랑'으로 심지어 '원수를 위해 기도할' 수 있다(『성규』 4,72 참조). 이러한 사랑의 작용에 대해 베네딕도는 이전에 자신의 견해를 상세히 밝힌 바 있다.

아직 마지막 절이 남았다. "그분은 우리를 모두 함께 영원한 생명으로 인도하실 것이다." 이제는 더 이상 수도승에게 어떤 행동을 촉구하지 않는다. 우리를 인도하고 완성하실 분은 바로 그리스도 그분이라는 사실을 일깨울 뿐이다. 그분 없이 인간은 길을 발견할 수도, 전투와 전진을 위한 힘을 얻을 수도 없다.342 이 구절에서 베네딕도는 더는 형제들에게만 요구하지 않고, 자기 자신도 포함시킨다. "그리스도께서 우리를 영원한 생명으로 이끌어 가시기를."343 이것은 베네딕도 자신이 돌연 작은 배에 함께 올라앉아서 그리스도께 자신들을 모두 함께 목적지로 인도해 주십사 청하는 듯한, 실로 감동적인 분위기를 자아낸다. 그들은 모두 함께 목적지에 도달해야 하니, 아무도 뒤처지거나 잃게 되어서는 안 된다.

이 구절을 읽을 때면 나는 "이런저런 자가 저기 천국에 들어간다면, 그렇다면 나는 차라리 거기 가지 않겠다"라는 말을 곧잘 들었던 것이 생각난다. 이런 말이 의미하는 바가 얼마나 심각한 것인지는 일단 제쳐 놓자. 아무튼 여기서 베네딕도는 형제들이 진정으로 다 함께 길을 가려 한다는 것, 또한 다 함께 목적지에 도달하려 한다는 것, 요컨대 그들이 지금 이 순간 (비록 자신들의 실제 관계가 온갖 난제와 갈등으로 패어 있음을 알고 있지만) 언제까지나 함께하려 한다는 것을 전제하고 있다. 여기서 자문해야 할 것은 '천국에서는 어떤 모습으로 그렇게 함께할 수 있는가' 하는 문제가 아니다. 우리가 '지금 이 순간 온갖 난제와 갈등을 무릅쓰고 상호 사랑의 여정을 목적지에 이를 때까지 기꺼이 함께 가려 하는가' 하는 문제다. 이것은 수도승 공동체는 물론, 가정이나 다른 여러 공동체가 마땅히 자문해야 할 윤리적 문제다.

이번 장을 돌아보건대, 다음 사실도 유념해야겠다. 베네딕도가 수도승들에게 앞서 언급한 모든 권고를 이행하고 그에 합당하게 처신해야 한다고 말할 때, 물론 그는 이 모든 것이 수도승이 하느님에 대한 완전한 사랑에 사로잡혀야 비로소 가능해진다는 것을 알고 있다. 그때는 수도승에게 이 모든 당위('해야 함')가 전혀 수고가 아니니, 오히려 열매로서 주어진다. 그럼에도 베네딕도는 수도승이라면 누구나, 그의 내적 진보가 어떤 수준인지 관계없이, 지금 이 순간 (최소한 단초적으로라도) 형제들을 사심 없이 사랑하고 그들에게 봉사하려 해야 한다고 생각하는 것이 확실하다. 여기에는 까다로운 형제들을 참아 내는 일과 장상을 솔직하고 성실하게 대하는 일도 포함되어 있다. 사랑은 작은 발걸음들로 성장한다. 그리고 만일 그런 사랑이 성장하지 않는다면, 이것은 '사랑의 건축 공사장'에서 어디에 더 주의를 기울여야 하는지 분명히 알 수 있는 유용한 기회라고 하겠다. 자신이 지금 어디에 서 있으며 무엇에 더 힘써야 하는지는 이론이 아니라 행위에서 드러난다. 베네딕도는 하느님에 대한 완전한 사랑이 발현되면 그 사랑이 다른 사람들에게 흘러갈 것임을 잘 알고 있지만, 일상에서 행하는 사랑의 작은 발걸음들도 알고 있다. 이 발걸음들이 공동체를 치유하며, 또 완전한 사랑의 발현을 준비한다.

끝으로 한 가지 모습을 더 떠올리자. 완전한 사랑이 발현된 수도승은 어떤 모습일 것인가? 이에 대해서는 베네딕도가 명시적으로 의지하고 있는(『성규』 73,5 참조) 대 바실리우스가 묘사한 바 있다. 여기서 바실리우스는 나이 든 수도승들이 젊은 수도승들에게 어떤 유익함을 줄 수 있는가 하는 물음에서 출발한다. 대답은 다음과 같다. 원로 수도승들은 건강이 허락한다면, 자신이 하는 모든 일에서 큰 열정을 보여 주고 젊은이들의 본보기가 되어야 한다. 그러나 그들이 병들거나 약해졌다면, 그때는 무엇보다도 "그들이 그런 상태에서도 영혼을 위해 살아감으로써, 그들의 얼굴과 모든 몸짓을 통해 자신이 하느님의 보호 아래, 그리고 주님 앞에 존재한다는 확신을 빛냄으로써 젊은이들에게 도움이 될 수 있다". 수도승들은 노년에 이르면 하느님과 그분 사랑으로 충만한 경지, 사람들이 그들의 표정과 크고 작은 행동에서 그 사실을 인식할 수 있는 그런 경지에 이르러야 한다. 이 원로들은 더는 아무 일도 할 수 없지만, 그래도 ― 사랑 안에 ― 존재할 수 있다. 사랑이 그들의 인간 존재를 온통 변화시킨 데다가, 이 사실 자체가 젊은 수도승들에게 일종의 봉사가 되니, 긴 세월이 흐르면서 사람이 어떻게 변화할 수 있는지를 그 젊은이들이 인식할 수 있기 때문이다.

바실리우스는 여기에 덧붙인다. 더는 아무 일도 할 수 없는 이 원로들은 "사도(바오로)께서 열거한 사랑의 특별한 속성들 — '사랑은 참고 기다립니다. … 사랑은 모든 것을 견디어 냅니다. 사랑은 언제까지나 스러지지 않습니다'(1코린 13,4-8) — 을 보여 줌으로써" 젊은이들에게 도움이 될 수 있다. 그런 다음 바실리우스는 이런 문장으로 끝맺는다. "이 모든 것은 병약한 몸으로도 행할 수 있다."344 원로들은 사랑을 널리 드러낼 뿐 아니라 — 그들의 기력이 허락하는 한 — 남들을 다정히 대한다. 그들을 가득 채운 하느님의 사랑과 현존이 동료 인간들에 대한 사랑으로 계속 작용하는 것이다. 이것이 원로들의 사명이다. 이러한 모습은 나이 든 수도승들만 아니라, 인간 존재의 변화를 겪은 여느 나이 든 사람에게도 해당된다. 젊은 사람들은 자신들이 그렇게나 열렬히 추구하는 행복이 무엇인지 그들에게서 짐작할 수 있다. 행복은 재산이나 지위의 '소유'에도 출세나 지식의 획득에도 있지 않으며, 오히려 행복은 모든 인간에 대한 사랑에, 그리고 자신이 화해한 삶 자체에 대한 사랑에 있다. 이것이 숭고한 삶의 지혜다. 언젠가 나에게 와서는 자신이 우리의 나이 든 형제들 중 한 사람과 오랫동안

즐겁게 대화를 나누었다고 말한 한 수련자를 기억한다. 수련자는 그 원로 형제가 많은 곤경을 겪어야 했다는 것, 그럼에도 — 아마도 바로 곤경을 통해 — 원숙한 사람, 사랑받는 사람이 된 것에 깊은 감명을 받았다고 했다. 수련자가 말했다. "수도원 안에서 그분처럼 될 수 있다면, 그렇다면 여기에 머무를 만하네요."

앞서 인용한 아퀴나타 뵈크만의 설명, 곧 "이 장(72장)은 『성규』의 정점이자 이를테면 베네딕도의 유언인데, 우리에게 그의 규칙에 담긴 깊은 차원을 열어 보여 주고 그의 가장 본질적인 관심사를 일별하게 해 준다"[345]라는 설명의 의미가 이제 분명해진다. 이 여정의 가장 본질적인 관심사와 깊은 차원은 하느님 사랑과 이웃 사랑이 일치를 이루어 발현되는 것인데, 우리는 이를 특히 원로들에게서 확인할 수 있다. 평생을 영적 전투에 투신하여 이 해방적 사랑에 뿌리내린 사람들이 점점 더 많아진다면, 이것은 나이든 사람이 젊은이보다 더 많은 우리의 수도승 공동체들과 우리의 고령화 사회를 위해 축복이 될 것이다. 이렇게 원로들은 수도원들을 위해, 또한 우리 사회를 위해서도 풍성한 열매를 맺게 하는 힘이 될 수 있다.

마무리 물음:

지상에 낙원이 있을까?

앞선 몇 장에서는 영적 여정의 목표와 넓은 마음과 완전한 사랑에 관해 많은 것을 이야기했다. 이 목표들은 죄와 악습들, 영혼의 부정적 행동 양식과 낙인들이 정화되고 수도승의 마음이 평정에 이를 때 성취되며, 그때는 수도승이 관상적 삶으로 나아가게 된다. 이제는 다음과 같은 물음이 제기된다. 그렇다면 이것은 넓은 마음과 완전한 사랑과 관상 안에서 — 요컨대 지상의 영적 낙원에서 — 살아가는 그런 상태가 성취될 수 있다는 의미인가? 아니다. 전반적으로 그런 것을 의미하는 것은 아니다. 아마 몇몇 진기한 예외는 있겠지만, 영적으로 모색하는 사람들 대부분에게, 또한 매우 관상적으로 살아가는 남녀 수도승들에게도 그런 것은 일반적인 상태가 아니다.

전통적인 문헌 자료나 베네딕도를 보아도 그러한 인상을 받게 된다. 베네딕도는 이 길이 처음에는 좁지만, 길을 나아갈수록 마음이 점차 넓어지고 말할 수 없는 사랑의 기쁨에 차서 계속 나아갈 수 있다고 말한다(『성규』 머리말 47-49 참조). 그런데 여기서 주목할 것은 베네딕도가 마음이 넓어짐에 관해서만 이야기한다는 것이다. "길이 넓어지는 게 아니라, 마음이 넓어진다. 이것은 우리에게 다음의 사실을 의미한다고 하겠다. 나의 일상이 변할 까닭은 없고, 난제들은 아마 그대로일 테지만, 마음이 넓어져서 나는 현실을 다르게 보고 받아들일 수 있다. 넓은 마음은 … 하느님이 우리 안에서 인격적으로 현존하며 작용하신다는 것을 내포한다." 346 요컨대 이 길은 여전히 좁겠지만, 그럼에도 마음은 넓어질 수 있다. 많은 문제와 도전은 앞으로도 오래 지속되겠지만, 그럼에도 형언할 수 없는 사랑의 기쁨이 점차 꾸준히 펼쳐질 수 있다. 이것은 어려운 일들을 회피하지 말고 수도원에서 죽을 때까지 견디어내어 '그리스도의 수난에 동참함'으로써, 장차 '그분과 함께 그분의 나라를 상속하자'는 베네딕도의 촉구에도 드러나 있다(『성규』 머리말 50 참조). 여기서는 내세의 목적지, 하늘나라가 눈앞에 제시된다. 그러나 그곳에 이르기에 앞서, 우리의 사명은 그리스도를 따르는 것, 그분 수난에 함께하는 것이다.

평생을 그리스도의 수난에 함께한다는 것, 이것은 무슨 의미인가? 베네딕도가 의미하는 바는 우리가 고생거리를 가능한 한 많이 찾아야 한다거나, 장상이 형제들에게 최대한 많은 짐을 지워야 한다는 게 아니다. 중요한 것은 인위적이고 의도적으로 부과된 짐이나 지나친 금욕 수련이 아님을 베네딕도는 거듭 강조한다. 베네딕도가 다만 기대하는 것은 우리가 삶의 안팎에서 맞닥뜨리는 환난과 도전들을 영적인 짐과 요구로 받아들여 주님과 함께 지고 견뎌 냄으로써, 영혼이 정화되고 사랑이 자라나는 것이다. 환난은 계속되고 우리 삶은 더욱 막막해지더라도 마음은 더 넓어질 수 있으니, 이미 바오로가 말한 대로다. "우리는 온갖 환난을 겪어도 억눌리지 않고, 난관에 부딪혀도 절망하지 않습니다"(2코린 4,8). 때로는 삶이 거의 견딜 수 없을 만큼 힘들게 보이지만, 그럼에도 절망하지 않기에 숨을 쉴 여유와 넉넉한 희망이 존재하는 것이다.

나는 토고에 있는 우리 형제들에게서 이런 잠언을 들은 적이 있다. "삶은 희망과 결혼한 고통이다." 고통은 삶의 일부지만, 언제나 생명과 기쁨을 바라보게 하는 희망 역시 삶의 한 부분이다. 한 아프리카 작가는 더 정곡을 찔러 말한다. "아프리카의 인간론은 비극적 배경을 가진 즐거운 실존주의다."347 많은 유럽인이 아프리카에 가서 온갖 곤경 한가운데 있는 풍성한 삶의 기쁨을 발견하고는 크게 놀라곤 한다. 내가 읽은 한 아프리카 신학 책에서는, 진정한 행복과 순정한 삶의 기쁨을 누리고 싶어 하는 유럽의 그리스도인들이 아프리카의 그리스도인들에게서, 십자가와 부활은 서로 결부되어 불가분의 한 실재를 이룬다는 것을 배울 수 있다고 말한다. 고통 한가운데서 부활을 깨닫고 실천하는 일이 중요하다는 것이다.348

수도승들에게로 다시 돌아가자. 가브리엘 붕게는 에바그리우스와 연계하여 거듭 지적하기를, 우리는 영적 전투에서 결코 안전하다고 느껴서는 안 되니, 유혹과 시련은 "이 삶에서 결코 사라지지 않기 때문이다. 아니, 우리가 영적인 삶에서 앞으로 나아갈수록 그만큼 더 격렬해지기 때문이다"349라고 했다. 우리는 악습들을 완전히 극복할 수는 없을 것이다. "과연 우리는 격정들을 뿌리째 뽑아 버리는 사람들이 아니라, 그것들과 맞서 싸우는 사람들이다."350 요컨대 전투는 계속되지만, 또한 그러면서 우리는 전진한다.

마이클 케이시는 베네딕도가 자신의 규칙서 4장에서 수도승이 영적 진보를 위해 지속해서 사용해야 하는 73가지 '영적 기술의 도구'를 먼저 열거한 다음, 마지막 도구로 "하느님 자비에 대해 결코 실망하지 마라"(『성규』4,74)를 추가하는 것을 보고 있자면, 완전히 우롱당한 느낌을 받을 수도 있다고 말한다.[351] 만일 오랜 노고에도 불구하고 전투가 여전히 결정적 평화에 이르지 못한다면, 그것은 진짜로 '실망'할 만하다. 그러나 이로써 바로 영적 전투의 깊은 의미가 뚜렷이 드러난다고 하겠다. 수도승은 하느님의 자비가 필요하니, 안팎의 곤경 속에서 자신의 약함을 거듭 절감하고 하느님의 자비에 의지하게 되기 때문이다. 같은 의미에서 카시아누스도 이렇게 말한다. "요컨대 그대들은 오직 인내하는 이들과 약한 이들만 주님의 전사로서 싸울 수 있다는 것을 보고 있다. 그들은 … (바오로께서) 확신을 가지고 '내가 약할 때에 오히려 강합니다'(2코린 12,10), '힘은 약한 데에서 완전히 드러납니다'(2코린 12,9)라고 말씀하신 그 약함에 단단히 근거하고 있음이 확실하다."[352] 영적 전투는 결코 끝나지 않는다. 약함과 패배의 경험은 언제까지나 이 여정의 일부다. 그러나 이 환란 한가운데서 하느님과의 만남도 여정의 한 부분이다. 이와 관련하여 마이클 케이시는 말하기를, 영적 전투에 헌신하는 사람은 일반적 의미의 승리자는 되지 못한다고 한다. 그는 오히려 "일종의 반反영웅이다. 원래 그에게는 토머스 머튼이 '프로메테우스적 덕성'이라고 지칭한 것의 기미가 없다. 그리스도교의 성인은 여전히 우리 가운데 하나로 머물러 있다. … 영적 고양의 정점에서조차도 그리스도의 십자가로부터 벗어나지 않는다. 변한 것이라고는 수도승이 더는 헛된 저항을 하지 않는 것을 체험으로 배웠다는 사실뿐이다. 그는 인간이 체험하는 최악의 상황들 속에도 하느님이 친히 함께하신다는 사실을 체인體認하기 시작한 것이다."353

이것은 수도승들만의 체험이 아니다. 같은 체험을 요한 제바스티안 바흐도 모테토(무반주 성악곡)로 만든 한 유명한 성가를 통해 표현하고 있다. 우리에게는 익숙하지 않은 언어인 바로크 양식의 이 모테토는 모든 그리스도인을 위해 영적 전투라는 주제의 핵심을 다시금 일깨운다. 이 노래의 두 연을 옮겨 쓰자.

예수, 나의 기쁨
내 마음의 초지草地
예수, 나의 자랑
[…]
그대의 가호 아래
나는 모든 원수의
돌격에서 자유롭네
사탄이 냄새 맡으며 찾고
원수가 격노해도
예수 내 편일세.

시방 천둥이 으르대고 번개 번쩍여도
죄와 지옥이 끔찍이 겁주어도
예수 나를 지켜 주시네.
그 옛날 용을 거슬러
죽음의 복수를 거슬러
또한 두려움을 거슬러!
날뛰어라, 세상아, 그리고 쪼개져라
나는 여기에 서서 노래하네
더더욱 안전한 평온 속에서.
하느님의 권능이 나를 보살피시니
땅과 나락은 입 다물어야 하네
그것들 아직 그리 투덜대지만.[354]

사람들은 이 텍스트가 사랑 노래인지 아니면 전투 노래인지 의문이 들 수도 있는데, 사실 두 가지 측면이 서로 촘촘히 교차하고 있다. 아무튼 영적 전사에게 분명한 것은 아무리 무섭게 번개가 치고 천둥이 울고 죽음과 악마가 인간을 거슬러 돌격하더라도 승리자는 언제까지나 생명과 사랑이라는 사실이다.

이 노래의 바로크적 언어를 우리가 꼭 사랑해야 할 까닭은 없으니, 수도승 전통의 많은 텍스트의 언어가 흔히 까다롭고 이해하기 쉽지 않은 것과 마찬가지다. 어느 시대나 고유한 표현법이 있으며, 누구나 자신의 삶을 표현하기 위한 자신의 언어를 찾아내야 한다. 그런 까닭에 영적 전투의 광야를 헤쳐 온 이 긴 여정의 마지막에, 모든 독자가 저마다 이렇게 자문해 볼 수 있겠다.

　나 자신의 영적 전투 체험을 표현하기 위해 어떤 말과 표상을 선택할 것인가? 이 책에서 제시된 수도승 전통의 말과 표상들인가? 혹시 이 책을 읽어 나가면서 나 자신의 말과 표상과 체험도 의식에 떠올랐는가? 그렇다면 그런 말과 표상들은 앞으로의 여정에서 값진 영적 도구일 것이며, 이것이 우리가 갈수록 새로이 그리고 갈수록 깊이 생명과 사랑의 비밀을 깨닫고 그것에 근거하여 살아가도록 도와줄 것이다.

| 주 |

1 Fidelis Ruppert, Mein Geliebter die riesigen Berge 참조.
2 Die Homilien des Origenes zum Buch Josua. Die Kriege Josuas als Heilswirken Jesu.
3 Andreas F. Wittenberg, Die deutschen Gesang- und Gebetbücher für Soldaten und ihre Lieder 참조.
4 Uta Poplutz, Athlet des Evangeliums. Eine motivgeschichtliche Studie zur Wettkampfmetaphorik bei Paulus 참조.
5 에페 6,10 이하; 로마 13,12-14; 1테살 5,8 등 참조.
6 Heinrich Schlier, Mächte und Gewalten im Neuen Testament 참조.
7 Adalbert Hamman, Art. Militia; Johann Auer, Art. Militia Christi 참조.
8 David Brakke, Demons and the Making of the Monk. Spiritual Combat in Early Christianity, 23-37 참조. 그 밖에도 Puzicha, Kommentar, 71-72;

Puzicha, Quellen, 10-13; Böckmann, Christus, 96-97 참조.
9   Athanasius, Antoniusvita, 12 참조.
10 Athanasius, Antoniusvita, 10.
11 Apophthegmata, Miller, 16(Antonius 5).
12 Hermann Josef Sieben, Ausgestreckt nach dem, was vor mir ist. Geistliche Texte von Origenes bis Johannes Climacus, 40.
13 Erasmus von Rotterdam, Handbüchlein des christlichen Streiters. Übertragen und eingeleitet von Hubert Schiel. Olten 1952.
14 Aifons Auer, Die vollkommene Frömmigkeit des Christen nach dem Enchiridion militis Christiani des Erasmus von Rotterdam. Wilhelm Ribhegge, Erasmus von Rotterdam, 46-50 참조.
15 Erasmus von Rotterdam, Handbüchlein des christlichen Streiters.
16 Aimé Solignac, Art. Spiritualité. Le mot et l'historie, 1142-1160 참조.
17 Christine Mohrmann, Études sur le Latein des Chrétiens, 26과 89. Marianne Schlosser, Theologie der Spiritualität, 230-31. Bernhard Fraling, Überlegungen zum Begriff der Spiritualität, 187: "그러므로 영에 의해 추동됨이 영성의 의미 내용에서 첫째가는 근본 요소다."
18 Athanasius, Antoniusvita, 9.
19 Cassian, Ziegler, 221(Collatio, 7,8); 또한 Evagrius, Worte, 21-24도 참조.
20 Cassian, Ziegler, 274(Collatio, 9,6).
21 Cassian, Ziegler, 274-75.
22 Athanasius, Antoniusvita, 91.
23 Holzherr, 49-54; Puzicha, Kommentar, 47-58 참조.
24 Puzicha, Christus, 특히 현존하며 도우시는 그리스도에 관한 상론 23-25 참조.
25 Richard Benz가 라틴어 원문에서 번역한 Die Legenda aurea des Jacobus a Voragine, 901.
26 그리스어 낱말 *koinóbion*은 원래 '함께 사는 삶'을 의미하는데, 나중에는 '공동체가 함께 사는 곳'을 가리키는 말로 사용되었다: 라틴어 coenobium=수도원.
27 Puzicha, Kommentar, 71f; Holzherr, 71-74 참조.
28 Holzherr, 68 참조.

29 예를 들어 Daniel Hell, Die Sprache der Seele verstehen. Die Wüstenväter als Therapeuten 참조.
30 Evagrius, Worte, 19-21의 나의 상론 참조.
31 이 콥트어 낱말은 원래 가치중립적이며, 공동체 안에서 사는 사람들을 지칭했으나, 수도승 전통에서는 이 대목에서처럼 변종變種 수도승을 가리키는 말로 사용되었다; Holzherr, 75 참조.
32 동일한 표상을 베네딕도는 다른 맥락에서 다시 사용한다. 이 책 3부의 "불가능한 것'과 '견뎌 낼 수 없는 것'" 장 참조.
33 이 라틴어 개념에는 'gyrus'(=원, 회전)와 'vagus'(=유랑하는)라는 낱말들이 들어 있다.
34 Hans Freiherr von Campenhausen, Die asketische Heimatlosigkeit im altkirchlichen und frühmittelalterlichen Mönchtum; Jean Leclercq, Monachisme et pérégrination 참조.
35 Holzherr, 63-64; Pia Luislampe, Demut als Weg menschlicher Reifung, 27-29 참조. 마음의 넓어짐에 관한 교부 시대의 그 밖의 텍스트들에 관해서는 Aquinata Böckmann, Benediktinische Mystik, 373 참조.
36 Gregor, Benediktsvita, 197(Kap. 35,6).
37 Holzherr, 45 참조.
38 Evagrios, Praktikos 12,96-97 참조. 또한 Gabriel Bunge, In geist und Wahrheit, 178도 참조.
39 성 신클레티카는 일찍이 4세기에 베네딕도와 비슷하게 표현했다. "하느님을 향해 떠나는 사람들에게는 처음에는 힘겨운 전투와 노고가 있지만, 그 후에는 말할 수 없는 기쁨이 있다.": Synkletike, Vita, 52.
40 Pia Luislampe, Demut als Weg menschlicher Reifung; Demetrias von Nagel, Die Demut als innerer Weg. Zum 7. Kapitel der Reglula Benedicti 참조. 또한 Michael Casey, Wahrhaftigkeit leben, 199-200도 참조. 그는 『성규』 7장 말미에 묘사된 체험을 머리말 말미의 체험과 연결짓는다.
41 Klaus Demmer, Art. Tugenden, 1315-1318 참조.
42 요한 카시아누스는 더는 악습과 죄의 무거운 짐으로 괴로워하지 않는 영혼의 '자연스러운 가벼움'에 관해 말한다. Cassian, Ziegler, 272(Collatio 9,4) 참조.

43 Michael Casey, Wahrhaftig leben, 193-205 참조.
44 수도승의 이 두 가지 목표는 이미 요한 카시아누스가 Collatio 1(특히 Nr. 1-7)에서 상술했다. Cassian, Ziegler, 58-64 참조.
45 이 주제에 관해서는 또한 Anselm Grün, Lebensmitte als geistliche Aufgabe 도 참조.
46 Dorotheus, Lehre II, 349. 이런 맥락에서 은수자 안토니우스는 영혼의 자연스러운 아름다움과 조화에 관해 말한다. Athanasius, Antoniusvita, Kap. 20 참조.
47 요한 카시아누스는 마음 또는 정신의 탄력(intentio cordis, intentio mentis)에 관해 자주 언급하는데, 이것은 내적 활력의 느슨해짐을 방지하는, 목표를 지향하는 내적 각성을 의미한다. 예를 들어 Cassian, Ziegler, 59(Collatio 1,4) 참조. 또한 Michael Casey, Intentio cordis도 참조.
48 Cassian, Ziegler, 58(Collatio 1,2) 참조.
49 Cassian, Ziegler, 58(Collatio 1,2) 참조.
50 Cassian, Ziegler, 59.
51 Cassian, Ziegler, 122(Collatio 3,7).
52 Cassian, Ziegler, 62와 157-159(Collatio 1,6; 4,21) 참조.
53 Cassian, Ziegler, 113-138(Collatio 3) 참조.
54 Cassian, Ziegler, 123(Collatio 3,7).
55 Cassian, Ziegler, 119(Collatio 3,6).
56 예를 들어 Gerald Hüther, Was wir sind und was wir sein könnten. Ein neurobiologischer Mutmacher 참조. 또한 Gerhard Roth, Persönlichkeit, Entscheidung und Verhalten. Warum es so schwierig ist, sich und andere zu ändern(특히 149-154)도 참조.
57 Cassian, Ziegler, 123(Collatio 3,7).
58 Cassian, Ziegler, 124(Collatio 3,8).
59 Cassian, Ziegler, 138(Collatio 3,22) 참조.
60 Thomas Keating, Das kontemplative Geber, 특히 17-48, 93-109, 196-198 참조.
61 이에 관해서는 이 책 1부의 "'전사 학교'인 베네딕도 수도원" 장 참조.
62 Holzherr, 75 참조.

63 베네딕도와 동시대인인 가자의 도로테우스가 두 번째 포기를 아직 실행하지 않은 수도승들에 관해 언급하는 구체적 사례도 참조(Dorotheus, Lehre I, 143-145).
64 Benediktus Sauter, Kolloquien über die heiligen Regel, 9-12 참조.
65 Sentenzen III, 33, S. 427.
66 Sentenzen III, 33, S. 427.
67 Michael Casey, Fremd in der Stadt. Glaube und Werte in der Regel des heiligen Benedikt, 27-32 참조.
68 이에 관해서는 Michael Casey, Fremd in der Stadt. Glaube und Werte in der Regel des heiligen Benedikt, 11-26의 '단호함'에 관한 장과 96-97도 참조.
69 C. S. Lewis, Dienstanweisung für einen Unterteufel, 13.
70 이 책 1부의 "실제 전사는 누구인가?" 장 참조.
71 Gregor, Benediktsvita, 110-11(Kap. 2,1).
72 Cassianus, Thalhofer, 204(Instituta 10,3): "요컨대 악마는 자기가 잘 알고 있는 사람, 즉 이미 전투를 시작할 때부터 지레 도망갈 사람, 전투하여 승리하기를 바라지 않고 오히려 도망하여 안전하기를 바랄 사람을 더 빈번히 더 격렬히 공격할 것이다 …." 그래서 결국은 "그리스도의 투사(miles=군사)가 탈영병"이 된다.
73 Synkletike, Vita, 46(Kap. 45) 참조.
74 Athanasius, Antoniusvita, Kap. 5.
75 이 안토니우스 텍스트에 관해서는 Thomas Keating, Das kontemplative Gebet, 97-104의 설명 참조.
76 Laszlo Glozer, Westkunst, 109-111(도록과 도해) 참조.
77 문학과 조형 예술에서 이 주제의 응용에 관한 그 밖의 시사는 Apophthegma, Schwetzer, 515-518 참조.
78 Andreas Knuf, Ruhe da oben! 60-61 참조. 이 심리학자가 자기 책에서 서술하는 것은, 앞으로 이야기할 초기 수도승들의 많은 체험과 실천과 부합한다.
79 Evagrius, Worte, 59(Nr. 70) 참조.
80 Evagrius, Worte, 57(Nr. 58) 참조.
81 Evagrius, Antirrhetikos, 40 참조: "… 악령들이 우리를 거슬러 싸우고 자기네 화살을 우리에게 쏘아 대면 …."
82 이 책 1부의 "실제 전사는 누구인가?" 장 참조.

83 Evagrius, Antirrhetikos, 41.
84 Cassian, Ziegler, 221(Collatio 7,8).
85 이 책 2부의 "베네딕도는 우리를 어디로 이끌어 가는가?" 장 참조.
86 상응하는 전기(傳記)와 문헌상의 정보에 관해서는 Cassian, Ziegler, 25-29 참조. 또한 Gabriel Ziegler, Frei werden. Der geistliche Weg des Johannes Cassian, 13-21도 참조.
87 에바그리우스의 삶과 작품에 관해서는 Gabriel Bunge의 상론, Evagrius, Briefe, 17-93 참조.
88 Jeremy Driscoll, The "Circle of Evagrius", 64 참조.
89 Evagrios, Praktikos, 209(Kap. 56).
90 이에 관해서는 Gabriel Bunge의 상론 Gastrimargia, 18 참조.
91 Cassian, Ziegler, 60(Collatio 1,4) 참조.
92 이에 관해서는 Anselm Grün, Umgang mit dem Bösen, 19-29 참조.
93 Evagrios, Praktikos, 79(Kap. 6). 이 여덟 가지 근본적 범주의 역사적 발전에 관해서는 Columba Stuart, John Cassian's Schema of Eight Principal Faults and his Debt to Origen und Evagrius 참조.
94 Evagrios, Praktikos, 83-156(Kap. 7-33) 참조.
95 Evagrios Pontikos, Gedanken. 이에 관해서는 학술적 서문이 붙은 영어 번역본(Evagrius, Sinkewicz, 66-90) 참조.
96 Evagrios Pontikos, Gedanken(영어 번역본 60-65). 그러나 여기서는 여덟 가지가 아니라 아홉 가지 악습을 그와 대비되는 덕들과 함께 열거한다.
97 Cassian, Ziegler, 161-188(Collatio 5) 참조.
98 Cassian, Thalhofer, Bd. 1,95-271(Instituta 5-12) 참조.
99 Gabriel Ziegler, Frei werden. Der geistliche Weg des Johannes Cassian 참조.
100 Anselm Grün, Umgang mit dem Bösen. Der Dämonenkampf im alten Mönchtum. 그리고 같은 저자의 Einreden. Der Umgang mit dem Gedanken 참조.
101 Gabriel Bunge, Drachenwein und Engelsbrot. Die Lehre des Evagrios Pontikos zu Zorn und Sanftmut.

102 Gabriel Bunge, Akedia. Die geistliche Lehre des Evagrios Pontikos vom Überdruss.
103 Gabriel Bunge, Gastrimargia. Wissen und Lehre der Wüstenväter von Essen und Fasten, dargestellt anhand der Schriften des Evagrios Pontikos.
104 Mary Margaret Funk, Thoughts Matter. The Practice of the Spiritual Life 참조. 또한 Mary Margaret Funk, Humility matters for the Practicing of Spiritual Life, 21-81도 참조.
105 Evagrios, Praktikos, 79(Kap. 6).
106 이런 의미에서 카시아누스는 중단 없는 '상념의 맷돌'을 말한다. 이에 관해서는 Gabriel Ziegler, Frei werden, 83-86 참조.
107 Evagrios, Briefe, 224(11. Brief).
108 Doretheus, Lehre I, 129-30.
109 Rainer Jehl, Die Geschichte des Lasterschemas und seiner Funktion 참조.
110 예를 들어 Alfred Bellebaum (Hg.), Die sieben Todsünden. Über Laster und Tugenden in der modernen Gesellschaft; Peter Nickl (Hg.), Die Sieben Todsünden-Zwischen Reiz und Reue; Aviad Kleinberg, Die Sieben Todsünden. Eine vorläufige Liste; Heiko Ernst, Wie uns der Teufel reitet. Von der Aktualität der Sieben Todsünden 참조.
111 Fabienne Eggelhöfer와 Maria Horst가 편집한, "욕구와 악습. 일곱 가지 죽을죄-뒤러부터 나우만까지"라는 제목의 전시회 도록 참조.
112 Evagrios, Briefe, 224(11. Brief).
113 Cassian, Ziegler, 216(Collatio 7,4).
114 Gabriel Bunge, Evagre le Potique er les deux Macaire, 328-29. 참조.
115 Gabriel Bunge, Der Prolog, 52.
116 Gabriel Bunge, Der Prolog, 53-55.72 참조.
117 Evagrius, Antirrhetikos, 111(Wort 4,73).
118 Evagrius, Antirrhetikos, 101(Wort 4,34).
119 Athanasius, Antoniusvita, 9 참조.
120 Die Homilien des Origenes zum Buch Josua 37(5. Homilie).

121 Gabriel Bunge, Der Prolog zum Antirrhetikos, 65-66 참조.
122 Gabriel Bunge, Der Prolog zum Antirrhetikos, 56.
123 Gabriel Bunge, Der Prolog zum Antirrhetikos, 52.
124 Evagrius, Antirrhetikos, 46(Wort 1,11).
125 Hanns-Josef Ortheil, Die Erfindung des Leben, 436-37 참조.
126 Evagrius, Antirrhetikos, 98(Wort 4,21).
127 이에 관해서는 Luke Dysinge, Psalmody and Prayer in the Writings of Evagrius Ponticus, 126-130 참조.
128 Martin Luther, Briefwechsel, Bd. 7, 105.
129 이에 관해서는 Gerald Hüther, Was wir sind und was wir sein könnten. Ein neurobiologischer Mutmacher 중에서 "Begeisterung ist Dünger fürs Hirn" 장章(92-102) 참조.
130 Athanasius, Antoniusvita, 39; 40 참조.
131 Athanasius, Antoniusvita, 40 참조.
132 Athanasius, Antoniusvita, 91.
133 Gabriel Bunge, Irdene Gefäße, 146 참조.
134 Gabriel Bunge, Irdene Gefäße, 147.
135 Fidelis Ruppert, Meditatio-Ruminatio. Zu einem Grundbegriff christlicher Meditation 참조.
136 Apophthegma, Miller, 247(Nr. 757).
137 『성규』의 머리말 30절과 7장 38.39.50.52절도 참조. 이에 관해서는 Michael Puzicha, Lectio divina, 260-61 참조.
138 Athanasius, Antoniusvita, 13 참조.
139 Anselm Grün, Umgang mit dem Bösen; Anselm Grün, Einreden 참조.
140 이 심리적-영성적 원칙에 관해서는 Thomas Keating, Das kontemplative Gebet, 196-198 참조.
141 이런 맥락에서 Michael Puzicha가 『성규』에 나타나는 현존하시는 그리스도(Christus praesens)와 도와주시는 그리스도(Christus adiuvans)에 관해 말한 것도 참조: Puzicha, Christus, 23-25.
142 Apophthegma, Schweitzer, 404(Nr. 1759).

143 끊임없는 기도에 관해서는 Gabriel Bunge, Irdene Gefäße 중의 상론 "Betet ohne Unterlass"(137-147) 참조.
144 Gabriel Bunge, Prolog zum Antirrhetikos, 43-44.61.73 참조.
145 Evagrius, Über das Gebet, 71(Kap. 143) 참조.
146 Athanasius, Antoniusvita, 10.
147 Palladius, Historia Lausiaca, 110(Kap. 19).
148 Palladius, Historia Lausiaca, 107-110 참조.
149 Gabriel Bunge, Geistliche Vaterschaft; Evagrius, Worte, 24-26 참조. 또한 이 장 아래의 "사부에게 말하라!" 단락도 참조.
150 Apophthegma, Schweitzer, 92(Nr. 1170).
151 Apophthegma, Schweitzer, 176(Nr. 1396).
152 Evagrius, Über das Gebet, 69(Kap. 133/134) 참조.
153 André Louf, Demut und Gehorsam, 46-48 참조.
154 Jean-Claude Guy, Un entretien monastique sur la contemplation, 230-241 참조. 또한 Apopthegma, Schweitzer, 543과 Gabriel Bunge, Prolog zum Antirrhetikos, 43의 언급들도 참조.
155 Jean-Claude Guy, Un entretien monastique sur la contemplation, 237-38 참조.
156 내적 거리 두기에 관해서는 Thomas Keating, Das kontemplative Gebet, 199-201 참조.
157 Evagrios, Praktikos, 106과 244(Kap. 15와 17); Gabriel Bunge, Prolog zum Antirrhetikos, 59-60 참조.
158 Cassian, Ziegler, 310(Collatio 10,10). 이 방법에 관해서는 Gabriele Ziegler, Frei werden, 107-113 참조.
159 초기 수도승 생활에서 행한 끊임없는 기도의 기원에 관해서는 Gabriel Bunge, Irdene Gefäße 중에서 "Priez sans cesse." Aux origines de la Prière Hesychaste(137-147) 참조.
160 Cassian, Ziegler, 311(Collatio 10,10).
161 Cassian, Ziegler, 312.
162 Cassian, Ziegler, 311 참조.

163 Gabriel Bunge, Evagre le Pontique et les deux Macaire, 328-29 참조.
164 이 작은 구절, 즉 시편 70,2가 거의 500개에 달하는 에바그리우스의 성경 말씀 모음집에 나오지 않는 것은 뜻밖이다.
165 Cassian, Ziegler, 215(Collatio 7,4).
166 Basilius Steidle, Vom Mut zum ganzen Psalm, 137 참조. 또한 Böckmann, Christus, 57-59와 Puzicha, Quellen, 20-21의 설명과 자료도 참조.
167 Basilius Steidle, Vom Mut zum ganzen Psalm, 27-28 참조.
168 Die Homilien des Origenes zum Buch Josua, 83(15. Homilie) 참조.
169 Evagrius, Worte, 21-24 참조.
170 Evagrius, Worte, 58(Spruch 64).
171 Evagrios, Praktikos, 21-23의 Gabriel Bunge의 설명 참조.
172 Evagrius, Worte, 59(Spruch 70) 참조: "불화살이 영혼을 불태우지만, 능동적인 사람은 그것을 끌 것이다."
173 Cassian, Thalhofer, 254(Instituta 12,17) 참조. 이 편 전체는 모든 위험 안에 현존하시는 하느님께 대한 찬미다.
174 Puzicha, Quellen, 21에서 인용.
175 Apopthegma, Miller, 436(Nr. 1210).
176 Georges Descoeudres, Zur Entstehung einer Repräsentationshaltung im monastischen Gebet, 104-5(돌판 그림은 120) 참조.
177 이 결합 문자에 관해서는 Gabriel Ziegler, Frei werden, 103-4의 상론도 참조.
178 Gabriel Bunge, Der Prolog zum Antirrhetikos, 44와 73 참조.
179 Gabriel Bunge, Drachenwein und Engelsbrot, 54-55 참조.
180 Gabriel Bunge, Drachenwein und Engelsbrot, 65 참조.
181 이에 관한 인상 깊은 묘사로는 Cassian, Thalhofer, 144(Instituta 6,13) 참조. 또한 최근 것으로는 Thomas Keating, Das kontemplative Gebet, 40-41. 196-198도 참조.
182 Doretheus, Lehre II, 333-335.
183 Doretheus, Lehre I, 152.
184 Cassian, Thalhofer, 65(Instituta 4,9)와 Apophthegmata, Miller, 231(Nr. 675)의 상론 참조.

185 Apophthegmata, Schweitzer, 90(Nr. 1165) 참조.
186 Apophthegmata, Schweitzer, 56(Nr. 1064) 참조.
187 Apophthegmata, Schweitzer, 442 참조.
188 Apophthegmata, Miller, 229(Nr. 667).231(Nr. 675) 참조.
189 Atanasius, Antoniusvita, 55 참조.
190 Apophthegmata, Miller, 294(Nr. 903).
191 Apophthegmata, Miller, 328(Nr. 1007).
192 이 내용 전체에 관해서는 Gabriel Bunge, Geistliche Vaterschaft도 참조.
193 Apophthegmata, Miller, 135-36(Nr. 386).
194 이런 의미로 Daniel Hell, Die Sprache der Seele verstehen, 16-17도 이 텍스트를 인용한다.
195 Evagrios, Praktikos, 65.
196 Apophthegmata, Schweitzer, 89-90(Nr. 1163).
197 Antonius, Letters, 75(Brief IV,8) 참조.
198 앞의 '유혹이 오래 계속될 때' 단락도 참조.
199 Evagrios, Praktikos, 65.
200 Athanasius, Antoniusvita, 9.
201 Athanasius, Antoniusvita, 9 참조.
202 예를 들어 Athanasius, Antoniusvita, 5.13.24 등 참조.
203 Athanasius, Antoniusvita, 28 참조.
204 Athanasius, Antoniusvita, 43.
205 Athanasius, Antoniusvita, 41.
206 Athanasius, Antoniusvita, 53 참조.
207 Joanne K. Rowling, Harry Potter und der Gefangene von Askaban, 141.
208 Gerhard Roth, Persönlichkeit, Entscheidung und Verhalten. Warum es so schwierig ist, sich und andere zu ändern. 또한 Gabriel Ziegler, Frei werden에서 "Gewohnheiten sind hartnäckig" 장(79-83)과 Thomas Keating, Das kontemplative Gebet, 17-48도 참조.
209 에바그리우스는 영적 행위를 위한 기관, 도구인 인간의 몸에 관해 말한다. Ga-

briel Bunge, Prolog zum Antirrhetikos, 50의 상론 참조.
210 이 구절과 관해서는 Fidelis Ruppert, Intimität mit Gott. Wie zölibatäres Leben gelingen kann, 35-54의 상론 참조.
211 Émile Bertaud, Échelle spirituelle 참조.
212 Holzherr, 139-142; Puzicha, Kommentar, 151-52 참조.
213 몸과 영혼의 이런 상호 영향에 관해서는 Michael Casey, Wahrhaftig leben, 74-75도 참조.
214 Evagrius, Worte, 32-33 참조.
215 Adalbert de Vogüé, Orationi frequenter incumbere. Une invitation à la prière continuelle, 468-69, 특히 각주 10을 참조. 또한 Puzicha, Quellen. 86-87도 참조.
216 Jean Leclercq, Lecture priante. Zum betenden Umgang mit der Bibel im frühen Mönchtum; Michaela Puzicha, Lectio divina - Ort der Gottesbegegnung 참조.
217 Les Vies Coptes de Saint Pachôme, 105(나의 번역). 이 기도 방식에 관해서는 Cassian, Thalhofer, 44f(Instituta 3,2)도 참조.
218 이 상호 삼투에 관해서는 Fidelis Ruppert, Arbeit und geistliches Leben im pachomianischen Mönchtum, 특히 10-12 참조.
219 Cassian, Thalhofer, 32-33.36-37(Instituta 2,7; 2,11) 참조.
220 Luke Dysinger, Psalmody and Prayer, 56-57 참조.
221 Holzherr, 194-95; Puzicha, Kommentar, 238-39 참조.
222 Cassian, Thalhofer, 33(Instituta 2,7).
223 Die Magisterregel 236.
224 Apopthegmata, Miller, 168(Nr. 472).
225 이 방식의 무릎 꿇기에 관해서는 Émile Bertaud, Génuflexions et Métanies 참조.
226 Gabriel Bunge, Irdene Gefäße, 105 참조.
227 Anselm Grün, Michael Reepen, Gebetsgebärden, 13.
228 Karlfried Graf Dürckheim, Die heilende Kraft der reinen Gebärde, 158 참조.

229　Michael Casey, Wahrhaftig leben, 74-75 참조. "… 그러나 이 내적 의향과 의식은 외적 행동으로 표현되지 않는 한 효과가 없다." 베네딕도회 전통 안에 있던 13세기 여성 신비주의자 헬프타의 게르트루트에게는 몸의 동작과 신비 체험이 긴밀한 상호작용을 한 사실도 주목할 만하다. 이에 관해서는 Michael Bunge, Heilige Orte-Innige Gebärden, 127-137 참조.
230　C. S. Lewis, Dienstanweisung, 22.
231　C. S. Lewis, Dienstanweisung, 23.
232　C. S. Lewis, Dienstanweisung, 21-22.
233　그 밖의 자극들을 Anselm Grün, Michael Reepen, Gebetsgebärden에서 얻을 수 있다.
234　본문 해석과 사용된 성경 구절들에 관해서는 Christiana Reemts, Psalm 68, 특히 39-42 참조.
235　이 책 3부의 "상념들을 그리스도에게 대고 쳐서 부수기" 단락 참조.
236　'서 있음'에 관한 Puzicha, Kommentar, 231의 다양한 해석 참조.
237　Hugo Rahner, Die Anfänge der Herz-Jesu-Verehrung in der Väterzeit, 56에서 인용.
238　Gabriel Bunge, Irdene Gefäße, 197-204; Anselm Grün, Michael Reepen, Gebetsgebärden, 35-41 참조.
239　이 책 3부의 "몸의 양면성" 단락 참조.
240　Apophthegmata, Miller, 30-31(Nr. 65).
241　Cassian, Ziegler, 280-81(Collatio 9,15); Monique Alexandre, La prière de feu chez Jean Cassian 참조.
242　Apophthegmata, Miller, 137(Nr. 390). 또한 Apophthegmata, Miller, 137(Nr. 389)에서는 "그대가 온통 불 속에 들어가지 못하면, 수도승이 될 수 없다!"라고 말한다.
243　Apophthegmata, Miller, 296(Nr. 910) 참조.
244　Gabriel Bunge, Irdene Gefäße, 203(에바그리우스의 텍스트 두 개를 참조하라고 권한다). 또한 Evagrius, Über das Gebet, 64-65(Kap. 106와 109) 참조.
245　표상들의 각인 능력에 관해서는 Gerald Hüther, Die Macht der inneren Bilder 참조.

246 이 주제에 관해서는 Philipp Oppenheim, Symbolik und religöse Wertung des Mönchskleides im christlichen Altertum; Erik Peterson, Theologie des Kleides 참조.
247 세례로 말미암아 끊임없이 새로워지는 이 과정에 관해서는 이 책 1부의 "실제 전사는 누구인가?" 장 참조.
248 Michael Kunzler, Die Liturgie der Kirche, 204-212(제의에 관해); Joseph Ratzinger, Der Geist der Liturgie, 185-189 참조.
249 이 책 1부 "실제 전사는 누구인가?" 장의 하느님 무기로의 무장에 관한 상론도 참조.
250 Paul-Werner Scheele, Du bist unser alles. Altirische Gebete, 24-29 참조.
251 12세기에 클레르보의 베르나르는 "수도원의 공동 규칙을 반대하고 제멋대로 생경하고 특유한 규칙을 만들어 내는" 수도승들에 관해 말했다. Bernhard von Clairvaux, Sentenzen III, 22, S. 427 참조. 또한 이 책 2부 "수도원에 들어가는 것으로는 충분하지 않다" 장도 참조.
252 David Steindl-Rast, Achtsamkeit des Herzens, 21-31 참조.
253 이런 의미에서 베네딕도는 『성규』1,6에서 '스승인 경험'(experientia magistra)에 관해서도 말한다.
254 David Steindl-Rast, Achtsamkeit des Herzens, 26-29 참조. 또한 Charles Cummings, Monastic Practices, 3: "수도승 생활의 외적 실천은 우리의 하느님 추구와 직결되어 있다"도 참조.
255 David Steindl-Rast, Achtsamkeit des Herzens, 29 참조.
256 Cassian, Thalhofer, 67(Instituta 4,12) 참조. 또한 Apophthegmata, Miller, 188(Nr. 526)도 참조.
257 사소한 실천의 장기적 효과에 관해 상술하는 Charles Cumming, Monastic Practices, 72-76도 참조.
258 David Steindl-Rast, Achtsamkeit des Herzens, 24-25.
259 이 책 3부 "시작을 저지하라!" 장 참조.
260 나는 보통 이런 맥락에서 '수련'(Übung)이라는 낱말의 사용은 피하고 오히려 영적 실천 방식과 수단에 관해 말한다. 물론 수련하는 것이 중요하지만, 어떤 일을 단순히 행하는 것도 중요하다. 어떤 일을 많이 행할수록, 그것은 그만큼 '더

잘' 그리고 더 자명하게 될 수 있다. 이것을 나의 한 친구는 "사람이 어떤 일을 많이 행하면 행할수록, 그만큼 많이 그것을 하게 된다"라고 표현했다. 그렇지만 모든 행위 하나하나가 '거기서 내가 무언가를 깨닫거나' 또는 '내 안에 무언가를 불러일으킬 수 있는' 중대한 일이라는 것을 아는 것도 중요하다. 여기서는 행위의 '완벽함'이나 '숙련됨'은 결정적 구실을 하지 않는다.

261 영미권 문헌들은 이런 맥락에서 '훈련'(discipline: 기율, 징계)에 관해 자주 언급한다. Richard J. Foster, Celebration of Discipline. The Path to Spiritual Growth; Thomas Merton, Erneuerung und Disziplin 참조.

262 예를 들어 Richard J. Foster, Celebration of Discipline. The Path to Spiritual Growth, 9f; Thomas Merton, Erneuerung und Disziplin, 133-135.139-142 참조.

263 이런 유형의 한가함이 현대 사회의 많은 분야에서 심각한 문제라는 사실은 증거를 제시할 필요도 없다. 이것을 일찍이 베네딕도가 하나의 주제로 삼았다는 사실은 상당히 놀랍다고 하겠다. 이와 관해 베네딕도는, 예배에 지각한 수도승들은 그래도 성당에 들어와야 하며, 성당 밖에 머무르며 잡담이나 하면 안 되니, 그것은 어리석은 생각이나 불러일으킬 따름이라고 말했다(『성규』 43,8-9 참조).

264 물론 베네딕도는 갑작스러운 예외 상황도 알고 있다. 그래서 가령 손님 때문에, 또는 특별한 소임 때문에 말을 해야 할 때는 야간 침묵의 엄격한 관습이 분명히 상대화된다. 『성규』 42장 참조.

265 Thomas Merton, Erneuerung und Disziplin, 134-35. 또한 Richard J. Foster, Celebration of Discipline. The Path to Spiritual Growth, 4-5: The Slavery of ingrained habits도 참조.

266 Richard J. Foster, Celebration of Discipline. The Path to Spiritual Growth, 1: Spiritual Disciplines: Door to Liberation.

267 Thomas Merton, Erneuerung und Disziplin, 132. "수도승의 수련과 자유는 상호 관계 안에 있다"(134).

268 Thomas Merton, Erneuerung und Disziplin, 137.

269 이와 관련하여 J. B. Metz, Glaube in Geschichte und Gesellschaft, 150의 "종교의 가장 짧은 정의는 '중단'이다"라는 잠언 참조.

270 David Steindl-Rast, Achtsamkeit des Herzens, 26-28 참조.

271 라틴어 원문에는 이 구절에 'vitium'(악습)이 아니라 'malum'(악)이라는 낱말이

272 『성규』 39,6; 40,5; 41,4 참조.
273 겸손의 여덟째 단계에서도 비슷한 관심사가 드러난다. "수도승은 수도원의 공동 규칙이나 장상들의 모범이 권고하는 것 외에는 아무것도 하지 않는"다(『성규』 7,55). 여기서는 영적으로 상당히 진보한 단계에 관해 말하고 있는데, 이 단계에서 수도승은 바람직한 수준 아래, 느슨하게 처져 있어도 안 되고, 거만하거나 짐짓 요하게 걸출한 금욕 고행자처럼 행세해서도 안 된다.
274 Henri Nouwen, Ich hörte auf die Stille, 199.
275 Anselm Grün, Fidelis Ruppert, Bete und Arbeite, 71-82 참조.
276 Andreas Knapp, Brennender als Feuer, 15.
277 잘츠부르크에서 열린 아빠스 회의의 위임을 받은 공식 번역은 '불가능한 명령'을 '명령에 의한 과도한 요구'로 상당히 해석적으로 표현하고 있다. Puzicha, Kommentar, 574 참조.
278 Anselm Grün, Fidelis Ruppert, Bete und arbeite, 60-71; Fidelis Ruppert, Das pachomianische Mönchtum und die Anfänge klösterlichen Gehorsams(Münsterschwarzacher Studien 20), Münsterschwarzach 1971 참조.
279 내가 바로 이 대목을 쓰고 있을 때, 한 동료 수도승이 '질버몬트'(Silbermond) 밴드의 "빛의 전사"라는 노래의 가사를 가져다주었는데, 그중에 이런 구절이 있다. "그리고 그는 자신의 한계를 알면서도 너무 멀리 나아갔네. … 그의 힘은 그의 믿음, 그는 더 이상 그 무엇을 얻고자 싸우지 않네."
280 이 책 1부 "실제 전사는 누구인가?" 장 참조.
281 Puzicha, Christus, 22-23 참조.
282 Johannes Bours, Wer es mit Gott zu tun bekommt, 51-61 참조.
283 욥의 정련 과정에 관해서는 Ludger Schweinhorst-Schönberger, Ein Weg durch das Leid 참조.
284 각주 279에서 언급한 노래에서는 '빛의 전사'에 관해 이렇게도 말한다. "엄청나게 큰 돌도 그는 두려워하지 않네. 몇 년이 걸리더라도, 그놈을 깨뜨리네."
285 Holzherr, 412; Böckmann, Perspektiven, 83-84 참조.
286 서로 경청하려 하는 마음가짐에 관해서는 Michael Casey, Fremd in der Stadt, 113-14.133-34 참조.

287 Christopher Jamison, Durchatmen, 30. 이 책에는 이 남자들의 40일 여정이 생생하게 묘사되어 있다.
288 Apopthegmata, Miller, 126(Nr. 354).
289 Apopthegmata, Miller, 16(Nr. 9).
290 Cassian, Ziegler, 63-64(Collatio 1,7).
291 Michael Casey, Fremd in der Stadt, 191: "치유 방법은 기도 자체를 정련하는 데 있다기보다는 오히려 모든 '영적 기술의 도구들'을 훌륭한 상태로 보존하고 적절히 사용하는 데 있다."
292 Apopthegmata, Miller, 389(Nr. 1136) 참조.
293 의식적으로 형제들을 멀리하면서 성인이 되고자 했던 사막의 한 극단적 금욕주의자에 관한 이야기를 전해 주는 Gabriel Ziegler, Frei werden, 38-42 참조.
294 Gabriel Bunge, In Geist und Wahrheit, 375에서 인용.
295 Augustinus, Sermo 49,5. In: Patrologia Latina, 38, 323. 이런 유의 아우구스티누스의 텍스트들에 관해서는 Anselm Grün, Fidelis Ruppert, Bete und arbeite, 68-70 참조.
296 이 책 3부의 "영적 도구인 몸" 장 참조. 또한 Michael Bangert, Heilige Orte-Innige Gebärden, 129-131에 묘사된, Gertrud von Helfta가 허리 굽혀 인사하는 몸짓을 통해 체험한 내용도 참조.
297 이 과정에 대해 Anselm Grün, Fidelis Ruppert, Christus im Bruder, 52-54도 참조.
298 『성규』 64,14의 "이로써 우리가 말하려는 바는 (아빠스가) 악습을 기르도록 허락하라는 것이 아니라, 오히려 이미 언급한 바와 같이 각 사람에게 더 적합하게 보이는 방법에 따라 현명과 사랑으로 그것을 뿌리 뽑아야 한다는 것이다"라는 지시 참조.
299 Evagrios, Praktikos, 324(Kap. 100). 또한 Gabriel Bunge, Drachenwein und Engelsbrot, 73도 참조.
300 이 책 3부의 "폰투스의 에바그리우스의 '여덟 가지 악한 상념' 도식" 장 참조.
301 이에 관해서는 Gabriel Bunge, Drachenwein und Engelsbrot, 36-38의 상론 참조.
302 Evagrios, Gedanken, 48(4. Kap. 1과 4). 설명은 Gabriel Bunge, Drachen-

wein und Engelsbrot, 38-40 참조.
303　Gabriel Bunge, Briefe, 272-73(56. Brief) 참조.
304　Evagrius, Worte, 50(Nr. 10). 노여움과 그것의 극복에 관해서는 Anselm Grün, Fidelis Ruppert, Christus im Bruder, 26-32의 상론 참조.
305　Synkletike, Vita, 53-55(Kap. 62-66) 참조.
306　이 책 3부의 "상념들을 그리스도에게 대고 쳐서 부수기" 단락 참조.
307　Andreas Knuf, Ruhe da oben!, 33-34는 이런 예를 들면서 이러한 감정의 급변을 설명한다. 또한 Daniel Hell, Die Sprache der Seele verstehen, 93-110도 참조. 여기서는 노여움에 대처한 사막 교부들의 체험을 현대 심리학의 체험과 연결짓는다.
308　Apophthegmata, Miller, 129(Nr. 363) 참조.
309　Apophthegmata, Miller, 128(Nr. 358).
310　Gabriel Bunge, Drachenwein und Engelsbrot, 66-67 참조.
311　Apophthegmata, Miller, 128(Nr. 357).
312　Evagrios, Gedanken, 49(4. Kap. 9).
313　이 책 3부의 "'상념들'을 물리치는 무기인 성경 말씀" 장 가운데 "슬픔 다루기" 단락 참조.
314　Evagrius, Worte, 63(Kap. 98). 또한 Gabriel Bunge, Drachenwein und Engelsbrot, 74-75도 참조.
315　Luke Dysinger, Psalmody and Prayer in the Writings of Evagrius Ponticus, 126-130 참조.
316　Evagrios, Praktikos, 120(Kap. 20).
317　Gabriel Bunge, Drachenwein und Engelsbrot, 66-71 참조. 또한 Evagrius, Worte, 28-29의 설명도 참조.
318　용서와 화해에 관해서는 Gabriel Bunge, Drachenwein und Engelsbrot, 67.71-72 참조.
319　Evagrius, Antirrhetikos, 122-23(Wort 5,45) 참조.
320　Evagrius, Antirrhetikos, 42.68-70 참조.
321　Evagrius, Antirrhetikos, 36.
322　Evagrius, Antirrhetikos, 66.68.

323 Gabriel Bunge, Drachenwein und Engelsbrot, 40에서 인용.
324 Gabriel Bunge, Drachenwein und Engelsbrot, 49-55("Zorn und Gebet") 참조.
325 Gabriel Bunge, Drachenwein und Engelsbrot, 52에서 인용.
326 Evagrios, Praktikos, 92(Kap. 11) 참조.
327 Gabriel Bunge, Drachenwein und Engelsbrot, 40-41.53-55 참조.
328 Gabriel Bunge, Drachenwein und Engelsbrot, 53.
329 Gabriel Bunge, Drachenwein und Engelsbrot, 40 참조.
330 Michael Casey, Fremd in der Stadt, 129-142 참조.
331 상세한 예는 Richard J. Foster, Celebration of Discipline, 126-140 참조.
332 Puzicha, Kommentar, 86-87 참조.
333 Anselm Grün, Fidelis Ruppert, Bete und arbeite, 55 참조.
334 물건들을 다루는 세심함에 관해서는 Anselm Grün, Fidelis Ruppert, Bete und arbeite, 65-67 참조.
335 시사지 「포쿠스」의 17/2012. 24의 보도 참조. Google에도 '좋아 - 손 씻음'이라는 표제어 아래 많은 글이 등록되어 있다.
336 이 책 2부의 "베네딕도는 우리를 어디로 이끌어 가는가?" 장 참조.
337 Puzicha, Kommentar, 593.
338 Böckmann, Perspektiven, 68.
339 Holzherr, 411-12.
340 Böckmann, Perspektiven, 90; Puzicha, Kommentar, 603 참조.
341 Böckmann, Perspektiven, 92f; Puzicha, Kommentar, 603-4 참조.
342 Michael Puzicha, Christus-Mitte der Benediktusregel, 24-26 참조.
343 이 구절 전체의 해석에 관해서는 Böckmann, Perspektiven, 95-99 참조.
344 Basilius von Caesarea, Die Mönchsregeln, 302-3(200. Frage).
345 Böckmann, Perspektiven, 68.
346 Aquinata Böckmann, Benediktinische Mystik, 373.
347 Barthélémy Adoudonou: "L'anthropologie africaine est un existentialisme joyeux sur un fond tragique." Boniface Tiguila OSB, in: Livre de Vie

Monastique Africaine, Agbang 1995, 39에서 인용.
348 Joseph Healey, Donald Sybertz, Towards an African Narrative Theology, 239-242 참조.
349 Gabriel Bunge, Gastrimargia 18과 14(Über den großen Makarius von Alexandrien). 또한 Evagrios, Praktikos, 216(Kap. 59)과 218-19(Kap. 60) 과 243의 언급도 참조.
350 Apophthegmata, Schweitzer, 91(Nr. 1167 mit Erläuterungen auf S. 457).
351 Michael Casey, Fremd in der Stadt, 93 참조.
352 Ziegler, Cassian 219(Collatio 7,5).
353 Michael Casey, Wahrhaftig leben, 194-95. 이런 맥락에서 193-205쪽의 "통합과 변화" 장 전체를 숙고하며 읽어 볼 만하다.
354 텍스트 전문과 그 역사적 · 내용적 의미는 Günter Balders, Jesu, meine Freude에서 찾아볼 수 있다.

| 출전과 참고문헌 |

■ 누르시아의 베네딕도

Regula Benedicti-Die Benediktusregel. Lateinisch/Deutsch. Hg. im Auftrag der Salzburger Äbtekonferenz. 4. Auflag, Beuron 2005(『성 베네딕도 규칙』 허성석 번역, 왜관수도원 2014).

Kommentar zur Benediktusregel. Hg. von Michael Puzicha. St. Ottilien 2002.

Quellen und Texte zur Benediktusregel. Hg. von Michael Puzicha. St. Ottilien 2007.

Böckmann, Aquinata, Perspektiven der Regula Benedicti. Ein Kommentar zum Prolog und den Kapiteln 53, 58, 72, 73(Münsterschwarzacher Studien 37). Münsterschwarzach 1986.

Böckmann, Aquinata, Christus hören. Exegetischer Kommentar zur Regel Benediks. Teil 1: Prolog bis Kapitel 7. St. Otillien 2011.

Holzherr, Georg, Die Benediksregel. Eine Anleitung zu christlichen Leben. 6 Auflag, Freburg/Schweiz.

Sauter, Benediktus, Kolloquien über die heilige Regel. Freiburg 1907.

Gregor der Große, Der heilige Benedikt. Buch II der Dialoge, latainish/deutsch. St. Otillien 1995.

Die Maisterregel. Einführung und Übersetzung von Karl Suso Frank. St. Otillien 1989.

■ 사막 교부들

Weisung der Väter. Apophthegmata Patrum, auch Gerontikon oder Alphabeticum gennant. Übersetzt von Bonifaz Miller(Sophia. Quellen östlicher Theologie). Trier 1986.

Apophthegmata Patrum(Teil II). Die Anonyma. Übersetzt und kommentiert von Erich Schweitzer(Weisungen der Väter 15). Beuron 2011.

Athanasius von Alexandrien, Leben des heiligen Antonius(Bibliotek der Kirchenväter 31). Kempten 1917.

Saint Antoine, Letters. Introduction par André Louf(Spiritualité Orientale 19). Bellefontaine 1976.

"Die selige Synkletike wurde gefragt." Vita der Amma Synkletike. Hg. Karl Suso Frank(Weisungen der Väter 5). Beuron 2008.

Palladius, Historia Lausiaca. Übersetzt von Jacques Laager. Zürich 1987.

Les Vies Coptes de Saint Pachôme. Traduction fraçaise par L. Th. Lefort (Bibliothèque du Muséon). Louvain 1966.

■ 폰투스의 에바그리우스
Evagrius of Pontus. The Greek ascetic Corpus. Translated with Introduction and Commentary by Robert E. Sinkewicz. Oxford.

Evagrios Pontikos, Briefe aus der Wüste. Eingeleitet, übersetzt und kommentiert von Gabriel Bunge(Sophia. Quellen Östlicher Theologie 24). Trier 1986.

Evagrios Pontikos, Über die acht Gedanken. Eingeleitet, übersetzt und kommentiert von Gabriel Bunge(Weisungen der Väter 3). Beuron 2007.

Evagros Pontikos, Der Praktikos. Eingeleitet, übersetzt und kommentiert von Gabriel Bunge(Weisungen der Väter 6). Beuron 2008.

Evagrius Pontikus, Die große Widerrede. Antirrehetikos. Übersetzt von Leo Trunk mit einer Einführung von Anselm Grün und Fidelis Ruppert(Quellen der Spiritualität 1). Münsterschwarzach 2010.

Evagrius Pontikus, Über das Gebet. Eingeleitet, übersetzt von John Eudes Bamberger, aus dem Englischen übertragen von Guido Joos, mit einer Einführung von Anselm Grün(Quellen der Spiritualität 4). Münsterschwarzach 2011.

Evagrius Pontikus, Worte an die Mönche. Worte an eine Jungfrau. Eingeleitet und übersetzt von Wilfred Eisele, mit einer Hinführung von Fidelis Ruppert(Quellen der Spiritualität 6). Münsterschwarzach 2012.

■ 요한 카시아누스
Johannes Cassianus, Sämtliche Schriften. Bde. 1 und 2. Übersetzt von Valentin Thalhofer(Bibliothek der Kirchenväter). Kempten 1879.

Johannes Cassianus, Unterredungen mit den Vätern. Collationes Patrum. Teil I: Collationes 1 bis 10. übersetzt und erläutert von Gabriele Ziegler (Quellen der Spiritualität 5). Münsterschwarzach 2011.

■ 그 밖의 출전

Dorotheus von Gaza, Doctrinae diversae-Die geistliche Lehre. Bde. I und II(Fontes Christiani 37, 1 und 2). Freiburg 2000.

Die Homilien des Origenes zum Buch Josua. Die Kriege Josua als Heilswirken Jesu. Hg. Thomas Elssner, Theresia Heither(beiträge zur Friedensethik 38), Stuttgart 2006.

Basilius von Caesarea, Die Mönchregeln. Hinführung und Übersetzung von Karl Suso Frank. St. Ottilien 1981.

■ 참고문헌

Alexandre, Monique, La prière de feu chez Jean Cassien. In: C. Badilita, A. Jakab(éd.), Jean Cassien entre l'Orient et l'Occident. Paris 2003, 169-203.

Auer, Alfons, Die vollkommene Frömmigkeit des Christen nach dem Enchiridion militis Christi. In: Dictionnaire de Spritualité. Bd. 10. Paris 1980, 1210-1223.

Balders, Günter, Jesu, meine Freude. In: Christian Möller(Hg.), Ich singe Dir mit Herz und Mund. Liedauslegungen, Liedmeditationen und Liedpredigten. Ein Arbeitsbuch zum Evangelischen Gesangbuch. Stuttgart 1997, 219-235.

Bangert, Michael, Heilige Orte-Innige Gebärden. Körperrhetorik und Raumerfahrung in der Mystik Gertruds von Helfta. In: Erbe und Auftrag 81(2005), 120-138.

Bellebaum, Alfred(Hg.), Die sieben Todsünden. Über Laster und Tugenden in der modernen Gesellschaft. Münster 2007.

Benz, Richard, Die Legenda aurea des Jacobus a Voragine, aus dem Lateinischen übersetzt von Richard Benz. Köln 1969.

Bernhard von Clairvaux, Sentenzen III. In: Sämtliche Werke lateinisch/deutsch. Bd. IV. Innsbruck 1993.

Bertaud, Émile, Échelle spirituelle. In: Dictionnaire de Spiritualité. Bd. VI. Paris 1960, 62-86.

Böckmann, Aquinata, Benediktinische Mystik. Dynamische Spiritualität in der Regula Benedicti. Erbe und Auftrag 72(1996), 367-384.

Bous, Johannes, Wer es mit Gott zu tun bekommt. Schritte geistlicher Einübung in biblische Gotteserfahrungen. Freiburg 1987.

Brakke, David, Demons and the Making of the Monk. Spiritual Combat in Early Christianity. Harvard Uiversity Press 2006.

Bunge, Gabriel, Evagre le Pontique et les deux Macaire. In: Irénikon 56 (1983), 215-227; 323-360.

Bunge, Gabriel, Der Prolog zum "Antirrhetikos". In: Die Lehre der heiligen Väter(Weisungen der Väter 11). Beuron 2011, 41-74.

Bunge, Gabriel, "Priez sans cesse." Aux origines de la Prière Hesychaste. In: "Die Lehren der heiligen Väter"(Weisungen der Väter 11). Beuron 2011, 75-86.

Bunge, Gabriel, "In Geist und Wahrheit." Studien zu den 153 Kapiteln Über das Gebet des Evagrios Pontikos. Bonn 2010.

Bunge, Gabriel, Drachenwein und Engelsbrot. Die Lehre des Evagrios Pontikos zu Zorn und Sanftmut. Würzburg 1999.

Bunge, Gabriel, Akedia. Die giestliche Lehre des Evagrios Pontikos vom Überdruss. Würzburg 2009.

Bunge, Gabriel, Irdene Gefäße. Die Praxis des persönlichen Gebetes nach der Überlieferung der heiligen Väter. Würzburg 2009.

Bunge, Gabriel, Geistliche Vaterschaft(Eremos 1). Berlin 2011.

Bunge, Gabriel, Gastrimargia. Wissen und Lehre der Wüstenäter von Essen und Trinken, dargestellt anhand der Schriften des Evagrios Pontikos(Eremos 3). Berlin 2012.

Campenhausen, Hans Freiherr von, Die asketische Heimatlosigkeit im altkirchlichen und frühmittelalterlichen Mönchtum. Tübingen 1930.

Campenhausen, Hans Freiherr von, Intentio cordis. In: Regulae Benedicti Studia 6/7(1977/78). Hildesheim 1981, 105-120.

Casey, Michael, Fremd in der Stadt. Glaube und Werte in der Regel des heiligen Benedikt. St. Ottilien 2007.

Casey, Michael, Wahrhaftig leben. Die Lehre des heiligen Benedik über die Demut. St. Ottilien 2012.

Cummings, Charles, Monastic Practices(Cistercian Studies 75). Kalamazoo 1986.

Demmer, Klaus, Art. Tugend. In: Praktisches Lexikon der Spiritualität. Hg. Christian Schütz. Freiburg 1988, 1315-1318.

Descoeudres, Georges, Zur Entstehung einer Repräsentationshaltung im monastischen Gebet am Beispiel der Kellia. In: Ägypten und Nubien in spätantiker und christlicher Zeit. Akten des 6. Internationalen Koptologenkongress 1996. Bd. 1. Wiesbaden 1999, 101-120.

Driscoll, Jeremy, The "Circle of Evagrius": Then and Now. In: Il Monachesimo tra Eredità e Apertura(Studia Anselmiana 140). Rom 2004, 61-73.

Dürckheim, Karlfried Graf, Die heilende Kraft der reinen Gebärde. In: Meditation in Religion und Psychotherapie. Hg. Wilhelm Bitter(Kindler Taschenbücher 2025/26).

Dysinger, Luke, Psalmody and Prayer in the Writings of Evagrius Ponticus. Oxford 2005.

Eggelhöfer, Fabienne, Horst, Maria(Hg.), Lust und Laster. Die sieben Todsünden von Dürer bis Nauman. Ostfildern 2010.

Erasmus von Rotterdam, Handbücherlein des christlichen Streiters. Übertagen und eingeleitet von Hubert Schiel. Olten 1952.

Ernst, Heiko, Wie uns der Teufel reitet. Von der Aktualität der sieben Todsünden. Freiburg 2011.

Foster, Richard J., Celebration of Discipline. The Path to Spiritual Growth. New York 1998.

Fraling, Bernhard, Überlegungen zum Begriff der Spiritualität. In: Zeitschrift für Katholische Theologie 92(1970), 183-198.

Funk, Mary Margaret, Thoughts Matter. The Practice of the Spiritual Life. New York 1998.

Funk, Mary Margaret, Humility matters for the Practicing of Spiritual Life. New York 2007.

Glozer, Laszlo, Westkunst. Zeitgenössische Kunst seit 1939. Köln 1981.

Grün, Anselm, Umgang mit dem Bösen. Der DämonenKampf im alten Mönchtum(Münsterschwarzacher Kleinschriften 6). Münsterschwarzach 2010.

Grün, Anselm, Einreden. Der Umgang mit den Gedanken(Münsterschwarzacher Kleinschriften 19). Münsterschwarzach 2006.

Grün, Anselm, Lebensmitte als geistliche Aufgabe(Münsterschwarzacher Kleinschriften 13). Münsterschwarzach 2006.

Grün, Anselm, Rupper, Fidelis, Christus im Bruder. Benediktinische Nächsten- und Feindesliebe(Münsterschwarzacher Kleinschriften 3). Münsterschwarzach 2004.

Grün, Anselm, Rupper, Fidelis, Bete und arbeite. Eine christliche Lebensregel(Münsterschwarzacher Kleinschriften 17). Münsterschwarzach 2006.

Grün, Anselm, Reepen, Michael, Gebetsgebärden(Münsterschwarzacher Kleinschriften 46). Münsterschwarzach 2002.

Guy, Jean-Claude, Un entretien monastique sur la contemplation. In: Recherches de Science Religieuse 50(1962), 230-241.

Hamman, Adalbert, Art. Militia. In: Dizionario patristico e di antichità cristiane. Casale Monferrato 1983-1988. Bd. 2, 2247f.

Healey, Joseph, Sybertz, Donald, Towards an African Narrative Theology. Nairobi 2005.

Hell, Daniel, Die Sprache der Seele verstehen. Die Wüstenväter als Therapeuten. Freiburg 2002.

Hüther, Gerald, Was wir sind und was wir sein könnten. Ein neurobiologischer Mutmacher. Frankfurt 2012.

Hüther, Gerald, Die Macht der inneren Bilder. Wie Visionen das Gehirn, den Menschen und die Welt verändern. Göttingen 2011.

Jakobus a Voragine, Die Legenda aurea. Aus dem Latainischen übersetzt von Richard Benz. Köln 1969.

Jamison, Christopher, Durchatmen. Finde den Mönch in dir. Münsterschwarzach 2011.

Jehl, Rainer, Die Geschichte des Lasterschemas und seiner Funktion. Franziskanische Studien 61(1982), 261-359.

Keating, Thomas, Das kontemplative Gebet. Münsterschwarzach 2012.

Kleinberg, Aviad, Die sieben Todsünden. Eine vorläufige Liste. Berlin 2010.

Knapp, Andreas, Brennender als Feuer. Geistliche Gedichte. Würzburg 2004.

Kunzler, Michael, Die Liturgie der Kirche. Paderborn 1995.

Leclerq, Jean, Monachisme et pérégrination. In: Ders., Aux sources de la spiritualité occidentale, Paris 1964, 35-90.

Leclerq, Jean, Lecture priante. In: Ders., La liturgie et les paradoxes chrétiens. Paris 1963, 243-269.

Lewis, Clive Staples, Dienstanweisung für einen Unterteufel. Freiburg 2011.

Louf, André, Demut und Gehorsam(Münsterschwarzacher Kleinschriften

5). Münsterschwarzach 1979.

Luislampe, Pia, Demut als Weg menschlicher Reifung. Hermeneutische Schrifte zum 7. Kapitel der Regula Benedicti. In: Itinera Domini(Festschrift für Emmanuel von Severus). Münster 1988, 17-30.

Luther, Martin, Briefwechsel. Bd. 7, Weimarer Ausgabe, Weimar 1937.

Merton, Thomas, Erneuerung und Disziplin. In: Ders., Im Einklang mit sich und der Welt. Contemplation in a World of Action. Zürich 1992, 132-157.

Metz, Johann Baptist, Glaube in Geschichte und Gesellschaft, Mainz 1977.

Mohrmann, Christine, Études sur le Latin des Chrétiens. Tome I. Rom 1961, 26 und 89.

Nagel, Demetrias von, Die Demut als innere Weg. Zum 7. Kapitel der Regula Benedicti. In: Regulae Benedicti Studia 6/7(1977/78). Hildesheim 1981, 61-76.

Nickl, Peter(Hg.), Die sieben Todsünden-Zwischen Reiz und Reue. Berlin 2009.

Nouwen, J. Henri, Ich hörte auf die Stille. Freiburg 1982.

Oppenheim, Philipp, Symbolik und religiöse Wertung des Mönchskleides im christlichen Altertum. Münster 1932.

Ortheil, Hanns-Josef, Die Erfindung des Lebens. München 2009.

Peterson, Erik, Theologie des Kleides. In: Ders., Marginalien zur Theologie. Würzburg 1995, 10-19.

Poplutz, Uta, Athlet des Evangeliums. Eine motivgeschichtliche Studie zur Wettkampfmetaphorik bei Paulus(Herders Biblische Studien 43). Freiburg 2004.

Puzicha, Michaela, Christus-Mitte der Benediktusregel. In: Erbe und Auftrag 87(2011), 18-35.

Puzicha, Michaela, Lectio Divina - Ort der Gottesbegegnung. In: Erbe und

Auftrag 87(2011), 245-263.

Rahner, Hugo, Die Anfänge der Herz-Jesu-Verehrung in der Väterzeit. In: Cor Salvatoris. Hg. Josef Stierli. Freiburg 1954, 46-72.

Ratzinger, Joseph, Der Geist der Liturgie. Freiburg 2000.

Reems, Christiana, Psalm 68. In: Erbe ind Auftrag 81(2005), 39-56.

Ribhegge, Wilhelm, Erasmus von Rotterdam. Darmstadt 2010.

Roth, Gerhard, Persönlichkeit, Entscheidung und Verhalten. Warum es so schwierig ist, sich und andere zu ändern. Stuttgart 2011.

Rowling, Joanne K., Harry Potter und der Gefangene von Askaban. Hamburg 1999.

Ruppert, Fidelis, Das pachomianische Mönchtum und die Anfänge klösterlichen Gehorsams(Münsterschwarzacher Studien 20). Münsterschwarzach 1971.

Ruppert, Fidelis, Arbeit und geistliches Leben im pachomianischen Mönchtum. In: Ostkirchliche Studien 24(1975), 3-14.

Ruppert, Fidelis, Meditatio-Ruminatio. Zu einem Grundbegriff christlicher Meditation. In: Erbe und Auftrag 53(1977), 83-93.

Ruppert, Fidelis, Mein Geliebter die riesigen Berge(Münsterschwarzacher Kleinschriften 86). Münsterschwarzach 1994.

Ruppert, Fidelis, Intimität mit Gott. Wie zölibatäres Leben gelingen kann (Münsterschwarzacher Kleinschriften 90). Münsterschwarzach 2002.

Scheele, Paul-Werner, Du bist unser alles. Altirische Gebete. Würzburg 1989.

Schlosser, Marianne, Theologie der Spiritualität. In: Geist und Leben 84 (2011), 228-235.

Schwienhorst-Schönberger, Ludger, Ein Weg durch das Leid. Die Theodizeefrage im Alten Testament. In: Leid erfahren-Sinn suchen. Das Problem der Theodizee. Hg. Michael Böhnke u. a. Freiburg 2007, 7-49.

Sieben, Hermann Josef, Ausgestreckt nach dem, was vor mir ist. Geistliche Texte von Origenes bis Johannes Climacus. Trier 1998, 40.

Solignac, Aimé, Spiritualité. Le mot et l'histoire. In: Dictionnaire de Spiritualité. Bd. 14. Paris 1990, 1142-1160.

Steindl-Rast, David, Achtsamkeit des Herzens. Freiburg 2005.

Steindl-Rast, David, Fülle und Nichts. Freiburg 2005.

Stuart, Columba, John Cassian's Schema of Eight Principal Faults and his Debt to Origen and Evagrius. In: C. Badilita, A. Jakab(éd.), Jean Cassian entre l'Orient et l'Occident. Paris 2003, 205-219.

Tiguila, Boniface, Livre de Vie Monastique Africaine. Agbang 1995.

Vogüé, Adalbert de, Orationi frequenter incumbere. Une invitation à la prière continuelle. In: Revue d'Ascétique et Mystique 41(1965), 467-472.

Wittenberg, Andreas F., Die deutschen Gesang- und Gebetbücher für Soldaten und ihre Lieder. Tübingen 2009.

Ziegler, Gabriele, Frei werden. Der geistliche Weg des Johannes Cassian (Münsterschwarzacher Kleinschriften 178). Münsterschwarzach 2011.